高齢者住まい
アドバイザー検定®

介護保険
2024年
改正対応

公式テキスト【第4版】

老後の資金設計 &
高齢者住まい の
種類 と 選び方

監修● 内閣府認可 一般財団法人 職業技能振興会
著● 一般社団法人 高齢者住まいアドバイザー協会

● はじめに

　日本の65歳以上高齢者人口は2007年に21.5%になり、日本は「超高齢社会」に突入しました。2023年10月1日現在約3,622万人、総人口に占める割合は29.1%となり、特に女性の高齢者人口は約2,051万人、女性人口に占める割合は32.1%に達しました※。世界の主要国の中でも日本の高齢化の進行は最も速くなっています。

　このような人口割合の変化は、平均寿命の延伸、少子化によってもたらされ、社会保障費の増大、年金の減少、介護問題などに波及しています。社会構造の大きな変化に伴い住まいも変化しています。特に高齢者の住まいは、収入の減少、認知症、孤独死への不安など抱える問題の多様化とともに、さまざまな目的の高齢者住宅・施設が増加しています。一般的にはその違いを理解することさえも難しくなってきているにもかかわらず、アドバイスできる専門家はおらず、公的資格はありません。

　一方、40～60歳代の働き盛りの世代では介護離職が増加し、日本政府や企業も介護離職防止に積極的に動き始めました。介護離職の原因には、職場環境の理解不足や介護保険の知識不足などがあげられますが、それだけではなく、「親の住まい」をどうするのかということは介護の根幹の問題となります。自宅を「終の住処」とできればよいのですが、やむを得ず住み替えを必要とするケースもある中で、高齢者住まいの知識の周知は必要不可欠となっています。

　一般財団法人職業技能振興会は、高齢者のライフプランと住まいを考え、さらに介護離職の防止を担う新しい人材の育成のため、「高齢者住まいアドバイザー」の資格を創設しました。

　世界の中で最も早く超高齢社会の問題に直面した日本が、高齢者住まいアドバイザーという「人材」を通じて支え合う社会を構築し、誰もが生き生きと安心して暮らせる社会が実現することを心より願っています。

　※総務省人口推計2023年確定値より

2024年6月
内閣府認可　一般財団法人　職業技能振興会
理事長　兵頭　大輔

● 高齢者住まいアドバイザー検定の概要

試験概要

試験区分	高齢者住まいアドバイザー
試験日	5・9月（年2回） 開催月は変更の場合があります。団体向け出張受験もあります。
試験会場	東京・大阪（ほか　札幌・仙台・名古屋・福岡・Web試験での開催実績あり）
受験資格	特になし
試験形式	35問　マークシート方式
合格基準	問題の総得点の7割を基準として（問題の難易度で補正あり）これに達した者を合格とする。
出題科目	1. 高齢化の加速と住まいの整備 2. 老後の暮らしの資金 　● 公的年金 　● 社会保険・民間保険　等 3. 介護保険の知識 　● 介護保険制度 　● 介護保険サービス　等 4. 自宅での暮らしと在宅介護 　● 自宅で利用できる介護・医療サービス 　● 介護と仕事の両立　等 5. 高齢者住宅・施設 　● 高齢者住宅・施設の種類と概要 　● 高齢者住宅・施設で利用する介護保険サービス 　● 居住の権利と保全措置　等 6. 高齢者住宅・施設の探し方・選び方 　● 現状把握とライフプラン 　● 選び方のチェックポイント 　● 収支のシミュレーション 　● 重要事項説明書・身元引受人　等

2024年5月現在。最新情報はホームページ（https://ksa-kentei.com/）を参照。

申込方法

願書取り寄せ・提出先 お問い合わせ	内閣府認可　一般財団法人　職業技能振興会 〒106-0032 東京都港区六本木3-16-14　KYビル4階 TEL：03-5545-5528 FAX：03-5545-5628 ホームページ：https://fos.or.jp/

目次

はじめに　ii
高齢者住まいアドバイザー検定の概要　iii
本書の使い方　viii
2024年介護保険法改正のポイント　ix

第1章 高齢化の加速と住まいの整備

1 高齢者住まいアドバイザーとは　2
2 高齢者人口の急増　4
3 国の高齢者福祉政策　8
4 高齢者住まいの根拠となる法律　14
5 高齢者住宅・施設の課題　21

確認問題　23

第2章 老後の暮らしの資金

1 老後の資金　26
2 公的年金の仕組み（国民年金・厚生年金）　28
3 老齢年金　32
4 上乗せ年金　40
5 遺族年金　42
6 金融資産・退職金　50
7 民間保険（生命保険・個人年金保険・介護保険）　52
8 不動産（自宅）での生活資金づくり　55
9 医療・介護の支出　57
10 税金・保険料の支出　61

11	自宅住居の費用・子や孫への提供資金	65
12	高齢者住宅・施設入居時の検討事項	68
13	老後の資産管理	70

> 確認問題 ……………………………………………………… 75

第3章 老後に必要な介護保険の知識

1	高齢者住まいと介護保険	78
2	介護保険制度	80
3	要介護認定申請の流れ	84
4	ケアプランの作成	87
5	介護保険サービスの全体像	89
6	居宅サービス①訪問サービス	92
7	居宅サービス②通所サービス	95
8	居宅サービス③短期入所サービス	97
9	居宅サービス④住宅改修・福祉用具	99
10	居宅サービス⑤特定施設入居者生活介護	104
11	施設サービス	108
12	地域密着型サービス	110
13	介護や住まいに関する相談窓口	113

章末資料 ………………………………………………………… 115

> 確認問題 ……………………………………………………… 119

第4章 自宅での暮らしと在宅介護

1	在宅高齢者の状況	122
2	地域の介護予防の取組	125
3	高齢者特有の機能変化	131
4	認知症	134

- 5 高齢者にも住みやすい自宅の環境 — 139
- 6 高齢期のための住まいの改修ガイドライン — 142
- 7 自宅で利用できる医療サービス — 146
- 8 介護・福祉にかかわる専門職 — 148
- 9 自宅での看取り — 152
- 10 在宅介護で起こり得る問題 — 155
- 11 仕事と介護の両立 — 158
- 章末資料 — 162
  - 事例1 老老介護のケース — 162
  - 事例2 遠距離介護のケース — 164
  - 事例3 同居介護のケース — 166
  - 事例4 退院期限が迫っているケース — 168

確認問題 — 171

第5章 高齢者住宅・施設の種類

- 1 高齢者住宅・施設を考えるときとは — 174
- 2 高齢者住宅・施設概観 — 176
- 3 サービス付き高齢者向け住宅 — 184
- 4 地域優良賃貸住宅（高齢者型） — 188
- 5 シルバーハウジング（シルバーピア） — 190
- 6 UR都市機構の住まい — 192
- 7 シニア向け分譲マンション — 193
- 8 セーフティネット住宅 — 195
- 9 有料老人ホーム — 198
- 10 ケアハウス — 205
- 11 認知症高齢者グループホーム — 208
- 12 特別養護老人ホーム（介護老人福祉施設） — 211
- 13 介護老人保健施設（従来型老健） — 214
- 14 介護療養型老人保健施設（新型老健） — 216

15	介護医療院	218
16	介護療養型医療施設（療養病床）	220
17	その他の高齢者住宅・施設	222
18	高齢者住宅・施設の経営主体	226
19	高齢者住宅・施設で利用する介護保険サービス	228
20	夫婦部屋	230
21	認知症ケア	232
22	サービス提供体制	235
23	居住の権利のかたち	243
24	退去事由	245
25	クーリングオフ制度と前払金の返還	248

確認問題 251

第6章 高齢者住宅・施設の選び方とポイント

1	高齢者住宅・施設の探し方・選び方	254
2	現状把握とライフプラン等の確認	256
3	お金の確認＆シミュレーション	260
4	「譲れないポイント」の確認	263
5	情報収集	266
6	資料と条件の突合	272
7	見学＆体験入居	274
8	契約＆入居	286
9	入居後のフォロー	294
10	感染症防止に向けた施設の取組	297

章末資料 299

確認問題 321

索引 323

● 本書の使い方

本書では、学習しやすくするために以下のような内容で制作されています。

各項の概要を、3つのポイントで端的に解説しています。

重要語句・重要な用語
最低限覚えておく必要のある重要語句と、意識して理解しておきたい用語を示しています。

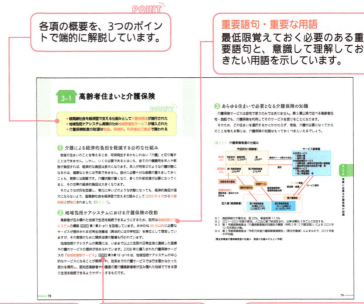

ここも確認！
本文内の用語や関連事項で、高齢者住まいアドバイザーが理解しておきたい事項を解説しています。

参照➡
本書内の別箇所で解説されている先を示しています。

重要箇所
高齢者住まいアドバイザーが特に理解しておきたい箇所を示しています。

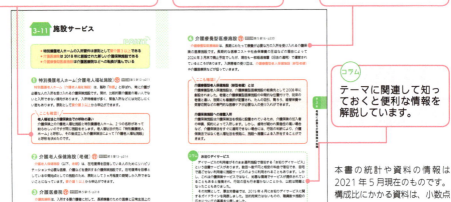

コラム
テーマに関連して知っておくと便利な情報を解説しています。

本書の統計や資料の情報は2021年5月現在のものです。構成比にかかる資料は、小数点以下第1位または第2位の数字を四捨五入しているため、合計は100%にならない場合があります。

2024年介護保険法改正のポイント

介護保険の改正とは

　介護保険法は1997年12月に公布され、介護保険制度が2000年4月からスタートしました。その後、幅広いニーズに対応するべく、介護保険法は**3年に1度のペース**で改正されています。

●介護保険法改正の主な内容

期間	施行開始	主な内容
第1期	2000年	介護保険制度がスタート
第3期	2006年	地域支援事業の創設（介護予防事業・地域包括支援センター創設）・地域密着型サービスの創設
第4期	2009年	医療・介護連携・認知症ケアの充実
第5期	2012年	地域包括ケアの推進、サービス付き高齢者向け住宅（2011年10月開始）
第6期	2015年	地域支援事業の拡充、自己負担引き上げ（2割負担導入）、特別養護老人ホームの入居要件変更
第7期	2018年	介護医療院の創設、自己負担引き上げ（3割負担導入）
第8期	2021年	高額介護サービス費の見直し
第9期	2024年	介護情報を管理する基盤の整備、地域包括ケアシステムの深化・推進

趣　旨

　2024年の介護保険制度改正は、現状の仕組みを前提とした、小幅な内容にとどまることになりました。全世代対応型の持続可能な社会保障制度を構築するために、主に以下のような内容で見直されました。

- 介護情報基盤の整備
- 財務状況の報告を義務化
- 介護予防支援の許認可の拡大

主な改正事項

● 介護情報基盤の整備

　施設等でのサービス提供をより効率的にすることを目的として、介護保険の被保険者等に関する医療・介護情報の収集・提供等を行う事業を、介護保険の保険者と医療保険者とが一体的に実施することになりました。

　この介護情報基盤の整備は、自治体・介護事業者・医療機関が一体となって高齢者を支える地域包括ケアシステムを推進するもので、「地域支援事業」として位置付けられています。

● 財務諸表の公表を義務化

　介護施設の財務状況や経営情報の「見える化」の推進を図るため、介護事業者に財務諸表の公表の義務が課せられることになりました。介護事業者は決算の終了後、財務諸表などの経営情報を定期的に都道府県知事に提出する必要があります。

　財務諸表を提出しなかったり、虚偽申告をした場合には、自治体が提出命令や是正命令ができる規定も追加されました。仮に命令に従わなかった際は、業務停止・指定の取消などの罰則規定も盛り込まれています。

● 介護予防支援の許認可の拡大

　地域住民の保健医療の向上・福祉の増進を包括的に支援する地域包括支援センターは、その業務が膨大になっており、以前から課題となっていました。

　その負担軽減を行うため、地域包括支援センターが担っていた介護保険給付事業の介護予防支援について、実施状況の把握などある程度の関与を担保した上で、居宅介護支援事業所にも介護予防支援の指定対象を拡大することになりました。これにより、介護予防支援の業務を地域の居宅介護支援事業所が担うことになり、地域包括支援センターの負担が軽減されます（次ページ上表参照）。

●介護予防支援の指定対象拡大のイメージ

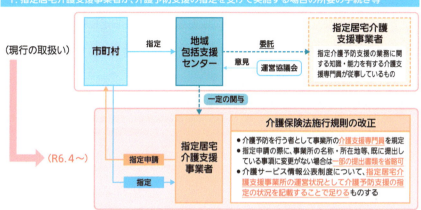

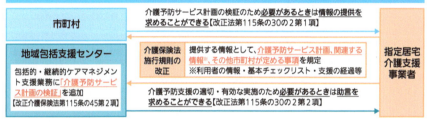

(厚生労働省 社会保障審議会 介護保険部会「改正介護保険法の施行等について（報告）」（第109回）資料3-1令和5年12月7日 p7より改変)

● 介護報酬改定

　2024年は、介護保険法改正と同時に介護報酬も改定されました。改定の主な視点は、以下のとおりです（次ページ表参照）。
- 地域包括ケアシステムの深化・推進
- 自立支援・重度化防止に向けた対応
- 良質な介護サービスの効率的な提供に向けた働きやすい職場づくり
- 制度の安定性・持続可能性の確保

　改定率は1.59％のプラスとなり、さらに介護職員の給与や水道光熱費の基準費を上げることなどで0.45％相当の増収も見込まれ、介護施設への全体平均で2.04％相当の報酬UPになる見込みとされていますが、それ以上の物価上昇も懸念されます。

先述のとおり、介護現場で働く職員に対して、2024年に2.5％、2025年に2.0％のベースアップが予定されています。

ただし、介護事業経営実態調査において収支差率が比較的安定していたためか、訪問介護のように基本報酬が引き下げられたサービスもあります。

● **2024年介護報酬改定のイメージ**

概要 人口構造や社会経済状況の変化を踏まえ、「地域包括ケアシステムの深化・推進」「自立支援・重度化防止に向けた対応」「良質な介護 サービスの効率的な提供に 向けた働きやすい職場づくり」「制度の安定性・持続可能性の確保」を基本的な視点として、介護報酬改定を実施。

1. 地域包括ケアシステムの深化・推進

認知症の方や単身高齢者、医療ニーズが高い中重度の高齢者に対して、質の高いケアマネジメントや必要なサービスが切れ目なく提供されるよう、地域の実情に応じた柔軟かつ効率的な取組を推進

- 質の高い公正中立なケアマネジメント
- 地域の実情に応じた柔軟かつ効率的な取組
- 医療と介護の連携の推進
  - 在宅における医療・介護の連携強化
  - 在宅における医療ニーズへの対応強化
  - 高齢者施設等における医療ニーズへの対応強化
  - 高齢者施設等と医療機関の連携強化
- 看取りへの対応強化
- 感染症や災害への対応力向上
- 高齢者虐待防止の推進
- 認知症の対応力向上
- 福祉用具貸与・特定福祉用具販売の見直し

2. 自立支援・重度化防止に向けた対応

高齢者の自立支援・重度化防止という制度の趣旨に沿い、多職種連携やデータの活用等を推進

- リハビリテーション・機能訓練、口腔、栄養の一体的取組等
- 自立支援・重度化防止に係る取組の推進
- LIFEを活用した質の高い介護

3. 良質な介護サービスの効率的な提供に向けた働きやすい職場づくり

介護人材不足の中で、更なる介護サービスの質の向上を図るため、処遇改善や生産性向上による職場環境の改善に向けた先進的な取組を推進

- 介護職員の処遇改善
- 生産性の向上等を通じた働きやすい職場環境づくり
- 効率的なサービス提供の推進

4. 制度の安定性・持続可能性の確保

介護保険制度の安定性・持続可能性を高め、全ての世代にとって安心できる制度を構築

- 評価の適正化・重点化
- 報酬の整理・簡素化

5. その他

- 「書面掲示」規制の見直し
- 通所系サービスにおける送迎に係る取扱いの明確化
- 基準費用額（居住費）の見直し
- 地域区分

（厚生労働省 老健局「令和6年度介護報酬改定の主な事項について」より）

次回 2027 年の介護保険法改正にも注目

地域密着型サービスの1つである看護小規模多機能型居宅介護（参照⇒ 第3章12・p111）は現在、介護保険法で複合型サービスの1類型として位置付けられています。

2024年の介護保険法改正では、訪問介護と通所介護を組み合わせた新たな類型の複合型サービスを創設するという検討がなされましたが、今回は見送りとなりました。さらに、ケアプランの作成費用（居宅介護支援）の有料化も見送りとなりました。次回以降の改正で新たなサービスが創設される可能性があります。注目しておきましょう。

第1章

高齢化の加速と住まいの整備

日本社会の高齢化のスピードは
いまだかつてないほど速まっています。
それに伴い、
高齢者住宅・施設の整備も
国・自治体をあげて、
急速に進められています。

1-1 高齢者住まいアドバイザーとは

> **POINT**
> - **高齢者住まい**には、自宅（在宅）や高齢者住宅・施設がある
> - 高齢者住まいアドバイザーは本人のため**適切な住まい**選びを支援する
> - 高齢者住まいアドバイザーの役割には、**介護離職防止**などがある

❶ 高齢者住まいとは

高齢者住まいとは、自宅（在宅）、シニア向け分譲マンション、有料老人ホーム、サービス付き高齢者向け住宅、特別養護老人ホーム（介護老人福祉施設）、認知症高齢者グループホーム、シルバーハウジング等を意味します（自宅を除く高齢者のための住宅・施設を、このテキストの中では「**高齢者住宅・施設**」と示すことにしています）。

ほとんどの日本人が最期のときまで自宅で過ごすことを望んでいます。実際、高齢者の約9割、要介護（要支援）認定（以下、要介護認定）を受けた人の約8割が自宅で過ごしています。問題がなければよいのですが、在宅介護の継続が困難になった、またはなることが予想される場合は、安心した暮らしのために早めに施設へ住み替える方が有効なことが少なくありません。

高齢者住宅・施設は、入居者にとって「**終の住処（ついのすみか）**」。人生の総括の舞台であり、幸福感をもって過ごしたい場所です。自宅を売却したり、退職金や年金等で得た大切な資産・資金を投入して入居するのですから、人生最後の大きな決断ともいえるでしょう。

❷ 高齢者住まいアドバイザーとは

「**高齢者住まいアドバイザー**」は、高齢者住宅・施設の知識、施設選びの知識をもちながら、それにこだわることなく、自宅も重要な高齢者の住まいの一つとして捉え、高齢者本人のために総合的に適切な住まい選びの支援を行います。

入居者にとって重要な決断を行うための情報提供者として、高齢者住まいの専門家は相応の人格・知識・力量を備える必要があり、重要な役割を担っています。

❸ 高齢者住まいアドバイザーの役割

（1）高齢者が安心して生活できる社会の実現

　自宅と高齢者住宅・施設のどちらがよいのか、転居する場合はどのような住まいが適切なのかなど、住まいの選択は本人とその家族の人生を大きく左右します。「高齢者住まいアドバイザー」は、自宅を含めた高齢者のための住まい選択の支援ができる知識や経験を身につけ、公正・的確な情報提供に努めるとともに、その活動を通じて高齢者が安心して生活できる社会の実現に寄与します。

（2）新しいライフプランについての啓発

　超高齢社会が到来した日本では、既存の社会保障制度の維持が難しいと予想され、支えられる側だった高齢者も意欲と能力のあるうちは支える側に回るなど、高齢者の意識にも変化が求められています。高齢者の住まいから介護保険制度まで考慮した新しいライフプランの考え方、介護予防の意識、将来に向けた自助努力の必要性についても啓発し、国民一人ひとりが社会構造の変化に対応できる国づくりに貢献します。

（3）介護離職の防止

　急増する介護離職 参照➡ 第4章11・p158。高齢者の住まいや介護保険等の社会保障の知識があれば、「離職」を選択しなかったかもしれません。「高齢者住まいアドバイザー」は、介護する家族の離職予防に努めます。

❹ 高齢者住まいアドバイザー検定の目的

　高齢者住まいアドバイザー検定は、適確な高齢者住まい選びのサポートができる人材育成を目的としています。仲介業者だけではなく、ケアマネジャーやヘルパー等の福祉関係の専門家、地方自治体の職員、地域包括支援センター職員、不動産業者、ファイナンシャル・プランナー等の職種や、銀行、保険等さまざまな分野でも活用が期待されます。

1-2 高齢者人口の急増

POINT
- 2019年10月現在、日本の高齢化率は約28.4%である
- 日常生活に制限のない生活期間のことを健康寿命という
- 2021年2月時点で75歳以上の約3人に1人が要介護認定を受けている

❶ 人口減少と高齢化

（1）人口の減少と出生率の伸び悩み

　高齢社会白書令和5年版によれば、日本の総人口は2022年10月1日現在約1億2,495万人、うち65歳以上の高齢者人口は約3,624万人。現在の総人口に占める65歳以上人口の割合（高齢化率）は約29.0%で、人口の約4人に1人以上が65歳以上という超高齢社会を迎えています。日本の総人口は、長期の人口減少過程に入ったとされ、2031年に1億2,000万人を下回り、2060年に9,615万人、2070年には8,700万人になると推計されています。

　また、1人の女性が平均して一生の間に生む子の数である合計特殊出生率は2023年で約1.20人（厚生労働省人口動態統計）と、過去最低になりました。

> **ここも確認！**
> **超高齢社会とは**
> 世界保健機構（WHO）や国連の定義によると、高齢化率が7%を超えた社会を「高齢化社会」、14%を超えた社会を「高齢社会」、21%を超えた社会を「超高齢社会」といいます。

（2）高齢化率の上昇

　今後はさらに、死亡率の低下による65歳以上の人口増加と少子化の進行の2つの要因で、高齢化率が上昇することが予想され、2070年には、約2.6人に1人が65歳以上、約4.0人に1人が75歳以上という社会が到来することが予測されています（高齢社会白書令和5年版）。高齢者人口は、団塊の世代（1947～1949年に生まれた人）が65歳以上となった後も増加し続け、2043年に約3,953万人でピークを迎え、その後人口は減少に転じるものの、高齢化率は上昇し続けると推計されています。

このような状況を受けて、高齢者住宅・施設のニーズはますます高まるでしょう。

❷ 平均寿命の延びと医療費・介護給付費の増大

　平成28年簡易生命表によると、男女ともに平均寿命が年々延びており、女性が男性を約6.2歳上回っています。このため、夫が死亡した後に妻のみで暮らす、女性独居の世帯も増えています。

　また、長命な高齢者は増えましたが、必ずしも健康なまま長生きできるわけではありません。日常生活に制限のない生活期間のことを健康寿命といいます。平均的な健康寿命は、2019年時点で男性が72.68年、女性が75.38年となっています。

　健康寿命と平均寿命の差は、日常生活に制限のある「不健康な期間」を意味します（図1-2-1）。この差が拡大すればするほど、医療費や介護給付費を大量に消費する期間が増えることになるのです。

　2010年と比較すると、平均寿命の延びは男性1.45年、女性0.69年、健康寿命の延びは男性2.22年、女性1.76年となっており、その差は縮小傾向にあります。

| 図 1-2-1 | 男女の平均寿命と健康寿命

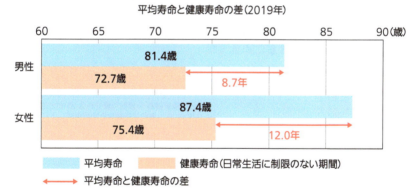

（内閣府「令和5年版高齢社会白書（全体版）」第1章高齢化の状況 第2節2より）

❸ 認知症有病者数の増加

　介護が必要になる主な原因の一つに、認知症があげられます。認知症とはさまざまな原因で脳の細胞が死滅したり、働きが悪くなるなどの原因から、「認知機能が低下している状態」が起こり、相当期間継続して生活に支障が出ている状況のことをさし、特定の疾患をさすわけではありません。主な認知症の種類には、**アルツハイマー型認知症、脳血管性認知症、レビー小体型認知症**があります　参照⇒ 第4章4・p134。

　国民生活基礎調査（2022年厚生労働省）によると、要支援・要介護の状態になった原因として、認知症が16.6％を占めて最も多くなっています。第2位は脳血管疾患（脳卒中）で16.1％、第3位が骨折・転倒で13.9％となっています。

　認知症は、高齢者住宅・施設への入居を考えるきっかけとなることも多く、老化と深いかかわりのある課題です。2012年では65歳以上人口約3,079万人中約**462万人**が認知症高齢者と診断され、さらに約400万人が軽度認知障害（MCI）といわれる認知症予備軍の人とされています（図1-2-2）。

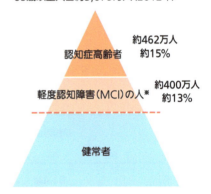

図1-2-2 高齢者人口に占める認知症の有病率
65歳以上人口約3,079万人（2012年）

認知症高齢者　約462万人　約15％
軽度認知障害（MCI）の人※　約400万人　約13％
健常者

※軽度認知障害の全ての人が認知症に進行するわけではないことに注意。

（社会保障審議会 介護給付費分科会 第115回（2014年11月19日）資料「認知症施策の現状」より）

❹ 高齢者福祉財政のひっ迫

　高齢化と認知症有病者率の上昇が進むにつれて、日常生活における基本的な動作の全部もしくは一部について、支援や介護を要する状態であると認定された要支援・要介護認定者数も増加していくことが予想されます。75歳以上の要介護（要支援を含む）認定を受けた人の数は2022年3月末時点で、約602万人です（厚生労働省「令和3年分介護保険事業状況報告（年報）」より）。つまり、75歳以上の後期高齢者（約1,874万人）の**約3人に1人**（約32％）が要介護認定されたことになります。

　この状況の中、介護財政は膨れあがっています。厚生労働省の将来推計によると、2015年に約10兆円であった介護給付が、2025年には約20兆円と、10年で倍に

増えると試算しています。2015年8月、所得上位約20％の高齢者は、介護保険の自己負担割合が1割から2割となりました。さらに、2018年8月からは、所得上位20％の高齢者のうち、特に所得の多い高齢者（合計所得金額が220万円以上かつ年金収入とその他の合計所得金額の合計が340万円以上）については、自己負担割合が3割となりました。3割負担となる高齢者は、全体の約3％に相当します 参照➡ 第3章2 図3-2-2・p82。

からだの健康対策、認知症予防対策を含め、経済面でも自分で備えをする必要性が高まっています。

❺ 介護が必要になってから意識される住まいの問題

介護に伴う経済的負担は他人事ではありません。予防に十分な対策を講じるとともに、介護や認知症への対策と経済的な備えについてあらかじめ確認し、その中でどのような高齢者住宅・施設が適切かを判断していくことが大切です。

しかし、実際は元気なうちから高齢者住まいについて意識する人は少なく、介護が必要になった以降もいままで通りの自宅に住み続けたいという人がほとんどです。介護の負担が重くなり、自宅での生活が難しくなったり、認知症と診断されて生活に支障が出始めてからやむを得ず自宅の改修をしたり、高齢者住宅・施設を探し始める場合が多いのです。高齢者住まいのアドバイスでは「もっと早く相談してくれればよかったのに」と思う場面も多くあるでしょう。

切羽詰まった状態になる前に、早い段階で高齢になってからの住まいについて考えるきっかけを作るように啓発することも、高齢者住まいアドバイザーの重要な役割の一つです。

1-3 国の高齢者福祉政策

POINT
- ゴールドプラン等を策定し、医療から介護への転換を図ってきた
- 地域包括ケアシステムは公助、自助、互助、共助により支え合う
- 2025 年を目途に地域包括ケアシステムの構築を推進している

　戦後の高齢者福祉政策の方向性と流れから、現在の高齢者住まいに関連の深いものを概観してみましょう（表 1-3-1）。

❶ 老人福祉法の制定

　戦後しばらくの間は多世代同居家庭が多く、高齢者介護は家族の仕事と考えられていました。公的な支援事業は、ごく一部の低所得者を対象に、生活保護法（当時の救護法）等に基づいて養老施設に収容保護が行われる程度でした。

　しかし、1955 年以降の高度経済成長期に若い世代が都市へと人口流入し、いわゆる核家族が出現し始めます。また、戦後の医療・公衆衛生向上、栄養状態改善などにより、徐々に平均寿命が延び、高齢者人口も次第に増加し始めました。そこで、生活保護法では不十分ということになり、1963 年に老人福祉法が制定されました。現在の訪問介護の原型である「老人家庭奉仕員」制度はこのときに法制化されています（はじめは低所得者のみ対象）。

❷ 老人医療費の無料化

　そのような中、1960 年に岩手県沢内村で始まった老人医療費無料化政策に注目が集まりました。保健師が各家庭を回って病気を予防するなどの医療費抑制の取組を行い、全国で初めて高齢者の医療費無料化を実施しました。医療と予防と保健を組み合わせた包括的ケアを目指した先進的なものでした。この沢内村の取組は注目を浴び、1970 年代になって、全国の自治体で老人医療費無料施策が導入され、1973 年には国の政策として高齢者 70 歳以上医療費の無料化制度が導入されました。

❸ 介護施設代わりの「社会的入院」

　無料化の結果、高齢者の医療利用は容易になり、医療機関が高齢者の「住まい」や「介護」を提供することになりました。しかし、1980 年代には、必ずしも治療や療養

が必要でない高齢者が家族や金銭面の都合によって入院する「社会的入院」や、退院できないまま「寝たきり老人」となってしまうことが社会問題化しました。社会福祉施設の整備が十分に進んでいなかった当時は、無料で、福祉施設に比べて入りやすい病院が高齢者の「終の住処」として選ばれました。現在でもほとんどの高齢者が病院で終末期を迎えています 参照➡ 第4章9・p152。

老人医療費無料化による医療費の財政負担に対応するため1982年に、本格的な高齢社会の到来に対応した老人保健法が成立し、医療費の一部の患者自己負担制度が始まりました。

| 表1-3-1 | 高齢者福祉施策の流れ

事象	高齢化率		主な政策
高齢者福祉政策の始まり	5.7% (1960年)	1963年	●老人福祉法制定 ●特別養護老人ホーム創設 ●老人家庭奉仕員（ホームヘルパー）法制化
老人医療費の増大	7.1% (1970年)	1973年	●老人医療費無料化
社会的入院や寝たきり老人の社会問題化	9.1% (1980年)	1982年	●老人保健法制定 ●老人医療費の一定額負担の導入等
		1989年	●ゴールドプラン（高齢者保健福祉推進10ヵ年戦略）の策定 ●施設緊急整備と在宅福祉の推進
ゴールドプランの推進	12.0% (1990年)	1994年	●新ゴールドプラン（高齢者保健福祉5ヵ年計画）策定 ●在宅介護の充実
介護保険制度の導入準備	14.5% (1995年)	1997年	●介護保険法成立
介護保険制度の実施	17.3% (2000年)	1999年	●ゴールドプラン21
		2000年	●介護保険制度施行
		2001年	●高齢者住まい法制定
後期高齢者医療制度の創設	22.1% (2008年)	2008年	●健康保険法等改正 ●後期高齢者医療制度施行
地域包括ケアシステム	24.2% (2012年)	2011年	●サービス付き高齢者向け住宅の整備
		2012年	●在宅サービスの充実（定期巡回、複合型サービス等）
医療と介護の一体的な改革	26.7% (2015年)	2015年	●介護保険制度の改正（一部2割負担）
介護負担の自助・共助の推進	27.3% (2016年)	2018年	●介護保険制度の改正（一部3割負担） ●地域包括ケアシステムの強化
	28.4% (2019年)	2021年	●介護保険制度の改正 ●介護報酬改定
	29.0% (2023年)	2024年	●介護情報基盤の整備 ●財務状況の報告を義務化 ●介護予防支援の許認可の拡大

❹ 医療から介護への転換

　厚生労働省（当時厚生省）は 1989 年にゴールドプラン、1994 年には新ゴールドプラン、1999 年にはゴールドプラン 21 を打ち出し、医療から介護への転換を推進してきました。2000 年には介護保険制度が導入され、医療保険制度が担っていた老人医療のうち、介護部分が介護保険に移行したのです。

　医療ニーズがそれほど高くなく介護中心の暮らしで足りる高齢者に対しては、国や自治体の財政問題、少子高齢化に対応した、新しいかたちの高齢者住宅・施設が必要とされ、国をあげて急速に整備が進められました。

> **ここも確認！**
>
> **ゴールドプラン・新ゴールドプラン・ゴールドプラン 21 とは**
> ● ゴールドプラン
> 高齢者保健福祉推進 10 ヵ年戦略。市区町村における在宅福祉対策の実施、特別養護老人ホーム（介護老人福祉施設）・デイサービス・ショートステイ等施設の緊急整備、在宅福祉の推進などが柱で、「寝たきり老人ゼロ作戦」も展開されました。
> ● 新ゴールドプラン
> 高齢者保健福祉 5 ヵ年計画。介護保険制度導入を前提として、在宅介護の充実、介護保険サービスの受け皿確保を柱としました。
> ● ゴールドプラン 21
> 介護サービスの基盤充実と生活支援対策などを柱とし、「活力ある社会の創造」を目標としました。

❺ 高齢化対策の基本姿勢

　急速に進行する高齢化に適切に対処し、高齢社会対策を総合的に推進するための基本事項を定めた法律として、1995 年に高齢社会対策基本法が制定されました。

　高齢社会対策基本法に基づき、政府が推進する高齢社会対策の中長期にわたる基本的かつ総合的な指針として策定されたのが「高齢社会対策大綱」です。

　1996 年に策定された最初の「高齢社会対策大綱」では、高齢社会対策の一層の推進を図るために、政府の基本姿勢を明確化し、分野の枠を超えて横断的に取り組む課題を設定しています。

❻ 地域で最期までを実現する「地域包括ケアシステム」

（1）地域全体で高齢者を支える

　高齢化が進むと、税金から捻出できる医療費・介護費は限られます。そのため、厚生労働省は2012年、税金の「**公助**」のみでなく、「**自助**」または地域での「**互助**」「**共助**」により支え合おうという**地域包括ケアシステム**を打ち出しました（図1-3-2）。

　これは、要介護状態となっても、人生の最期まで、可能な限り住み慣れた地域で自分らしい暮らしを続けるために、地域の住まい・医療・介護・予防・生活支援が一体的に提供されるシステムです。「介護を受けたい場所」「最期を迎えたい場所」について、それぞれ「自宅」を希望する人が最も多いことからも（2012年内閣府「高齢者の健康に対する意識調査」）、このシステムに寄せられる期待は大きいといえます。

　政府は、2025年（令和7年）を目途に、高齢者の尊厳保持と自立生活支援の目的のもと、可能な限り住み慣れた地域で、自分らしい暮らしを人生の最期まで続けることができるよう、地域包括ケアシステムの構築を推進しています。

| 図 1-3-2 | 地域包括ケアシステムのイメージ

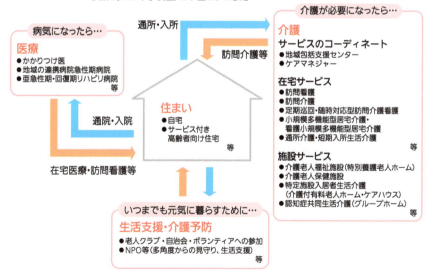

（厚生労働省「地域包括ケアシステム」をもとに作成）

具体的には高齢者が行う日常の買い物、病院への通院等、地域での生活に支障が生じないような環境を整備するために、医療や介護、職場、住宅が近接した集約型のまちづくりを推進し、高齢者住宅・施設の供給促進や、地域の公共交通システムの整備、高齢者の地域コミュニティ参加や、孤立しないための情報システム等も計画されています。

大都市部や町村部等、高齢化の進展状況には大きな地域差があることから、地域包括ケアシステムは、保険者である市区町村や都道府県が、地域の自主性や主体性に基づき、地域の特性に応じて作り上げていくことが必要です。

(2) 担い手の確保が課題

大手事業者の参入などもあって、24時間の定期巡回・随時対応型の介護サービス 参照➡ 第3章12・p110 や、食事の提供、掃除や買い物代行等の生活支援サービスも徐々に充実が図られています。しかし、今後高齢者の増加に伴い、多くの利用者が介護を必要としたときに、おおむね徒歩30分圏内の地域に、利用者全員が満足できる介護サービスの提供が本当に実現できるのか、24時間対応できる医療・介護事業者や介護職員等の人材が確保できるのかなど、克服すべき課題も多く残されています。

また、全体として地域包括ケアシステムが機能していても、よい病院が近くにあるか、家族や専門家、ボランティア等からの十分な支援があるかなど、さまざまな状況を考慮した結果、個々のケースでは自宅に住み続けることが難しいと判断される場合も起こり得ます。自宅以外で介護サービスを受ける選択肢もあることを知っておくことが大切です。

❼ 地域包括ケアシステムの強化

地域包括ケアシステムの強化を図るため、地域包括ケアシステムの深化・推進と介護保険制度の持続可能性の確保を目的に、2017年に介護保険法が改正され、主に2018年4月に施行されています。地域包括ケアシステムの深化・推進に係る改正内容は表1-3-3のようになっています。その後の介護保険法改正や介護報酬改定でも、地域包括ケアシステムの深化・推進を図る取り組みがなされています。

| 表1-3-3 | 地域包括ケアシステムの深化・推進に係る改正

- 自立支援・重度化防止に向けた保険者機能の強化等の取組の推進
  （地域包括支援センターの機能強化等）
- 医療・介護の連携の推進等
  （介護医療院 参照➡第5章15・p218 の創設等）
- 地域共生社会の実現に向けた取組の推進等
  （共生型サービスの創設等）

❽ 高齢者は「支えられる」から「支える」へ

団塊の世代が65歳に達する2015年に先駆け、2012年に公表された「高齢社会対策大綱」では、「高齢者」の捉え方の意識改革という考え方が打ち出されました。この考え方では、「支えられる」高齢者像から、意欲と能力のある高齢者は「支える」側に回るという、高齢者の固定概念の変革が重要だとされています。

また、地域包括ケア研究会の報告書（2014年）では、今後「自助」を主体とする国民の努力がより一層必要になると示されています。

コラム　グリーンリングプロジェクト

グリーンリングプロジェクトとは、高齢者住まいアドバイザー協会が主催し、自治体、企業、学校等と連携して介護保険・高齢者住まいサポーター養成講座を開催し、サポーターの証であるグリーンリング（図1-3-4）で地域支援の輪をつなげていく活動です。介護保険・高齢者住まいサポーターは、介護保険制度や高齢者住まいについて理解し、身近な人に情報を提供するボランティアです。地域包括ケアシステムが進められ社会基盤が整えられている一方で、高齢者やその家族に適切な情報が届けられていないという現状があります。孤立しがちな高齢者や介護をしている家族に、介護保険制度や高齢者住まいに関する情報を提供し、社会保険や公的サービスを上手に活用するよう促すことが介護保険・高齢者住まいサポーターの役割です。高齢者住まいアドバイザーの資格を取得することで、サポーター養成講座の認定講師となります。

| 図1-3-4 | グリーンリング

1-4 高齢者住まいの根拠となる法律

POINT
- **老人福祉法**は多くの高齢者住宅・施設の対象高齢者を定めている
- 生活保護世帯の**過半数**は高齢者の単身世帯である
- **無届老人ホーム**には根拠法がないため監督・指導の実施が難しい

❶ 多くの高齢者住まいの根拠法──老人福祉法

　老人福祉法は、社会福祉六法の一つで、高齢者の心身の健康保持や生活の安定のために必要な措置を講じ、高齢者の福祉を図ることを目的として制定された法律です。高齢者住宅・施設のうち、現在運営される公的老人施設の多くを占める**特別養護老人ホーム**（介護老人福祉施設）、**軽費老人ホーム**※1、**養護老人ホーム**は老人福祉法で規定されており、高齢者住宅・施設ともかかわりの深い法律です。民間運営が多い**有料老人ホーム**や**認知症高齢者のためのグループホーム**も、老人福祉法を根拠法とします（各施設の詳細は 参照➡ 第5章・p178）。

　同法では、それぞれの施設で支援すべき対象となる高齢者を定めています。例えば軽費老人ホームの対象は「低所得高齢者」、養護老人ホームは「環境的、経済的に困窮した高齢者」、特別養護老人ホーム（介護老人福祉施設）は「常時の介護を必要としながらも自宅で介護を受けることが困難な高齢者」としています。高齢者住まいアドバイザーは、それぞれの施設で受け入れるべき高齢者の対象が異なることをおさえておきましょう。

　このほかにも、介護保険における指定通所介護事業所の「**老人デイサービスセンター**」（日帰りの介護サービス施設。 参照➡ 第3章7・p95）や、介護が必要な高齢者が短期間入所することのできる「**老人短期入所施設**」 参照➡ 第3章8・p97、「**老人福祉センター**」「**老人介護支援センター**※2」は、介護保険法ではなく老人福祉法を根拠に運営されています。

※1　軽費老人ホームは社会福祉法も根拠法とされる。
※2　現在は地域包括支援センターと統廃合が進んでいる。

> **ここも確認！**
>
> **社会福祉六法とは**
> 生活保護法、児童福祉法、身体障害者福祉法、知的障害者福祉法、老人福祉法、母子及び父子並びに寡婦福祉法の6つです。
>
> **老人福祉センターとは**
> 無料または低料金で高齢者の相談に応じたり、高齢者の健康増進、レクリエーション等の機会を総合的に提供して、健康で明るい生活を営んでもらうことを目的として設置された老人福祉施設です。自治体や社会福祉協議会などによって運営されています。地域の60歳以上の住民は誰でも利用できます。

❷ サービス付き高齢者向け住宅の根拠法──高齢者住まい法

（1）サービス付き高齢者向け住宅制度の創設

　高齢者住まい法（高齢者の居住の安定確保に関する法律）は高齢者単身、夫婦世帯への住宅の安定供給を目指した法律で、2001年4月に制定されました。

　2011年に高齢者住まい法の改正が行われ、医療・介護・住宅が連携した安心できる住まいの供給促進と入居者保護の観点から、有料老人ホームと高齢者専用賃貸住宅（高専賃・高円賃・高優賃）の両者一元的なルールの下で、厚生労働省・国土交通省共管の制度としてサービス付き高齢者向け住宅（サ高住）制度が創設されました（表1-4-1）。サービス付き高齢者向け住宅は、高齢者住まい法を根拠法としています。

（2）補助制度・税制優遇

　高齢者住まい法の改正時、サービス付き高齢者向け住宅の供給を促進するため、その建設・改修費に対して、国が民間事業者・医療法人・社会福祉法人・NPO等の運営母体に直接補助を行う補助金制度が作られました。登録されたサービス付き高齢者向け住宅等に対して、新築の場合は建築費の1/10、改修費の1/3（2024年現在。床面積30㎡以上で上限は新築135万円／戸、改修135万円／戸）が支払われます。

　また、サービス付き高齢者向け住宅を設置する事業者は、所得税・法人税にかかる割増償却、固定資産税の減額、不動産取得税の軽減措置により、税制面での優遇措置を受けることができます。

| 表 1-4-1 | 高齢者住まい法 法改正のポイント

2009年改正	**厚生労働省・国土交通省共同** これまで国土交通大臣のみで策定されていた基本方針が、厚生労働大臣と共同で提出されることになった。高齢者に対する住まいの供給目標や施設の整備、高齢者居宅生活支援体制の確保などについて定める高齢者居住安定確保計画も、住宅部局と福祉部局が共同で定めるようになった。 **都道府県による住生活基本計画** 住宅施策では、住生活基本法における計画の策定は都道府県が主体となって行うことになった。福祉施策では、市区町村が主体となるものの、広域的な調整を都道府県が行う。
2011年改正	**サービス付き高齢者向け住宅制度創設** サービス付き高齢者向け住宅の登録制度を創設。 **高専賃・高円賃・高優賃の廃止** 2011年10月20日に、高齢者住まい法（高齢者の居住の安定確保に関する法律）の改正法が施行されたことにより、高専賃（高齢者専用賃貸住宅）、高円賃（高齢者円滑入居賃貸住宅）、高優賃（高齢者向け優良賃貸住宅）は廃止。高円賃等では必須ではなかったバリアフリー設備がサービス付き高齢者向け住宅では必須になった。

❸ 生活保護法

生活保護法は、日本国憲法第二十五条で規定される「健康で文化的な最低限度の生活」を実現するために、困窮者に対して必要な保護を行うことを目的とした法律で、社会福祉六法の一つです。高齢者住宅・施設の中にも生活保護受給者を主な対象とする施設が存在します。

（1）高齢者に生活保護受給者が多いわけ

2022年の生活保護の被保護者調査によると、被保護者世帯は1ヵ月平均で約202万世帯となっており、このうち高齢者世帯は約91万世帯（単身者数約84万世帯）で半数を超えています。なぜ高齢者に生活保護受給者が多いのでしょうか。

生活保護を受けるための条件は表1-4-2の通り①〜③があります。この条件②における「基準以下の収入」とは、都心部で単身高齢者の場合、おおむね13万円弱です。しかし、自営業などで国民年金しか加入していない場合は、年金受給額は満額で約

| 表 1-4-2 | 生活保護受給の条件

①申請がされていること
②基準以下の収入であること
③資産が基準以下であること

65,000円／月です 参照⇒ 第2章3・p33。この状況で貯蓄が尽きてしまうと条件③にも適合するようになり、結果として生活保護の高齢者世帯が非常に多い状況が生じているのです。2022年度末における国民年金受給者約3,682万人のうち、国民年金（老齢基礎年金）のみの受給者は約714万人となっています（厚生労働省年金局「令和4年度厚生年金保険・国民年金事業の概況」p20より）。

（2）生活保護受給者が高齢者住宅・施設を探すときの注意点

生活保護には扶助があり、①生活、②住宅、③教育、④医療、⑤介護、⑥出産、⑦生業、⑧葬祭の8種類となっています。①～⑤は月単位で、⑥～⑧は必要に応じて支給されます。生活保護を受給している高齢者世帯が高齢者住宅・施設に住みたいと考えた際、留意すべきは①生活扶助と②住宅扶助です。

①生活扶助は、生活に必要な衣食や水道光熱費に対する給付です。アパートなどで生活する場合、第一類と第二類で構成されます。第一類は個人にかかわる費用で、第二類は世帯全体にかかわる費用です。高齢者住宅・施設で生活する場合にも、必要な金額が支給されます。1ヵ月以上入院する場合は入院患者日用品費が、介護保険施設に入所する人には介護施設入所者基本生活費が支給されます。

②住宅扶助は、賃貸住宅や借地の場合の家賃・地代に対する給付です。限度額の範囲内で実費支給とされ、都道府県ごとに住宅事情などを考慮して、厚生労働大臣が限度額を決めます。世帯数や障害の有無などの生活実態を考慮したうえで、通常限度の1.3倍の金額とすることも福祉事務所の判断で可能です。共益費（管理費）は生活扶助の中から支払うことになっています。

介護保険施設や軽費老人ホーム等公共の施設以外の高齢者住宅・施設を探す場合には、表1-4-3のような各地域の住宅扶助・生活扶助の範囲内で生活できるところを探す必要があります。民間の高齢者住宅・施設でも、運営会社によっては、生活保護受給者向けの割引制度をとっているところもあります 参照⇒ 第5章17・p222。

表1-4-3 東京23区の生活保護住宅扶助・生活扶助の例

70歳単身の場合	70歳夫婦の場合
①住宅扶助：約54,000円弱 ②生活扶助：約75,000円弱 合計　　　約129,000円弱	①住宅扶助：約64,000円弱 ②生活扶助：約118,000円弱 合計　　　約182,000円弱

> **ここも確認！**
>
> **生活保護の医療扶助・介護扶助の支給方法**
> 医療扶助と介護扶助は受給者に金銭が支払われる金銭給付ではなく、本人が医療や介護のサービスを受け、福祉事務所がその費用を医療機関や介護サービス事業者に直接払う現物給付のかたちをとるのが原則です。

❹ 広範な福祉施策の根拠法──社会福祉法

　社会福祉法は、社会福祉サービス、社会福祉法人、社会福祉協議会、共同基金など社会福祉の目的や理念、原則を規定する法律です。高齢者住まいでは、経済的に困窮している高齢者のための「軽費老人ホーム」の根拠法となっています。そのほかにも高齢者に限定されない広範な福祉施策の根拠となっています。

　このように、高齢者住宅・施設には、その根拠となる法律が存在することがほとんどです（表 1-4-4）。

| 表 1-4-4 | 主な高齢者住宅・施設と根拠法 |

高齢者住宅・施設	根拠法
有料老人ホーム（介護付・住宅型・健康型）	老人福祉法・介護保険法
サービス付き高齢者向け住宅	高齢者住まい法
認知症高齢者グループホーム	老人福祉法・介護保険法
軽費老人ホーム（A型・B型・ケアハウス）	社会福祉法・老人福祉法
シルバーハウジング	厚生労働省と国土交通省の共同プロジェクト
セーフティネット住宅	住宅セーフティネット法
シニア向け分譲マンション	なし
特別養護老人ホーム（介護老人福祉施設）	老人福祉法・介護保険法
介護老人保健施設	介護保険法
介護療養型医療施設	介護保険法・医療法
介護医療院	介護保険法

　では、高齢者住宅・施設は、これらの根拠法に基づいて行政にどのように監理・指導されているかを見ていきましょう。

❺ 高齢者住宅・施設に対する行政監督

　行政官庁から高齢者住宅・施設の登録を受けた事業者に対しては、建築基準の遵守、誇大広告の禁止、登録事項の公示、契約締結前の書面の交付および説明等などが義務付けられています。その義務が果たされているかを監督するため、各根拠法で行政監督権限が定められています。例えば高齢者への虐待が行われていると思われる場合など、老人の福祉を損なうと認められる場合には、その高齢者住宅・施設の根拠法に基づく監督権限で行政管庁が各施設に介入することができます。

❻ 高齢者住宅・施設に対する改善命令・罰則規定等

　監督や調査で義務違反行為が認められた場合などには、老人福祉法、高齢者住まい法等根拠法に基づく改善命令を行い（表1-4-5）、従わなかった場合は6月以下の懲役または50万円以下の罰金といった罰則が科されることがあります。さらに、有料老人ホームについては、2018年4月から改善命令よりも効力の強い停止命令も行うことができるようになりました（表1-4-6）。悪質な場合は高齢者住宅・施設の登録が取り消されることもあります（表1-4-7）。

　ただし、無届老人ホームでは具体的な監督・指導の根拠法がないため、根拠法上の強制力発動ができず、高齢者虐待防止法に基づく行政介入を行うしかありません（表1-4-8）。

表1-4-5　有料老人ホームへの「改善命令」条項（老人福祉法第29条13項）

都道府県知事は、有料老人ホームの設置者が①第4項から第9項※までの規定に違反したと認めるとき、②入居者の処遇に関し不当な行為をし、又はその運営に関し入居者の利益を害する行為をしたと認めるとき、その他③入居者の保護のため必要があると認めるときは、当該設置者に対して、その改善に必要な措置を採るべきことを命ずることができる。

※帳簿作成・保存、情報の開示、権利金その他金品受領の禁止など。

表1-4-6　有料老人ホームへの「停止命令」状況（老人福祉法第29条第14項）

都道府県知事は、有料老人ホームの設置者がこの法律その他老人の福祉に関する法律で政令で定めるもの若しくはこれに基づく命令又はこれらに基づく処分に違反した場合であって、入居者の保護のため特に必要があると認めるときは、当該設置者に対して、その事業の制限又は停止を命ずることができる。

| 表 1-4-7 | サービス付き高齢者向け住宅の登録取消事由（高齢者住まい法第 26 条趣意）

- 登録拒否要件に該当するに至った場合
- 登録内容の変更や地位を承継したにも関わらず、届け出なかった場合
- 改善指示に従わなかった場合
- 事務所の所在地等を確知できず、その旨を公示して30日間申出がなかった場合

| 表 1-4-8 | 「高齢者虐待」にあたる行為（高齢者虐待防止法第 2 条 4 項）

一　養護者がその養護する高齢者について行う次に掲げる行為
　イ　高齢者の身体に外傷が生じ、又は生じるおそれのある暴行を加えること。
　ロ　高齢者を衰弱させるような著しい減食又は長時間の放置、養護者以外の同居人によるイ、ハ又はニに掲げる行為と同様の行為の放置等養護を著しく怠ること。
　ハ　高齢者に対する著しい暴言又は著しく拒絶的な対応その他の高齢者に著しい心理的外傷を与える言動を行うこと。
　ニ　高齢者にわいせつな行為をすること又は高齢者をしてわいせつな行為をさせること。
二　養護者又は高齢者の親族が当該高齢者の財産を不当に処分することその他当該高齢者から不当に財産上の利益を得ること。

1-5 高齢者住宅・施設の課題

POINT
- 政府は、「介護離職ゼロ」を目指している
- 高齢者住宅・施設の利用者は、施設に対する理解が必要である
- 低額で利用できる高齢者住宅・施設の受け皿が不足している

❶ 政府の対応

　第1章2の通り、今後高齢者人口の増加が予想されています。しかし、その受け皿である高齢者住宅・施設はいまだ十分に準備されているとはいえません。

　政府はサービス付き高齢者向け住宅について、「2025年までに60万戸」という供給目標を掲げてきました。特別養護老人ホーム（介護老人福祉施設。以下、特養）の長期待機や介護離職などが社会問題化したこともあり、UR都市機構等既存施設のサービス付き高齢者向け住宅への改修・建替を含め、社会保障のインフラ基盤として高齢者住宅・施設の整備が進められています。

　さらに2015年、政府は「介護離職ゼロ」を目指すため、2020年代初頭までにサービス付き高齢者向け住宅や在宅・施設サービス（特養、認知症高齢者グループホーム、小規模多機能居宅介護事業所等）を50万人分整備することを計画しています。地域包括ケアシステムの推進で、自宅で暮らせる期間をできるだけ長くするとともに、高齢者住宅・施設を増やして、安心して老後を迎えられる社会づくりを進めています。

　政策上の後押しにより、今後サービス付き高齢者向け住宅はますます増加してくることが予想されます。サービス付き高齢者向け住宅にはさまざまな形態が認められており、各施設で運営形態が異なります。利用者側ではそれぞれの施設に対するしっかりとした理解と確認が必要となってきます。

❷ 高齢者住宅・施設の課題

　2024年1月末現在、介護保険制度における第1号被保険者数（65歳以上）は約3,588万人、そのうち要支援・要介護認定者数は約706.7万人（男性約225.4万人、女性約481.2万人）、認定者数の割合は約19.3％となっています（厚生労働省「介護保険事業状況報告（暫定）」2024年1月分より）。

　一方、表1-5-1では、高齢者住宅・施設の入居・入所人数は合計で約228万人と

なっており、多くの方が高齢者住宅・施設ではなく自宅で過ごしているのが現状です。

しかし、厚生労働省の報告によると、2022年4月の段階で特養待機者は約28.3万人（要介護3～5）となっており、施設ニーズの高さもうかがえます（厚生労働省「特別養護老人ホームの入所申込者の状況」より）。

これらのことからわかるのは、現状は在宅介護が多いものの、低額で利用できる施設のニーズが高く、受け皿が不足しているということです。

2015年4月より特養の入居対象が原則として**要介護3以上**となり、待機者は減りましたが、「要介護度が低くても介護が大変な人の行き場がなくなった」という声も聞かれます。今後は特養のさらなる整備と、**低額料金で利用**できる**サービス付き高齢者向け住宅**や**有料老人ホーム**の増加が期待されます。

| 表1-5-1 | 高齢者住宅・施設の施設数および入居・入所人数（概数含む）

種類	施設数 （概数含む）	入居・入所数 （概数含む）	
有料老人ホーム	15,363ヵ所	590,323人	●
サービス付き高齢者向け住宅	7,956ヵ所	270,244人	●
認知症高齢者グループホーム	14,223ヵ所	272,300人	■
軽費老人ホーム	2,330ヵ所	95,311人	●
養護老人ホーム	941ヵ所	61,951人	●
特別養護老人ホーム（介護老人福祉施設）	8,460ヵ所	743,500人	■
介護老人保健施設	4,192ヵ所	553,400人	■
介護医療院	805ヵ所	68,500人	■
介護療養型医療施設	164ヵ所	13,200人	■
合計	54,434ヵ所	2,668,729人	

（●印は、第225回社会保障審議会介護給付費分科会　事業者団体ヒアリング資料　高齢者住まい事業者団体連合会「高齢者向け住まいにおける介護報酬の課題」令和5年9月27日 p11～13より
■印は、施設数は介護給付費等実態統計月報（令和5年12月審査分）、利用者数・入所者数は令和4年度介護給付費等実態統計の概況（令和4年5月審査分～令和5年4月審査分）p3より）

確認問題

Q1 高齢者住まいアドバイザーの役割として、次の選択肢のうち誤っているものを1つ選びなさい。（第9回検定試験　類似問題出題）

1. 高齢者住宅・施設について、公正・的確な情報提供に努めること。
2. 介護保険や高齢者住宅・施設の情報提供により、仕事と介護の両立をサポートすること。
3. 年収にかかわらず、できる限りサービスが充実している高齢者住宅・施設を推薦すること。
4. 現在の社会保障制度の維持は難しいことも予想されるため、介護予防や老後に向けた自助努力を啓発すること。

Q2 サービス付き高齢者向け住宅制度の根拠となる法律はどれか、次の選択肢のうち正しいものを1つ選びなさい。（第9回検定試験　類似問題出題）

1. 高齢者の居住の安定確保に関する法律
2. 老人福祉法
3. 生活保護法
4. 社会福祉法
5. マンションの建替え等の円滑化に関する法律

Q3 地域包括ケアシステムに関する次の文章の（　A　）～（　D　）に入る語句を入れなさい。（第9回検定試験　類似問題出題）

高齢化が進むと、税金から捻出できる医療費・介護費は限られます。そのため、厚生労働省は、2012年、税金の「（　A　）」のみでなく、「（　B　）」または地域での「（　C　）」「（　D　）」により支え合うという地域包括ケアシステムを打ち出しました。

解答・解説

Q1 の解答・解説

答：**3**　参照⇒ 第1章1・p2

「年収にかかわらず」が誤りです。サービスが充実していることはよいのですが、高齢者住宅・施設は終の住処となることが多く、入所・入居される方が安心してずっと支払っていける予算内で提案することが適切な対応です。

Q2 の解答・解説

答：**1**　参照⇒ 第1章4・p15

2011年に高齢者の居住の安定確保に関する法律（高齢者住まい法）が改正され、サービス付き高齢者向け住宅制度が創設されました。

Q3 の解答・解説

答：**A** 公助　**B** 自助　**C** 互助　**D** 共助（**C・D** 順不同）　参照⇒ 第1章3・p11

地域包括ケアシステムは、要介護状態となっても、人生の最期まで可能な限り住み慣れた地域で自分らしい暮らしを続けるために、地域の住まい・医療・介護・予防・生活支援が一体的に提供されるシステムです。

第2章

老後の暮らしの資金

高齢者住まいを考える前提として、
どれくらいの支出が予想されるのか、
それをまかなう収入はあるのか、
老後の資金を想定しておく必要があります。
年金、保険の収入、医療や介護に必要な支出等を
具体的にイメージ
できるようにしましょう。

2-1 老後の資金

> **POINT**
> - 老後の住まいを考えるには、老後の暮らし全体の資金把握が必要
> - 老後の主な収入は、社会保険給付（老齢年金・遺族年金）である
> - 高齢者世帯の平均月額家計収支は、マイナスである

❶ 老後の収支概観

　老後の住まいを考える前提として、老後の暮らし全体の資金を把握して、そこから住まいの資金を見積もる必要があります。第三者である高齢者住まいアドバイザーには本人の資金の全体像はつかみづらいかもしれませんが、適切な住まいを提案するためには、本人の老後資金の把握は欠かせません。

　老後の主な資産・収入・支出には、表2-1-1 の項目があげられます。これらの資産と総収入の合計が総支出を上回っていれば、ほかからの援助がなくても生活を継続していくことができます。

　老後の支出は意外と多く、自宅の場合であれば、高齢夫婦世帯の平均支出で約28万円／月、娯楽などを楽しめるゆとりある生活では平均約37万円／月といわれています（図2-1-2。単身者の場合図2-1-3）。娯楽のほかにも子どもへの住宅資金や孫への教育資金等の提供、お祝いなど、臨時の支出も考えられるため、多めに見積もっておく方がよいでしょう。多くの高齢者世帯では公的年金を主な収入とし、不足があれば預貯金を切り崩して生活しています。

　次項からは、収入、支出の主な項目について、順に細かく見ていきましょう。

| 表 2-1-1 | 老後の主な資産・収入・支出項目

資産	収入	支出
預貯金 株、債券、投資信託等 退職金 民間保険（生命保険等） 相続資産	社会保険給付 　（老齢年金、遺族年金等） 民間保険 　（年金保険・介護保険） 不動産収入	住宅費（住宅ローンの残り、賃借料等） 住宅維持費（自宅改修費、管理費等） 食費 水道光熱費 税金（所得税・住民税・固定資産税等） 社会保険料（国民健康保険料・介護保険料） 介護・医療費 民間保険料 交通費（電車、バス等） 娯楽費（教養、旅行、理美容等） 子・孫への提供資金（教育資金等）

| 図 2-1-2 | 高齢夫婦世帯※1の月額家計収支

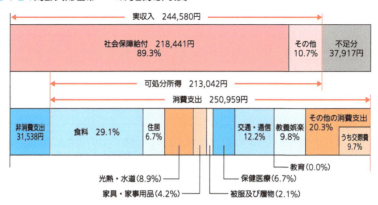

(注) 1　図中の「社会保障給付」及び「その他」の割合（％）は、実収入に占める割合である。
　　 2　図中の「食料」から「その他の消費支出」までの割合（％）は、消費支出に占める割合である。
　　 3　図中の「消費支出」のうち、他の世帯への贈答品やサービスの支出は、「その他の消費支出」の「うち交際費」に含まれている。
　　 4　図中の「不足分」とは、「実収入」と、「消費支出」及び「非消費支出」の計との差額である。
（統計局「家計調査報告」2023年（令和5年）平均結果の概要より）

| 図 2-1-3 | 高齢単身世帯※5の月額家計収支

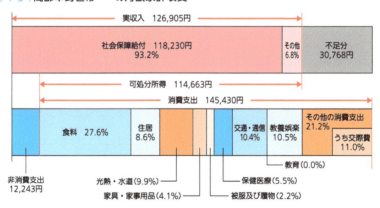

(注) 1　図中の「社会保障給付」及び「その他」の割合（％）は、実収入に占める割合である。
　　 2　図中の「食料」から「その他の消費支出」までの割合（％）は、消費支出に占める割合である。
　　 3　図中の「消費支出」のうち、他の世帯への贈答品やサービスの支出は、「その他の消費支出」の「うち交際費」に含まれている。
　　 4　図中の「不足分」とは、「実収入」と、「消費支出」及び「非消費支出」の計との差額である。
（統計局「家計調査報告」2023年（令和5年）平均結果の概要より）

2-2 公的年金の仕組み（国民年金・厚生年金）

> **POINT**
> - 日本の公的年金には、**国民年金**と**厚生年金**がある
> - 国民年金は**日本に住む人**を、厚生年金は**被用者**を対象とする
> - 将来の年金額は**ねんきん定期便**、**ねんきんネット**で確認できる

政府が行う年金制度を「公的年金」といいます。日本の公的年金には「国民年金」と「厚生年金」があります。

❶ 国民年金

国民年金とは、主に日本国内に住む人を対象とする公的年金です。

（1）国民年金の被保険者

国民年金の被保険者となるのは表2-2-1の人です。

また、国外在住の日本人など一定の要件に該当する場合は、申出により被保険者になることができます。これを任意加入被保険者といいます。

（2）国民年金の保険料

国民年金の保険料は第1号被保険者と任意加入被保険者が支払います。

第2号被保険者は国民年金の保険料を支払いませんが、代わりに厚生年金の保険料を支払います。

第3号被保険者は国民年金の保険料も厚生年金の保険料も自分では支払いませんが、配偶者（例えば夫）が加入している年金制度（厚生年金）が国民年金の保険料を一括負担しているとされ、それによって国民年金の給付を受けることができます。

表2-2-1 国民年金の被保険者

種類	被保険者
第1号被保険者	日本国内に住む20歳以上60歳未満の人（第2号・第3号以外） 主に自営業者、学生、フリーター、無職の人など
第2号被保険者	厚生年金の被保険者。主に民間サラリーマン・公務員
第3号被保険者	第2号被保険者の被扶養配偶者で、20歳以上60歳未満の人 主に専業主婦。ただし、年間収入130万円以上で医療保険の扶養とならない人は第1号被保険者となる。

❷ 厚生年金

　厚生年金とは、主に被用者を対象とする年金です。被用者とは会社員（サラリーマン）などの被雇用者や公務員などです。公務員は「共済年金」という別の仕組みがありましたが、共済年金は 2015 年 10 月から厚生年金と統合されています。
　厚生年金の適用対象となるかは事業所（勤務先）ごとに決定され、厚生年金の適用事業所に使用される 70 歳未満の人は、原則として厚生年金の被保険者となります。

（1）厚生年金の被保険者

　厚生年金被保険者は全て※ 国民年金では第 2 号被保険者となります。つまり、要件を満たせば 参照⇒ 第 2 章 3・p32 65 歳から「老齢基礎年金」と「老齢厚生年金」を同時に受給できるのです。このため、日本の公的年金は原則 2 階建てといわれます（図 2-2-2）。ただし、上乗せ年金 参照⇒ 第 2 章 4・p40 等を付加して 3 階建てにすることもできます。

> ※厚生年金制度内では、共済年金統合前の類型別に 4 種類に分けられるが、全ての類型の厚生年金被保険者は国民年金の第 2 号被保険者となる。

（2）厚生年金の保険料

　厚生年金の保険料は被保険者（会社員等）と事業主（勤務先）が折半で支払います。

❸ 老齢基礎年金・老齢厚生年金

　受給できる年金には、老齢、障害、死亡を事由とするものがあります。老齢を事由として国民年金で支払われる年金を老齢基礎年金といい、厚生年金で支払われる年金を老齢厚生年金といいます。
　国民年金の被保険者として保険料を一定期間納付する等の要件 参照⇒ 第 2 章 3・p32 を満たすと、65 歳から「老齢基礎年金」を受給できます。厚生年金の被保険者として保険料を一定期間納付する等の要件を満たすと、60 〜 65 歳から「老齢厚生年金」の受給を開始できます。老齢厚生年金が具体的に何歳から受給できるかはその人の生年月日や性別によって異なります 参照⇒ 第 2 章 3・p33。

❹ 被保険者への情報提供

　実際、将来どれぐらいの年金をもらえるかは、「ねんきん定期便」や「ねんきんネッ

| 図 2-2-2 | 年金の概念図

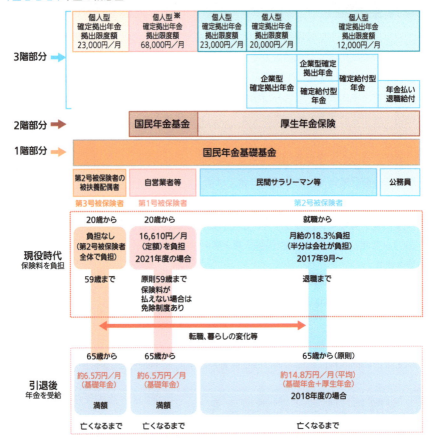

※国民年金基金または国民年金付加保険料と合算。
（厚生労働省ホームページ「いっしょに検証！ 公的年金」をもとに作成）

ト」で確認することができます。

（1）ねんきん定期便

　ねんきん定期便とは、年金に関する個人情報を国民年金・厚生年金の被保険者に定期的に通知する仕組みです。毎年1回、誕生月に被保険者に送付されます。

　ねんきん定期便には年金加入期間、直近1年間の保険料の納付状況、保険料総額、将来の年金見込額が記載されています。さらに35歳、45歳、59歳の被保険者には、

節目の年齢にあたるとして、加えて年金加入履歴と全ての期間の納付状況が記載されます。

（2）ねんきんネット

　ねんきんネットとは、インターネットを介して年金に関する個人情報を入手できるサービスです。ねんきんネットを利用するには、日本年金機構のホームページで利用登録をすることが必要です。

　ねんきんネットを利用すれば、ねんきん定期便を待つことなくいつでも最新の年金記録を確認することができます。

　高齢者住まいアドバイザーにかかわりが深いのは、主に老齢を事由とする年金、つまり一定の年齢に到達したことを要件とする年金です。次項からは、国民年金、厚生年金それぞれの老齢年金と、高齢者に関係の深い年金の仕組みについて見ていきましょう。

2-3 老齢年金

> POINT
> - 老齢基礎年金は 65 歳、老齢厚生年金は 60〜65 歳から支給される
> - 国民年金受給者（単身）の平均給付月額は約 5.6 万円である
> - 厚生年金受給者（単身）の平均給付月額は約 14.6 万円である

❶ 老齢基礎年金

老齢基礎年金とは、国民年金の加入者に 65 歳から支給される年金です。

（1）支給要件

実際に支給を受けるには、原則として保険料納付済期間・保険料免除期間・合算対象期間を合算した期間が 25 年以上であることが必要でしたが、2017 年 8 月からは、この期間が 10 年となりました。

> **ここも確認！**
>
> **保険料免除期間とは**
> 国民年金の保険料が免除された期間。国民年金には保険料の免除という制度があり、障害や生活保護等の法定事由に該当するか、所得が一定額に満たない人が申請することにより、国民年金保険料の全部または一部の免除を受けることができます。
>
> **合算対象期間とは**
> 年金額には反映されないが、年金加入期間とみなされる期間。国民年金が任意加入だった頃に加入しなかった人や、過去の制度では年金の被保険者の対象となっていなかった人でも年金を受給できるようにする制度により設けられました。

（2）支給額

老齢基礎年金の支給額は、満額の場合（保険料納付済期間が 480 ヵ月の場合）は次のように計算されます。

老齢基礎年金の支給額（年額）＝ 816,000

改定率は物価や賃金水準の変動を年金額に反映させる比率です。2024年の改定率は前年度から2.7％引き上げ、老齢基礎年金の満額は816,000円／年(68,000円／月)となります。

この金額は20歳から59歳までの40年間の国民年金保険料を全て納付した場合のものです。保険料免除期間や保険料の未納期間がある場合は、この金額から減算されることになります。

❷ 老齢厚生年金

老齢厚生年金とは、厚生年金の加入者（主に会社員）に60～65歳のうちの一定年齢から支給が開始される年金です。

(1) 支給開始年齢

具体的な支給開始年齢は、原則として表2-3-1のようになります。
65歳前に支給される老齢厚生年金を「特別支給の老齢厚生年金」といいます。

(2) 支給要件

65歳になる前と後では要件が異なります。

65歳より前に老齢厚生年金を受給するには次の要件を全て満たす必要があります。

①国民年金の被保険者として保険料納付済期間と保険料免除期間を合算した期間が
　10年以上
②厚生年金の被保険者期間が
　1年以上

一方、65歳以後から老齢厚生年金を受給するには次の要件を全て満たす必要があります。

| 表2-3-1 | 老齢厚生年金の支給開始年齢

1. 男性または女性※1の場合

生年月日	支給開始年齢
昭和28年4月2日～昭和30年4月1日	61歳
昭和30年4月2日～昭和32年4月1日	62歳
昭和32年4月2日～昭和34年4月1日	63歳
昭和34年4月2日～昭和36年4月1日	64歳
昭和36年4月2日～	65歳

2. 女性※2の場合

生年月日	支給開始年齢
昭和33年4月2日～昭和35年4月1日	61歳
昭和35年4月2日～昭和37年4月1日	62歳
昭和37年4月2日～昭和39年4月1日	63歳
昭和39年4月2日～昭和41年4月1日	64歳
昭和41年4月2日～	65歳

※1　国家公務員共済組合員、地方公務員共済組合員、私立学校教職員共済制度の加入者だった者。
※2　※1以外の厚生年金被保険者。

①国民年金の被保険者として保険料納付済期間・保険料免除期間・合算対象期間を合算した期間が **10 年以上**
②厚生年金の被保険者期間が**1ヵ月以上**

　つまり、65 歳以上では老齢厚生年金は、厚生年金の被保険者であった期間が 1 ヵ月でもあれば受給できますが、65 歳未満から老齢厚生年金を受給するには 1 年以上の厚生年金被保険者期間が必要となります。

(3) 支給額

　老齢厚生年金の計算式は複雑なため、以下には基本的な数式のみを記載します。

　老齢厚生年金の支給額は 65 歳未満と 65 歳以上で内容が異なります。65 歳未満の老齢厚生年金は「報酬比例部分」と「定額部分」で構成され、65 歳以上の老齢厚生年金は「報酬比例部分」のみとなります（ただし、「定額部分」の支給は段階的に縮小され、現在では支給は限られた場合となる）。

　老齢厚生年金の「報酬比例部分」の計算式は次のようになります。「報酬比例部分」とは、厚生年金の被保険者として保険料を支払った期間の報酬を現在の価値に置き換えたものに、現役世代の給与のどれくらいを年金とするかの率である「給付乗率」（5.481/1000）をかけたもの、という意味です。ただし、実際の計算はもっと複雑です。

$$\text{報酬比例部分（年額）} = \text{平均標準報酬額}^{※1} \times 5.481/1000^{※2} \times \text{被保険者期間の月数}$$

※1　被保険者期間の各月の標準報酬月額と標準賞与額の総額を、被保険者期間の月数で除して得た額である。
※2　昭和 21 年 4 月 1 日以前に生まれた人の場合、給与乗率が異なる。

　老齢厚生年金の「定額部分」の計算式は、表 2-3-2 のようになります。

| 表 2-3-2 | 2023 年（令和 5）年 4 月分からの定額部分の計算式

67歳以下の方 （昭和31年4月2日以後生まれ）	1,657円×改定率×被保険者期間の月数^{※3}
68歳以上の方 （昭和31年4月1日以前生まれ）	1,652円×改定率×被保険者期間の月数^{※3}

※3　昭和 9 年 4 月 2 日から昭和 19 年 4 月 1 日生まれは 444 月、昭和 19 年 4 月 2 日から昭和 20 年 4 月 1 日生まれは 456 月、昭和 20 年 4 月 2 日から昭和 21 年 4 月 1 日生まれは 468 月、昭和 21 年 4 月 2 日以後生まれは 480 月を上限とする。

（4）老齢厚生年金の加給年金

加給年金額は一定の要件を満たした配偶者※がいる場合に加算される金額です。
加給年金が加算されるには、表 2-3-3 の要件を満たす必要があります。
配偶者に対する加給年金は、次のように計算されます。

> 加給年金（年額）＝ 234,800（＋特別加算額）

2024 年 4 月改定

※18 歳未満の子等がいる場合にも加算されるが、本書では高齢者にかかわりが深い部分を中心に取り上げているため省略している。以下、加算等も同様である。

| 表 2-3-3 | 加給年金の加算要件

対象	要件
被保険者	厚生年金の被保険者期間が240ヵ月以上で、65歳以上 65歳未満は「定額部分」を支給されている場合のみ
配偶者	配偶者が65歳未満であり、被保険者が65歳到達後（または定額部分支給開始年齢に到達した後）に被保険者に生計を維持されている場合 ただし、配偶者自身が老齢厚生年金（被保険者期間等が240ヵ月以上）や障害厚生年金等を受給できる場合は、支給されない

（5）加給年金の特別加算額

年金の受給権者の生年月日が昭和 9 年 4 月 2 日以後である場合に、さらに加給年金に特別加算額が加算されます。

❸ 現在の老齢年金平均額

日本年金機構の主要統計によると、国民年金受給者に支給される老齢給付（主に老齢基礎年金）の平均額（月額）と、厚生年金受給者に支給される老齢給付の平均額（月額）は表 2-3-4 のようになります。

| 表 2-3-4 | 国民年金・厚生年金の老齢給付平均月額

国民年金受給者（単身）に支給される老齢給付	56,587円
厚生年金受給者（単身）に支給される老齢給付	147,629円

（日本年金機構　2023 年 10 月末公表　主要統計より）

上記をもとに想定すると、高齢者夫妻（ともに 65 歳以上、妻は専業主婦）の年金額は、約 20 万円（56,587 円＋ 147,629 円＝ 204,216 円）となります。

❹ 在職老齢年金制度

　70歳未満の人が会社に就職し厚生年金保険に加入した場合や、70歳以上の人が厚生年金保険の適用事業所に就職した場合には、老齢厚生年金の額と給与や賞与の額（総報酬月額相当額）に応じて、老齢厚生年金の一部または全部が支給停止となる場合があります。これを在職老齢年金といいます。

（1）65歳以後の在職老齢年金の計算方法

　65歳以上70歳未満の人が厚生年金保険の被保険者であるときに、65歳から支給される老齢厚生年金は、受給されている老齢厚生年金の基本月額と総報酬月額相当額に応じて一部または全部が支給停止となる場合があります。

　なお、平成19年4月以降に70歳に達した人が、70歳以降も厚生年金適用事業所に勤務している場合は、厚生年金保険の被保険者ではありませんが、65歳以上の方と同様の在職中による支給停止が行われます。

　在職老齢年金による調整後の年金支給月額は以下のようになります。年金支給月額がマイナスになる場合は、老齢厚生年金は全額支給停止となり、加給年金額も支給停止となります。

　①基本月額と総報酬月額相当額との合計が50万円以下の場合

> **全額支給**

　②基本月額と総報酬月額相当額との合計が50万円を超える場合

> **基本月額－（基本月額＋総報酬月額相当額－50万円）÷2**

2024年4月改定

> **ここも確認！**
>
> **基本月額とは**
> 加給年金額を除いた特別支給の老齢厚生（退職共済）年金の月額
>
> **総報酬月額相当額とは**
> （その月の標準報酬月額）＋（その月以前1年間の標準賞与額の合計）÷12

> **ここも確認！**
>
> **令和6年4月から適用の法律改正①　在職老齢年金制度の見直し**
> 在職老齢年金制度について、年金の支給が停止される基準が現行の賃金と年金月額の合計額48万円から50万円に緩和され、賃金と年金月額の合計額が50万円以下の人は、年金額が支給停止されなくなりました。
>
> **令和4年4月から適用の法律改正②　在職定時改定の新設**
> 65歳以上の在職中の老齢厚生年金受給者について、年金額を毎年10月に改定し、それまでに納めた保険料を年金額に反映する制度です。これまでは、退職等により厚生年金被保険者の資格を喪失するまでは、老齢厚生年金の額は改定されませんでした。在職定時改定の導入により、退職を待たず早期に就労継続の効果を年金額に反映することで、年金を受給しながら働く在職受給権者の経済基盤の充実が図られます。

第2章　老後の暮らしの資金

❺ 受給開始時期の選択肢

　公的年金は、原則として 65 歳から受け取ることができますが、希望すれば 60 歳から 75 歳の間で自由に受給開始時期を選ぶことができます。65 歳より早く受け取り始めた場合（繰上げ受給）には減額（最大 24％減額）した年金を、65 歳より遅く受け取り始めた場合（繰下げ受給）には増額（最大 84％増額）した年金を、それぞれ生涯を通じて受け取ることができます。

> **ここも確認！**
>
> **令和 4 年 4 月から適用の法律改正③　繰上げ受給・繰下げ受給**
> 高齢期の就労の拡大等をふまえ、高齢者が自身の就労状況等に合わせて年金受給の方法を選択できるよう、より柔軟で使いやすいものとするための繰下げ受給の見直しが行われます。現行制度では 70 歳が選択できる上限となっている年金受給開始時期について、改正では 75 歳に引き上げ、繰下げ増額率を最大プラス 84％とします（図 2-3-5）。
> この改正は令和 4 年 4 月から適用され、令和 4 年 4 月 1 日以降に 70 歳に到達する人（昭和 27 年 4 月 2 日以降に生まれた方）が対象です。なお、現在 65 歳からとなっている年金支給開始年齢の引上げは行われません。

図 2-3-5 繰上げ受給・繰下げ受給

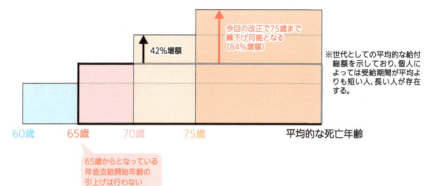

(参考) 繰上げ・繰下げによる減額・増額率
　　　減額率・増額率は請求時点（月単位）に応じて計算される。
　　　・繰上げ減額率＝0.4%※×繰り上げた月数（60歳〜64歳）
　　　・繰下げ増額率＝0.7%×繰り下げた月数（66歳〜75歳）

請求時の年齢	60歳	61歳	62歳	63歳	64歳	65歳	66歳	67歳	68歳	69歳	70歳	71歳	72歳	73歳	74歳	75歳
減額・増額率	76%	80.8%	85.6%	90.4%	95.2%	100%	108.4%	116.8%	125.2%	133.6%	142%	150.4%	158.8%	167.2%	175.6%	184%

2-4 上乗せ年金

> **POINT**
> - 第1号被保険者の上乗せ年金には付加年金と国民年金基金がある
> - 第2号被保険者の上乗せ年金には企業型確定拠出年金などがある
> - 個人型確定拠出年金（iDeCo）は基本的に全ての人が加入できる

国民年金、厚生年金の2階建て年金 参照⇒ 第2章2 図2-2-2・p30 のほかに上乗せされる年金としては以下のようなものがあります。

❶ 第1号被保険者に特有の上乗せ年金

(1) 付加年金

付加年金は月額400円の付加保険料を納付することにより、老齢基礎年金の年額に200円×付加保険料納付済期間の月数が上乗せされる年金です。

(2) 国民年金基金

国民年金基金は老齢基礎年金の上乗せとして設けられた制度で、同一の都道府県内に住所を有する第1号被保険者で組織する「地域型基金」と、同一の事業や業務に従事する第1号被保険者で組織する「職能型基金」があります。

地域型基金には「東京都国民年金基金」など都道府県ごとの基金があり、職能型基金には「歯科医師国民年金基金」や「全国農業みどり国民年金基金」などさまざまな職業を対象とした基金があります。

❷ 第2号被保険者に特有の上乗せ年金

(1) 厚生年金基金

厚生年金基金は国民年金、厚生年金のさらに上乗せとなる3階建ての部分です。

厚生年金基金は厚生年金とは別物ですが、厚生年金保険料の一部を基金独自の掛金と合わせて運用する「代行部分」が設けられ、その部分について代行給付が行われます。

現在、厚生年金基金の新設は認められておらず、存続している基金についても財政状態が悪い場合は解散が促されることとなっています。

（2）確定給付年金

確定給付年金は将来の給付額をあらかじめ決めておき、その給付額に必要な掛金を拠出する制度です。確定給付年金には「規約型」と「基金型」の2種類があります。

（3）企業型確定拠出年金

企業型確定拠出年金は、拠出額（掛け金）をあらかじめ決めておき、将来の給付額は拠出額とその運用実績によって決まる制度です。会社が拠出しますが、規約に定められていれば個人からの拠出もできます（マッチング拠出）。

❸ 共通の上乗せ年金

個人型確定拠出年金（iDeCo）は、共通の私的年金制度です。平成29年1月から、基本的に20歳以上60歳未満（第2号被保険者と任意加入被保険者として国民年金に加入している人は65歳まで）の全ての人※が任意で加入できるようになりました。被保険者が自ら申込み、拠出額、運用方法を決めます。年金の加入状況により、拠出額の上限額が異なります。

拠出額は年1回変更することができ、年1回以上任意に決めた月にまとめて拠出（年単位拠出）することも可能です。受給開始年齢は加入期間に応じて異なります（表2-4-1）。

拠出額は全額所得控除の対象となり、運用益も非課税となります。年金として受け取る場合は「公的年金等控除」、一時金の場合は「退職所得控除」の対象となります。

※企業型確定拠出年金でマッチング拠出をしていない等の諸条件がある。

| 表2-4-1 | 加入期間等に応じた受給開始年齢

加入期間	受給開始年齢
1月以上2年未満	満65歳
2年以上4年未満	満64歳
4年以上6年未満	満63歳
6年以上8年未満	満62歳
8年以上10年未満	満61歳
10年以上	満60歳

2-5 遺族年金

> **POINT**
> - 国民年金には遺族基礎年金と寡婦年金がある
> - 厚生年金には遺族厚生年金と中高齢寡婦加算がある
> - 遺族基礎年金等の受給権は、再婚により失われる（失権）

　国民年金で支給される遺族年金を「遺族基礎年金」、厚生年金で支給される遺族年金を「遺族厚生年金」といいます。

❶ 遺族基礎年金・寡婦年金

（1）遺族基礎年金

　遺族基礎年金は、老後の資金というよりは子の養育費として支給される年金で、18歳に達する日以後の最初の3月31日以前、または障害等級2級以上の20歳未満で、かつ未婚の子に対して支給される年金です。子の親、つまり亡くなった被保険者（父親）の配偶者（母親）が存命の場合は、配偶者（母親）に支給されます。
　遺族基礎年金は従来、母子家庭のみが対象でしたが、2014年4月から対象を父子家庭にも拡大しています。

（2）寡婦年金

　国民年金には、死亡を事由とする年金として、遺族基礎年金のほかに寡婦年金があります。寡婦年金は夫の死亡当時生計を維持され、夫との婚姻関係が10年以上である妻に対し、60歳以上65歳未満の間支給される年金です。
　寡婦年金を受けるには、夫の第1号被保険者としての保険料納付済期間と保険料免除期間を合算した期間が10年以上あり、かつ、夫が老齢基礎年金の支給を受けたり障害基礎年金の受給権を得ていなかったという要件を満たす必要があります。

（3）支給額

　遺族基礎年金、寡婦年金の計算式はそれぞれ表 2-5-1 のようになります。

表 2-5-1 遺族基礎年金、寡婦年金の計算式

年金・加算種類	計算式
遺族基礎年金	816,000＋子にかかる加算額
寡婦年金	老齢基礎年金× 3/4

2024 年改定　18 歳未満等の子にかかる部分は省略

❷ 遺族厚生年金

遺族厚生年金は、遺族基礎年金ほど遺族の範囲が限定的ではなく、配偶者、子だけでなく父母や祖父母、孫についても要件を満たせば支給されます。

遺族厚生年金の要件は以下のようになります。

（1）亡くなった人の要件

亡くなった人は、次の①〜⑤のいずれかに該当する必要があります。
①被保険者※
②被保険者だった人が、被保険者期間内に初診日がある傷病で、初診日から 5 年以内に死亡※
③障害等級 1 級または 2 級の障害厚生年金の受給権者
④老齢厚生年金の受給権者
⑤老齢厚生年金の受給資格期間を満たした人

※①②の場合はさらに、死亡日の前日において、死亡日が属する月の前々月までの国民年金被保険者期間のうち、保険料の滞納期間が 1/3 以下であることが必要。死亡日に 65 歳未満である場合は、死亡日の前日において、死亡日の属する月の前々月までの 1 年間保険料を滞納してないことでも可。

（2）遺族の要件

遺族の場合、共通の要件として「死亡当時亡くなった人により生計を維持されていた」という要件のほか、それぞれ表 2-5-2 のような年齢要件があります。

表 2-5-2 遺族厚生年金の遺族の年齢要件

遺族	年齢要件
妻	要件なし
夫・父母・祖父母	死亡当時55歳以上 （支給開始は60歳から。夫は遺族基礎年金の受給中に限る）
子・孫	18歳になる年の3月31日まで （障害等級1級または2級の場合は、20歳になる年の3月31日まで）

また、遺族厚生年金の遺族には受給順位があります。配偶者と子が第1順位、父母が第2順位、孫が第3順位、祖父母が第4順位です。先順位者が受給権を取得した場合は、後順位者は遺族とされません。

（3）支給額

遺族厚生年金の計算式は、亡くなった人が（1）の要件①～⑤のうちどれに該当するかによって異なります。具体的には表2-5-3のような計算式となります。

（4）中高齢寡婦加算

遺族基礎年金は、18歳に達する日以後の最初の3月31日以前、または障害等級2級以上の20歳未満で、かつ未婚の子がいる場合に支給される年金であるため、そのような子がいる妻といない妻の間では支給額に差が生じます。そこで、両者の不均衡を是正するために遺族厚生年金に加算されるのが中高齢寡婦加算です。支給期間は65歳に達するまでです。

中高齢寡婦加算の支給を受けるには表2-5-4の要件が必要となります。

$$加算額（年額）＝ 816,000 \times 3/4$$

2024年4月改定

| 表2-5-3 | 遺族厚生年金の計算式

亡くなった人の要件 (p43)		計算式
①～③	被保険者期間が300ヵ月未満	平均標準報酬額× 5.481/1000 × 300 × 3/4
	300ヵ月以上	平均標準報酬額× 5.481/1000 ×被保険者期間の月数× 3/4
④⑤		平均標準報酬額× 5.481/1000※1×被保険者期間の月数× 3/4※2

※1　亡くなった人の年齢によって比率が異なる。
※2　老齢厚生年金の報酬比例部分の金額× 3/4

| 表2-5-4 | 中高齢寡婦加算の支給要件

亡くなった人の要件 (p43)	①～③	限定なし
	④⑤	被保険者期間が240ヵ月以上
受給権者である妻		夫の死亡当時40歳以上65歳未満である、または、夫の死亡当時40歳未満であったが40歳に達したときに遺族基礎年金の要件を満たす子と生計同一であること。ただし、遺族基礎年金の支給を受けられる間は、中高齢寡婦加算は支給停止される。

❸ 老齢厚生年金と遺族厚生年金の併給

　共働き家庭など、遺族自身が厚生年金の被保険者だった場合、遺族厚生年金と同時に老齢厚生年金の受給権を取得する場合があります。
　このような場合、遺族厚生年金が老齢厚生年金を上回るときは、その差額部分が老齢厚生年金と同時に支給されます。

❹ 再婚・離婚と遺族年金

（1）再婚した場合の遺族年金

　遺族基礎年金や遺族厚生年金、寡婦年金を受給している人が新たに婚姻した場合、その人はこれらの受給権を失います。これを失権といいます。
　例えば、Ａさん・Ｂさん夫婦のＡさん（前夫）が先に亡くなり、Ｂさん（妻）がＡさんの遺族年金を受給しているとします。ＢさんがＣさん（現夫）と再婚することになる場合、ＢさんはＣさんと再婚することによりＡさんの遺族年金の受給権を失います。遺族年金を失権すると、その翌月分からＡさんの遺族年金は支給されなくなります。

（2）離婚した場合の遺族年金

　離婚した元配偶者が死亡した場合、遺族基礎年金や遺族厚生年金、寡婦年金は支払われません。
　ＡさんとＢさんが離婚した元夫婦であるとします。離婚後にＡさん（前夫）が亡くなった場合、Ｂさん（前妻）はＡさんの死亡当時の配偶者ではないため、Ａさんの遺族年金を受け取れる遺族の範囲には含まれません。したがって、Ｂさんは遺族年金を受給することはできません。
　ただし、ＡさんとＢさんが離婚した後も事実上の婚姻関係、いわゆる内縁関係にある場合は、Ｂさんは遺族年金を受給できる配偶者とされることもあります。

❺ まとめ　年金の受給額計算

では、会社員Aさんの一家を例に年金受給額を計算してみましょう。

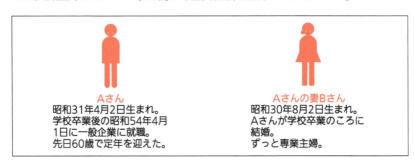

Aさん
昭和31年4月2日生まれ。
学校卒業後の昭和54年4月1日に一般企業に就職。
先日60歳で定年を迎えた。

Aさんの妻Bさん
昭和30年8月2日生まれ。
Aさんが学校卒業のころに結婚。
ずっと専業主婦。

・AさんとBさんの保険料納付済期間は、Aさんの会社員時代のみ。
・保険料の未納等、手続上の不備はないものとする。
・昭和56年生まれの一人息子Cさんがいるが、既に結婚して独立。
・Aさん一家はいずれも障害の状態にはない。

（1）どの年金をもらえるのか？

Aさんはずっとサラリーマンをしていたので、「厚生年金被保険者」であり、「国民年金の第2号被保険者」に該当します。したがって、老齢基礎年金および老齢厚生年金を受給できます。

Bさんは専業主婦なので、「国民年金の第3号被保険者」に該当します。したがって老齢基礎年金を受給できます。

（2）年金をいつからもらえるのか？

Aさんの誕生日は昭和31年4月2日なので、昭和30年4月2日～昭和32年4月1日の範囲に含まれます。したがって、老齢厚生年金については、Aさんは原則として62歳から受給できます（ 参照⇒ 第2章3 表2-3-1・p33）。

老齢基礎年金については、AさんもBさんも原則として65歳から受給できます。

（3）年金をいくらもらえるのか？

具体的な年金額はいったいいくらになるのでしょうか。以下の記載は厳密ではありませんが、目安として金額を概算したものです。概算のため、受給額は年度ごとに変わらないものと仮定しています。

①Aさんの老齢年金の受給額

老齢基礎年金については、昭和54年4月に就職し平成28年4月に退職しているので、国民年金の第2号被保険者としての保険料納付済期間は37年間（444ヵ月）となります。

2024年の老齢基礎年金の満額は816,000円なので、それを用いて計算すると、

816,000円÷480×444≒754,800円（年額）、62,900円（月額）

です。

老齢厚生年金を含めた受給額が、参照⇒ 第2章3 表2-3-4・p35の日本年金機構による主要統計の金額（147,629円）であるとすると、老齢厚生年金は約84,729円です※。

※Aさんの支給額は年齢からして「報酬比例部分」のみで、「定額部分」はない。

②Bさんの老齢年金の受給額

専業主婦は昭和61年4月の年金法改正前までは「任意加入」という取扱いだったので、Bさんも昭和61年3月までは未加入だったものとします。

また、Aさんは平成28年4月に退職しますが、Bさんはその前年の平成27年8月に60歳となるので、国民年金の第3号被保険者ではなくなります。したがって、Bさんの保険料納付済期間は、昭和61年4月から平成27年7月までの352ヵ月となります。

Aさんと同様に計算すると、

816,000円÷480×352≒598,400円（年額）、49,866円（月額）

です。

③加算部分

Aさん一家は加給年金の要件を満たさないため、Aさんの老齢厚生年金には加給年金は含まれません。しかし、Aさんが要件を満たすとBさんの老齢基礎年金に「振替加算」が加算されます。振替加算は昭和41年4月1日以前に生まれた人が65歳に達した日以後に、その配偶者（この場合はAさん）が加給年金の要件を満たしているときに加算されるものです。この場合、Bさんの老齢基礎年金に約4,428円（月額）が加算されます。

以上より、Aさんは62歳から84,729円（月額）を、65歳から147,629円（月額）を受給できます。Bさんは65歳から49,866円（月額）を受給でき、Aさんが65歳になると54,294円（月額）を受給できます。

AさんもBさんも老齢年金を受給できる年齢になると、Aさん一家の年金収入は総額で201,923円（月額）となります。

（4）Aさんが先に亡くなってしまったら？

Aさんが亡くなると、その翌月からAさんに対する老齢年金の支給はなくなります。その代わりに、妻のBさんが遺族年金の支給対象となります。

では具体的にはBさんはどのような給付を受けられるのでしょうか。Aさんが75歳で亡くなったとして考えてみます。

①国民年金部分

Bさんは遺族基礎年金を受給することはできません。Aさん夫妻には遺族基礎年金の要件に該当する子どもがいないためです。また、Bさんが既に65歳以上なので、寡婦年金を受けることもできません。

②厚生年金部分

Bさんは遺族厚生年金を受けることができます。老齢厚生年金の受給権者が死亡したときの遺族厚生年金は老齢厚生年金の金額の3/4なので、Bさんが受給する遺族厚生年金の金額は84,729円×3/4＝63,546円（月額）となります。

③加算部分

Bさんは既に65歳以上なので中高齢寡婦加算を受けることはできません。しかし、「経過的寡婦加算」を受けられます。経過的寡婦加算は昭和31年4月1日以前に生まれた65歳以上の妻の場合に、遺族厚生年金に加算されるものです。この場合、遺族厚生年金に約1,626円（月額）が加算されます。したがって、Bさんが受給する遺族厚生年金は経過的寡婦加算も含めると65,172円（月額）となります。

Bさんの老齢基礎年金には振替加算が加算されていますが、この加算額はAさんが亡くなった後も変わらず加算されます。したがって、Bさんの老齢基礎年金は54,294円（月額）のまま変わらずとなります。

以上より、Aさんが亡くなった後のBさんの年金収入は、老齢基礎年金54,294円（月額）と遺族厚生年金65,172円（月額）を合わせて119,466円（月額）となりま

す（表 2-5-5）。

　こうした年金額の変化を十分に考慮したうえで高齢者の住まいや暮らし、若いころからの準備を考える必要があります。

| 表 2-5-5 | Aさん一家のもらう年金額(月額概算)の推移

Aさん65歳時		Aさん死亡後
Aさん（夫）	Bさん（妻）	Bさん（遺族）
老齢厚生年金 約84,729円	―	遺族厚生年金 約65,172円
老齢基礎年金 約62,900円	老齢基礎年金 約54,294円	老齢基礎年金 約54,294円
合計　約201,923円		合計　約119,466円

2-6 金融資産・退職金

POINT
- 公的年金だけでは足りない支出は預貯金を切り崩して補っている
- 金融資産は、早めに現金化しておくと資産活用が容易になる
- 退職金の受け取り方法を確認し上手に活用することが必要である

❶ 預貯金

　老後のために準備した預貯金は、老後の大切な資産です。公的年金では足りない支出は、退職金を含む現役時代に貯めておいた預貯金を切り崩して生活している人がほとんどです。

　現役世代の人は、自身の老後の支出と受取予定年金額を計算して、どのくらいの預貯金が必要なのかを早めに確認した方がよいでしょう。

❷ 株・債券・投資信託

　株・債券・投資信託などの金融資産は、認知症が進み、意思確認の手続が難しくなると現金化しづらくなることもあります。また、急に現金が必要になった場合、現金化のタイミングによっては資産価値が減少したりと、思わぬデメリットが生じる可能性もあります。

　これらの金融資産は、早めに現金化しておくと、本人のための資産活用が容易になります。

❸ 退職金

　退職金は、企業が労働者に対し退職時に支払う金銭で、主に一時金というかたちで支払われます。公的年金以外の老後の備えとして退職金は重要なものです（金額の目安は表2-6-1）。

　しかし、退職金を支給する会社は近年減り続けています。30人以上規模の会社で退職給付制度があるのは74.9％です（厚生労働省「令和5年就労条件総合調査 結果の概況」より）。

　自営業の場合、退職金はないのが通常ですが、従業員（社員）が20人（商業とサービス業では5人）以下の個人事業主・会社役員の場合は「小規模企業共済制度」を利

用していることもあります。退職金として受け取ることも、年金の形式で受け取ることも可能なので、加入している場合は上手な利用方法を検討したいものです。

| 表 2-6-1 | 退職事由別退職給付額の目安

退職事由等 学歴・職種	定年		早期優遇	
	退職時の 所定内賃金 （月額）	一人平均 退職給付額※	退職時の 所定内賃金 （月額）	一人平均 退職給付額※
大学卒 （管理・事務・技術職）	52.6万円	1,896万円	56.7万円	2,266万円
高校卒 （管理・事務・技術職）	43.5万円	1,682万円	41.9万円	2,432万円
高校卒 （現業職）	34.5万円	1,183万円	35.4万円	2,146万円

※「退職給付額」は退職一時金制度のみの場合は退職一時金額、退職年金制度のみの場合は年金現価額、退職一時金制度と退職年金制度併用の場合は、退職一時金額と年金現価額の合計。
（令和5年就労条件総合調査 結果の概況 結果の概要（4 退職給付（一時金・年金）の支給実態）より）

2-7 民間保険（生命保険・個人年金保険・介護保険）

POINT
- 生命保険金や解約返戻金は分割して年金として受け取れる
- 民間介護保険の加入はメリットとデメリットの理解が必要である
- 不要な保険は解約するなど、保険の見直しも必要である

❶ 生命保険

　先に死亡した配偶者が生命保険に加入していた場合、その保険金も老後の資産となります。

　生命保険には、死亡時だけでなく、介護状態、高度障害（終身常に介護を要するなど）になった場合に生命保険金を死亡前に受け取れるものもあります。

　さらに、生命保険金や生命保険を途中で解約したときに戻ってくる解約返戻金は、ライフプランに合わせ分割して受け取ること（年金受取）もできます。保険会社に受取事由や受取方法を確認しましょう。

❷ 個人年金保険

　個人年金保険は、老後の生活資金を準備する目的で加入する保険です。契約時に定めた年齢（60歳、65歳など）から、契約した年金額を受け取れます。年金を受け取れる期間が限定されている「確定年金」（10年間、15年間など）、生きている限り一生涯受け取れる「終身年金」があるため、老後の収入として考える場合には受取期間の確認が必要です。株式や外貨などで運用し、その運用実績や受取時の外国為替レートに応じて年金額が増減するものもあります。

❸ 民間介護保険

　介護にかかる費用は、公的介護保険で自己負担上限が定まっている高額介護サービス費制度 参照➡ 第2章9・p57 がありますが、実際の介護はいつまで続くかわからず、公的介護保険ではカバーされない費用もあり、予算の総額がわかりづらいものです。このため、メリット、デメリット（表2-7-1）を検討のうえ、介護状態になったら契約で定めた保険金を受け取れる民間介護保険へ加入する人も増えています。

　民間介護保険金の受取条件については、公的介護保険と連動しているものや、所定

の認知症の状態になった場合に受け取れるなどの保険会社の独自基準が設けられているもの、さらに一定以上の要介護状態になれば保険料が免除となるものがあります。保険金の受取方法にも一時金型、年金型（毎月受給など）、併給型があります（表2-7-2）。介護保険を途中で解約したときの返戻金はあるか、死亡保険金はあるか、保険料の払込免除はあるかなど、契約の内容は様々なので、加入時に十分確認する必要があるでしょう。

❹ 保険の見直し

退職後の民間保険料の支払いは、高齢者にとって大きな負担となることもあります。老齢年金や医療保険を考慮すると過度に保険に加入していないか、重複した保険がないか、保険料は上昇しないかなど、加入している保険の内容を見直すことも大切でしょう。

|表 2-7-1| 民間介護保険のメリット・デメリット

メリット	デメリット
● 公的介護保険の対象にならないサービスの費用や、自己負担部分を民間介護保険でまかなえる。 ● 現金が給付される（公的介護保険はサービスの給付）。 ● 保険料は控除対象（所得税・住民税の介護医療保険料控除）。保険金は非課税。	要介護状態にならずに亡くなった場合で、「死亡保険金なし」「解約返戻金なし」のタイプでは、保険金が受け取れないこともある。

|表 2-7-2| 民間介護保険の受給条件と受取方法
民間介護保険契約上の受給条件となる「要介護状態」の定義分類

	公的介護保険連動型	独自基準型	併用型
内容	公的介護保険の一定の要介護状態以上に該当したときに保険金を受け取ることができる。	保険会社が独自に定める要介護状態や認知症に該当したときに保険金を受け取ることができる。	公的介護保険連動型と独自基準型のどちらかに該当したときに保険金を受け取ることができる。
メリット	支払基準が明確である。	● 公的介護保険の対象とならない要介護状態をカバーできる。 ● 公的介護保険制度の変更の影響を受けない。	―
デメリット	公的介護保険制度の変更があったときに、契約時の支払基準が変更される恐れがある。	受給条件に該当するかどうかの判断を保険会社が行う。	
留意事項	要介護2以上が主流。要介護1以上、要介護4以上というものもある。	要介護状態に該当しても、その状態が一定期間継続しなければ保険金を受け取れないことが多い。	公的介護保険連動型よりも保険料は割高。

民間介護保険金の受取方法と活用方法

	一時金型	年金型	併給型
受取方法	一時金としてまとまった金額（数百万～数千万円）を受け取る。	年金として毎年受け取る。所定の回数の受取を保証するものもあり、その場合、被保険者が年金受給中に死亡しても遺族が残りの年金を受け取ることができる。	一時金（数十万円）と年金を併給で受け取る。
活用方法	住宅のリフォーム、有料老人ホームの入居一時金等に活用できる。	公的介護保険の自己負担部分等継続的に必要な資金として活用できる。	一時金は介護用品の購入等に活用できる。

2-8 不動産（自宅）での生活資金づくり

> **POINT**
> - 不動産での生活資金づくりには、リバースモーゲージ等の方法がある
> - リバースモーゲージでは自宅を担保に借り入れした後も居住可能
> - マイホーム借り上げ制度の対象は50歳以上の家屋所有者である

❶ リバースモーゲージ

リバースモーゲージは、自己所有の自宅（原則として土地付き一戸建て住宅）を担保に、金融機関等※から生活資金を借り入れ、死後に自宅を売却して返済する仕組みです。借入後も自宅に住み続けることができます。

借入方法は、担保をもとに融資極度額を設定し、その金額の範囲内での一括借入や年金のような年間一定額借入、必要に応じて随時借入など、金融機関ごとに定められています。

融資極度額は、土地の担保評価額の40～70％の範囲で設定されます。担保評価額は、一般的に土地の時価の約70％なので、例えば時価3,000万円の土地であれば、担保評価額は2,100万円、融資極度額は840～1,470万円で設定されます。

さらに、次のようなことを考慮する必要があります。

①不動産評価の下落により、担保不足が生じてくる可能性がある。
②借入金利上昇による借入元利金残高の増加により、融資極度額不足が生じてくる可能性がある。
③想定外に長寿となった場合、融資極度額不足が生じてくる可能性がある。

これらのことから、リバースモーゲージの利用を考える際には、余裕のある計画が必要といえるでしょう。

※各都道府県社会福祉協議会でも同様の不動産を担保とした貸付を行っているが、貸付の対象が住民税非課税の低所得者以下の人に限定されている。

❷ マイホーム借上げ制度

一戸建てやマンション等のマイホームを、一般社団法人移住・住みかえ支援機構（JTI）が原則として50歳以上の所有者から、最長で終身にわたり借り上げて転貸し、一定の賃料収入を保証する仕組みです（図2-8-1）。これにより、マイホームを売却す

ることなく、子や孫に残すかたちで保全しながら住み替えや老後の生活資金を工面することが可能になります。

1人目の入居者が決定して以降は、借手がつかず空室の場合でも最低賃料が保証されます。終身まで借り上げてもらえますが、実際の入居者とは3年の定期借家契約を結ぶため、賃借人が居座ったり、立退き料を要求されたりする恐れもありません。3年目の定期借家契約終了時に、再契約するか、契約を更新せず自分がマイホームに戻るか、売却して現金化するかなど自由に選択できます。

ただし、借手に選ばれやすくするため、賃料は周辺相場より10〜20%低く査定され、さらに管理費等15%が差し引かれます。さらに、賃貸人の責任として、必要に応じて不動産の補強・改修を所有者負担で行わなければなりません。

リバースモーゲージとマイホーム借上げ制度を併用した仕組みもあります。所有不動産は、本人のために有効に活用したいものです。

|図2-8-1|マイホーム借上げ制度の仕組み

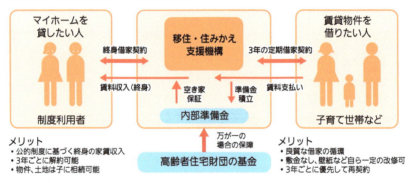

(一般社団法人移住・住みかえ支援機構ホームページより)

❸ リースバック

自宅を売却して現金化し、売却後も賃貸して住み続けることができるサービスです。リバースモーゲージとは、自宅に住み続けながら資金調達できる点で共通しています。一方で、所有権の移転のタイミングが異なります。リースバックは、自宅を売却した時点で所有権が買主へ移転しますが、リバースモーゲージは、利息の延滞などが発生した場合を除き、債務者が死亡するまで自宅の所有権は移転しません。

2-9 医療・介護の支出

> - 75歳以上は後期高齢者医療制度に移行し自己負担は軽減される
> - 医療保険と介護保険でそれぞれ自己負担限度額が定められている
> - 高額介護合算療養費制度で医療・介護の合算自己負担限度額がある

❶ 医療費の支出

　令和3年度国民医療費の概要（厚生労働省）によると、65歳以上の国民1人あたりの医療費は約75万円です。70歳未満の場合、健康保険組合や国民健康保険に加入することになり、医療機関等の窓口での自己負担割合は通常3割です。70歳以上の自己負担割合は表2-9-1の通り年収により軽減されます。75歳以上は後期高齢者医療制度に移行し、自己負担はさらに軽減されます。

　それでも高額な負担となった場合、申請により自己負担限度額を超えた額が払い戻される高額療養費制度があります。所得区分に応じて月ごとの自己負担額上限が定められています（表2-9-2）。このため、医療費は概算を見積もりやすいといえます。

　一時的な支払いが負担になる場合は、70歳未満の場合であれば、「限度額適用認定証」を健康保険証と併せて医療機関等の窓口に提示すると、1ヵ月間の自己負担支払が自己負担限度額までとなります。あらかじめ各種保険組合に限度額適用認定証発行の申請をしておく必要がありますが、70歳以上の人は高齢受給者証で対応されるため、申請の必要がない場合がほとんどです。

表 2-9-1 医療機関等窓口での自己負担割合
国民健康保険の場合

所得区分	義務教育就業以前	義務教育就業以降※1 70歳未満	70歳以上 75歳未満	75歳以上
上位所得者※2	2割	3割	3割	3割
一般			2割※3 (1割)※4	2割
住民税非課税				1割

※1　6歳の誕生日以降最初の4月1日から（誕生日が4月1日の場合その日から）
※2　住民税課税所得が145万円以上ある被保険者またはその被保険者と同じ世帯にいる被保険者（申請による除外規定あり）
※3　1944年4月2日以降生まれの人
※4　1944年4月1日以前生まれの人および69歳までに1割負担だった人

| 表 2-9-2 | 高額療養費制度の自己負担限度額(月額)

70歳以上（後期高齢者医療制度利用者を含む）の場合（2018年8月から）

適用区分		自己負担限度額（月額）	
		外来（個人ごと）	（世帯ごと）
現役並み	年収約1160万円〜 標準報酬月額83万円以上 課税所得690万円以上	252,600円+（医療費−842,000）×1% 〈多数回 140,100円 ※2〉	
	年収約770万〜約1160万円 標準報酬月額53〜79万円 課税所得380万円以上	167,400円+（医療費−558,000）×1% 〈多数回 93,000円 ※2〉	
	年収約370万〜約770万円 標準報酬月額28〜50万円 課税所得145万円以上	80,100円+（医療費−267,000）×1% 〈多数回 44,400円 ※2〉	
一般	年収156万〜約370万円 標準報酬月額26万円以下 課税所得145万円未満※1	18,000円 （年間上限：144,000円）	57,600円 〈多数回44,400円 ※2〉
低所得	Ⅱ 住民税非課税世帯	8,000円	24,600円
	Ⅰ 住民税非課税世帯 （年金収入80万円以下など）		15,000円

※1 世帯収入の合計額が520万円未満（1人世帯の場合は383万円未満）の場合や、「旧ただし書所得」の合計額が210万円以下の場合も含む。
※2 過去12ヵ月以内に3回以上上限額に達した場合は、4回目から「多数回」該当となり、上限額が下がる。

❷ 介護費の支出

　平均的な家族介護期間は61.1ヵ月（5年1ヵ月）、平均的介護費用（公的介護保険サービスの自己負担費用を含む）は、住宅改修などの一時的費用が平均約74万円、毎月の費用合計の平均が約83,000円です（生命保険文化センター「令和3年度生命保険に関する全国実態調査〈速報版〉」より）。

　しかし、介護が必要な状態・期間・利用する介護サービスの種類等により、介護に関する経済的負担の状況は異なります。要介護認定区分による限度額内のサービスで足りるのか、それを超過するサービスも利用するのかなども大きく関係してきます。同時期に医療サービスが必要かどうかでも、家計の負担は変わるでしょう。

　もし、介護サービスを利用して支払った自己負担額が同月内に一定金額を超えたときは、高額介護サービス費制度が利用でき、限度額を超過した金額が還付されます（表2-9-3）。ただし、住宅改修費や福祉用具購入費、ショートステイを含む介護保険施設での食費や居住費等は、高額介護サービス費制度の対象外です。介護保険外のサービスやおむつ等消耗品の購入の可能性も考えると、医療費ほど明確に予測できま

| 表 2-9-3 | 高額介護サービス費制度の自己負担限度額（月額）
（2021年8月から）

適用区分		自己負担限度額（月額）
年収約1,160万円以上		140,100円
年収約700万円以上～約1,160万円未満		93,000円
年収約383万円以上～約770万円未満		44,400円
一般		世帯で44,400円 年間上限額あり （1割負担者のみの世帯）※
市町村民税世帯非課税者	下記以外	世帯で24,600円
	前年の合計所得金額と公的年金収入の合計が80万円以下等	世帯で24,600円 個人で15,000円
生活保護受給者等		個人で15,000円

※1割負担者（年金収入280万円未満）のみの世帯については、3年間の時限措置として年間上限額446,400円（37,200円×12）を設定。

せんが、ある程度の計算は可能です。

❸ 高額介護合算療養費制度

　高額療養費制度または高額介護サービス費制度は、それぞれ、個人の医療または介護のサービス費にかかる月額費用の限度額でした。しかし、限度額いっぱいを毎月支払い続けている世帯の負担は大きいものです。そこで、1年間にかかった医療費と介護保険の自己負担額の合計額が高額療養費等の支給を受けてもなお高額になった場合に、一定の金額を超えた分が払い戻される制度として、**高額介護合算療養費制度（高額医療・高額介護合算制度）** があります（図 2-9-4）。

　この制度では、表 2-9-5 の自己負担限度額を超えた部分が払い戻されます。

図 2-9-4 高額介護合算療養費制度の仕組み

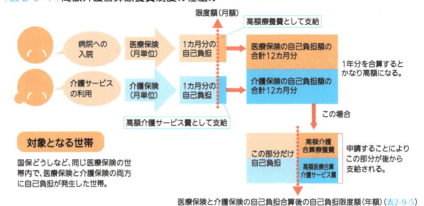

表 2-9-5 高額介護合算療養費制度の自己負担限度額(年額)

70歳以上の場合(2018年8月から)

適用区分	自己負担限度額(年額)
年収約1160万円～ 標準報酬月額83万円以上、課税所得690万円以上	212万円
年収770万～1160万円 標準報酬月額53～79万円、課税所得380万円以上	141万円
年収370万～770万円 標準報酬月額28～50万円、課税所得145万円以上	67万円
一般(年収156～370万円) 健康保険　標準報酬月額26万円以下 国民健康保険・後期課税所得145万円未満※1	56万円
市町村民税世帯非課税	31万円
市町村民税世帯非課税(所得が一定以下)	19万円※2

※1　収入の合計額が520万円未満(1人世帯の場合は383万円未満)の場合および所得の合計額が210万円以下の場合も含む。
※2　介護サービス利用者が世帯内に複数いる場合は31万円。

2-10 税金・保険料の支出

POINT
- 公的年金収入には、所得税などの税金がかかる
- 高齢者が負担する社会保険料は主に医療保険料・介護保険料である
- 民間保険の保険金・給付金請求条件を見直し一覧にするとよい

❶ 各種税金（所得税・住民税・固定資産税）

　公的年金収入には所得税等の税金がかかります。ねんきん定期便などで示される公的年金等の予想額は、税額は差し引かれていません。

　所得税における所得の種類は「事業所得」「不動産所得」「利子所得」「配当所得」「給与所得」「雑所得」「譲渡所得」「一時所得」「山林所得」「退職所得」と10種類あり、公的年金の収入は「雑所得」にあたります。公的年金等にかかる雑所得の金額は、収入額から控除額（表2-10-1）を控除して計算します。そして、算定した所得額に対応する税率（表2-10-2）により税額を計算することで、年金収入にかかる所得税額を概算することができます。

　公的年金の収入は、源泉徴収により所得税が差し引かれて支給されますが、医療費控除等がある場合、確定申告をすることで還付を受けられることもあります。

　住民税の所得割（所得額にかかる税金）の税率は10％（都道府県民税：4％、市区町村民税：6％）と全国でほぼ一律です。このほか住民税の均等割額4,000〜7,000円／年もあります。住民税は2009年より年金からの天引き制度（特別徴収）も始まりました。

　また、自宅（持ち家）や土地には、固定資産税・都市計画税という税金がかかります。税額の計算方法は、おおむね以下の通りです。

固定資産税額＝課税標準額×税率（1.4％）

都市計画税＝課税標準額×税率（0.3％）

> **ここも確認!**
>
> **課税標準額はどのくらい？**
> 通常固定資産税課税台帳に登録された土地・家屋の税評価額と一致します。
> ただし土地の場合、住宅用地等に対しては軽減の特例が設けられています。

（1）雑所得の計算例

70歳で年金収入が300万円の場合は、以下の通りとなります。

3,000,000円（a）× 100%（b）− 1,100,000円（c）=1,900,000円（雑所得）

表 2-10-1　公的年金等に係る雑所得の速算表（2020年以後）

公的年金に係る雑所得の金額＝（a）×（b）−（c）
公的年金等に係る雑所得以外の所得に係る合計所得金額が1,000万円以下

年金を受け取る人の年齢	公的年金等の収入金額の合計額（a）	割合（b）	控除額（c）
65歳未満	600,001円※1 〜 1,299,999円	100%	600,000円
	1,300,000円〜 4,099,999円	75%	275,000円
	4,100,000円〜 7,699,999円	85%	685,000円
	7,700,000円〜 9,999,999円	95%	1,455,000円
	10,000,000円以上	100%	1,955,000円
65歳以上	1,100,001円※2 〜 3,299,999円	100%	1,100,000円
	3,300,000円〜 4,099,999円	75%	275,000円
	4,100,000円〜 7,699,999円	85%	685,000円
	7,700,000円以上	95%	1,455,000円
	10,000,000円以上	100%	1,955,000円

※1　公的年金等の収入金額の合計額が600,000円までの場合は所得金額はゼロ
※2　公的年金等の収入金額の合計額が1,100,000円までの場合は所得金額はゼロ

表 2-10-2　所得税の速算表

2015年分以降課税される所得金額（千円未満の端数金額を切り捨てた後の金額）に対する所得税の金額は、次の速算表を使用すると簡単に求められる。
また、2015年から2037年までの各年分の確定申告においては、所得税に加え、復興特別所得税（原則としてその年の基準所得税額の2.1%）を併せて申告・納付する必要がある。

課税される所得金額	所得税率	控除額
195万円以下	5%	0円
195万円を超え330万円以下	10%	97,500円
330万円を超え695万円以下	20%	427,500円
695万円を超え900万円以下	23%	636,000円
900万円を超え1,800万円以下	33%	1,536,000円
1,800万円を超え4,000万円以下	40%	2,796,000円
4,000万円超	45%	4,796,000円

（2）所得税額・復興特別税額の計算例

左ページと同様、雑所得が190万円の場合（社会保険料控除・医療費控除等は考えない）は、以下の通り計算します。

左の雑所得計算に続いて

1,900,000円（雑所得）－ 480,000円（基礎控除）＝ 1,420,000円（課税される所得金額）

1,420,000円× 5%（所得税率）－ 0円（控除額）＝ 71,000円（所得税額）

71,000円× 2.1%（復興特別所得税率）＝ 1,491円（復興特別所得税額）

❷ 社会保険料

65歳以上の高齢者で会社を退職された方が負担する社会保険料には、主に国民健康保険料と介護保険料 参照⇒ 第3章2・p80 があります。

会社を退職された65～74歳の人は、これまで加入していた健康保険組合等から外れて、次のいずれかを選択し、それぞれの保険料を支払うことになります。

家族の健康保険の被扶養者になった場合は保険料負担はありません。

①国民健康保険
②任意継続
③特例退職被保険者制度※
④家族の健康保険の被扶養者

　※特例退職被保険者制度は、定年などで退職して老齢厚生年金等を受給している人が、後期高齢者医療制度に加入するまでの間、これまで加入していた健康保険組合から在職中と同程度の保険給付や健康診断等のサービスを受けることができる制度。全国に約1,500ある健康保険組合のうち、厚生労働大臣の認可を受けた約70組合が運営している。

75歳以上の後期高齢者（寝たきり等の場合は65歳以上から）は、国民健康保険とは独立した後期高齢者医療制度に加入し（図2-10-3）、対象高齢者は個人単位で保険料を支払います。保険料は、所得に応じて負担する「所得割（応能分）」と被保険者が均等に負担する「被保険者均等割（応益分）」の合計になります。具体的な保険料は広域連合（都道府県）ごとに決められます。

| 図 2-10-3 | 後期高齢者医療制度の仕組み

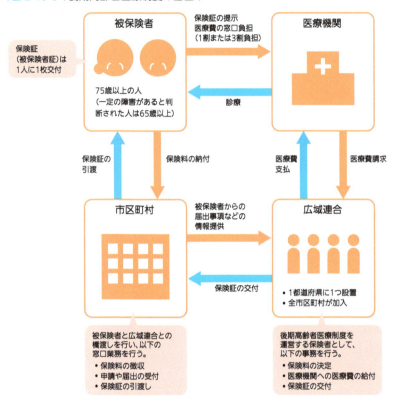

❸ 各種民間保険料（生命保険、介護保険）

　生命保険、民間の医療保険や介護保険等に入っている場合は、高齢になっても保険料の支払いが残っていることも少なくありません。保険料は数万〜数百万円までかなり開きがあります。加入している保険種類、保険料、保険料払込終了日、保険金・給付金請求の条件について、見直して一覧にしておくと、支払いと請求の目安になります。

2-11 自宅住居の費用・子や孫への提供資金

POINT
- 自宅にかかる費用には住宅ローン残金、修繕費、改修費等がある
- 介護保険適用範囲を超える改修費用は、全額が自己負担となる
- 子や孫への贈与方法には暦年贈与や教育資金贈与等の方法がある

❶ 自宅にかかる費用

自宅での生活を継続する場合は、賃貸の場合の賃貸料はもちろん、持ち家でも以下のような住居の維持管理のための費用がかかります。

（1）住宅ローン残金

住宅購入が遅かった場合など、高齢になってもまだローンが残っていることもあります。どの時点で払い終われるのか、繰上返済なども視野に入れて、早めの完済を計画しておきましょう。

（2）自宅の修繕費、改修費

一戸建ての家は約10年前後のサイクルで台所、浴室等の水回りや外壁の修繕が必要になってきます。1回あたり約100～150万円かかります。また、高齢者向けの住宅に改修する場合、介護保険の「住宅改修 参照➡ 第3章9・p99」を利用すれば最高20万円、自己負担2～6万円まですみますが、対象となる改修は限定されています。介護保険適用範囲を超える大規模な改修の場合は全額が自己負担になります。

（3）マンションの管理費、修繕積立

マンションを購入し、居住部分のローンを払い終えても、管理費部分は住み続ける限り支払わなければなりません。月々数千～数万円にわたることもあるので、支出の計上は必須です。古いマンションでは修繕や建替のための共同積立が行われている場合もあります。

❷ 子や孫への提供資金

子の住宅購入資金、孫の教育資金を援助したり、入学、卒業など何かあるごとにお

祝い等の贈り物をすることは、高齢者本人それぞれに基準が異なりますが、援助したいと思う人にとっては優先順位の高い支出といえます。

あらかじめ細部にわたって決定することは困難ですが、考えられるイベントごとに、誰にどれくらいの資金提供をしたいのか、贈り物をしたいのかなど、概算を見積もっておくことが必要でしょう。

2015年から、相続税が増税になり、生前贈与の重要性が増しました。老後資金にそれなりに余裕があり、子や孫に効果的に残したい場合、以下の（1）～（4）を使えば節税しながら贈与ができます。

（1）相続人に毎年少しずつ財産を贈与——暦年贈与

1人につき毎年110万円までの贈与が非課税となる制度です。ただし、相続時より7年以内に贈与した部分は相続財産算入対象になります。

（2）子や孫に教育資金を贈与——教育資金贈与

30歳未満の子・孫に対して、教育資金1人あたり1,500万円まで非課税となる制度です。子・孫の入学金、入園料、授業料、保育料、施設設備費、入学試験検定料だけでなく、習い事代も500万円まで算入可能です。

（3）子や孫に結婚・子育て資金を贈与——結婚・子育て贈与

18歳以上50歳未満の子・孫に対して、子育て資金1人あたり1,000万円（このうち結婚資金は300万円）まで非課税となる制度です。

子・孫の結婚・子育てに充てるための資金であれば、妊娠・出産・育児に必要な費用も全て対象になります。

（4）子や孫に住宅取得資金を贈与——住宅取得資金贈与

18歳以上の子・孫が、贈与を受けた年の翌年3月15日までにマイホームを新築・取得、または増改築する場合に、表2-11-1の範囲で非課税となる制度です。

子・孫の前年の所得が2,000万円以下、家の床面積が40～240平方メートル以内など、細かい条件があります。

（2）は2026年3月31日、（3）は2025年3月31日、（4）は2026年12月31日までの適用延長が決まっています。

また、(2)〜(4)の非課税の特例を受けるためには、それぞれの制度に応じた申告が必要です。

| 表 2-11-1 | 住宅取得資金贈与の非課税上限 |

			改正前 （令相3年12月31日まで）	改正後 （令和4年1月1日から）
契約締結日			令和2年4月1日〜 令和3年12月31日	契約締結時期は考慮しない
非課税限度額	耐震・省エネなどの住宅用家屋	消費税率10%	1,500万円	1,000万円
		消費税率10%以外	1,000万円	
	上記以外の住宅用家屋	消費税率10%	1,000万円	500万円
		消費税率10%以外	500万円	

2-12 高齢者住宅・施設入居時の検討事項

> **POINT**
> - 入居時は前払金・保証金等一時的な費用が必要になる場合がある
> - 入居後は家賃、管理費、水道光熱費、食費等が必要な場合がある
> - 介護保険施設の介護サービス費は介護度に応じた定額料金である

❶ 高齢者住宅・施設入居時に必要な費用

　高齢者住宅・施設に住み替えるときには、一時的な費用が必要になります。詳しくは第5～6章で解説しますが、主に以下のような費用が必要になります。

(1) 入居一時金

　入居一時金には、①前払金、②保証金があります。

①前払金

　利用権方式（参照➡第5章23・p243）の高齢者住宅・施設等の場合に必要となります。入居する高齢者住宅・施設により、数十万～数千万円と開きがあります。まとまった金額を一括で支払うことが多いので、手元に現金が必要となります。

②保証金

　ケアハウスに入居する際、敷金相当として必要な場合があります。

(2) 購入資金

　シニア向け分譲マンションを購入する場合は、購入資金が必要です。

(3) 敷金

　サービス付き高齢者向け住宅等の賃貸住宅の場合、敷金が必要になります。家賃の1～6ヵ月が一般的です。

(4) 引越費用、自宅の片付け費用

　高齢者住宅・施設に入居する場合、現状の住まいよりも居室面積は狭くなるでしょう。引越の際は全てを持ち出すことは不可能なこともあります。持っていくものと捨てたり保管しておくものとを分類しておきましょう。それぞれに持ち出す費用、廃棄

費用、保管費用等が発生します。

❷ 高齢者住宅・施設入居後に必要な費用

　入居後も、暮らしに必要な部分の費用はかかります。自宅でかかる費用と同じような支出ですが、高齢者住宅・施設に入るときに意識していないことも多いので、何が自己負担かの範囲は確認しましょう。

（1）居住費

　入居時に終身までを一括して支払うような契約形態でない限り、居住には何らかの費用負担がかかります。サービス付き高齢者向け住宅の場合は賃貸借契約のため家賃と管理費がかかります。有料老人ホームのような利用権方式の場合でも、管理費を求められることが多くあります。

（2）水道光熱費

　共同使用部分以外は部屋ごとに精算されることが多く、別途見積もっておいた方が安心です。

（3）介護サービス費

　特別養護老人ホーム（介護老人福祉施設）等の介護保険施設の介護サービス費は、要介護度に応じた定額料金となり、介護保険制度上、入居者は所得に応じて**1割**から**3割**を自己負担します。

　一方、自宅と同様に実際にサービスを利用した分の1割から3割を自己負担する高齢者住宅・施設もあります。

　介護保険サービスにかかる**費用以外にも、消耗品（おむつ等）費やオプション費**（病院への付き添い等）もかかることがあります。

（4）食費

　公的施設以外の高齢者施設に入所した場合、食費は食べた分だけ精算（1食500～1,000円程度）という場合がほとんどです。

2-13 老後の資産管理

> **POINT**
> - **成年後見制度**は財産管理や身上監護を後見人が行う制度である
> - **法定後見制度**には、**後見**、**保佐**、**補助**の3類型がある
> - **日常生活自立支援事業**は社会福祉協議会が日常的金銭管理を行う

　認知症の進行等により通帳や印鑑の場所を忘れて本人の金銭管理が難しくなったなどの場合には、以下のような制度を利用し、高齢者の金銭管理を依頼するのも有効です。特に高齢者住宅・施設に定期的に賃借料を払わなければならない場合、毎月きちんと支払えているか、資金から考えてあとどのくらい賃借料と本人の生活資金を払い続けられるかなど、資金管理も依頼することができます。

❶ 成年後見制度

　成年後見制度とは、本人の判断能力が低下してきた場合に、財産管理や身上監護を本人のために弁護士、司法書士、社会福祉士等が行うようにする制度です。

　親族が後見人になることもできます。2023年12月末日で24万9,484人がこの制度を利用しています（最高裁判所事務総局家庭局「成年後見関係事件の概況」（令和5年1月～12月）より）。

　成年後見制度は、大きく分けると、**法定後見制度**と**任意後見制度**の2つがあります。
　法定後見制度には、「**後見**」「**保佐**」「**補助**」の3類型があり、本人の意思能力の状態により成年後見人のもつ権限が異なります（表2-13-1）。できるだけ本人の意思を尊重しながらも、判断が不安な部分については、後見人等が代理、同意、取消をして、本人に損害が生じないようにします。専門家に後見人を依頼する場合、財産管理費用で最低約2万円（月額）と安価とはいえず、裁判所へ申請するなどの手続にも手間がかかります。一方、親族が後見人となった場合に、本人やその他の親族と利益相反するなどの親族トラブルになることがあるため、本人・親族等の理解をしっかりと得たうえで選任することが大切です。

　任意後見制度は、あらかじめ本人の判断能力が十分なうちに公証役場で成年後見人の指定をしておき、判断能力が低下したときに家庭裁判所が選任した任意後見監督人を通じて任意後見人を監督する制度です。あらかじめ本人が選任する後見人を決めておくので、本人にとっては安心ですが、公正証書を作成する費用などがかかります。

表 2-13-1 法定後見制度

	後見	保佐	補助
対象者	判断能力が欠けているのが通常の状態の人	判断能力が著しく不十分な人	判断能力が不十分な人
申立できる人	本人、配偶者、四親等内の親族、検察官、市町村長※2　等		
成年後見人等※1の同意が必要な行為	―	民法13条1項所定の行為※3 ※4 ※5	申立ての範囲内で家庭裁判所が審判で定める「特定の法律行為」（民法13条1項所定の行為の一部）※2 ※3 ※5
取消が可能な行為	日常生活に関する行為以外の行為	同上※3 ※4 ※5	同上※3 ※5
成年後見人等に与えられる代理権の範囲	財産に関する全ての法律行為	申立ての範囲内で家庭裁判所が審判で定める「特定の法律行為」※2	同左※2
制度を利用した場合の資格などの制限	医師、税理士等の資格や会社役員、公務員等の地位を失う等※6	同左	―

※1　成年後見人・保佐人・補助人。
※2　本人以外の者の請求により、保佐人に代理権を与える審判をする場合、本人の同意が必要。補助開始の審判や補助人に同意権・代理権を与える審判をする場合も同じ。
※3　民法13条1項では、借金、訴訟行為、相続の承認・放棄、新築・改築・増築などの行為があげられている。
※4　家庭裁判所の審判により、民法第13条第1項所定の行為以外についても、同意権・取消権の範囲を広げることができる。
※5　日常生活に関する行為は除かれる。
※6　公職選挙法の改正により、選挙権の制限はなくなった。
（法務省ホームページ「法定後見制度の概要」より）

❷ 日常生活自立支援事業

　日常生活自立支援事業は、地域の社会福祉協議会等が実施主体で、認知症高齢者等判断能力が不十分な人が地域において自立した生活が送れるよう、利用者本人との契約に基づき定期的に訪問し、預金の払戻・預入の手続、公共料金や病院・福祉サービスの支払いなど、日常的金銭管理を行う制度です。通帳や印鑑、権利証などを保管することもできますが、定期預金の解約や財産の処分など、日常的な金銭管理の範囲を超えた財産の取得・処分は行えません。

　また、福祉サービスの利用や簡単な苦情解決制度（クーリングオフなど）の利用を支援したり、行政への届出の支援など、日常生活で必要な事務手続を支援します。

　本人が少なくともこの支援を受けることを認識するに足る判断能力を備えているこ

とが必要で、全く判断能力のない場合などは利用できません。

地域の社会福祉協議会に申請し、支援計画をもとに訪問等の計画を立てます。

利用料は訪問1回約1,200円、通帳などの預かりや貸金庫の利用は自治体によってさまざまです。

> **ここも確認！**
>
> **成年後見人が行う「身上監護」とは**
> 具体的には、病院の入退院、施設の入退所、介護保険手続、リハビリテーション、住居の確保に関する手続を指します。
>
> **利益相反とは**
> ある行為が一方の利益になると同時に他方への不利益になることや、その逆をさします。例えば、子が親の財産を処分する（不利益）ことが、その子の利益となるような場合が考えられます。
>
> **市民後見制度とは**
> 成年後見人となる専門家の数はまだ少なく費用も高いため成年後見制度を利用できない方が多いこと、財産管理が主となり身上監護までは手が回らないこと、少子化・核家族化による身寄りのない高齢者も増加していることなどから、一般市民が学習することにより、第三者による後見活動を低価格で行う「市民後見」が注目されています。
> NPO法人や個人など、地域の市民が同じ地域の認知症高齢者等の後見人となり、財産管理等の支援を行う「市民後見人」になるためには、自治体が行う研修を受けた後、行政の推薦を受け、家庭裁判所の名簿に記載されたうえ、選ばれる必要があります。
> しかし、多くの自治体では市民後見人を育成する経済的余裕がなく、その結果、「市民後見人は専門知識が少ない、信用できるかどうかわからない」といった声も聞かれます。
> しかし、政府が推し進める地域で高齢者や障害者を支えようとする「地域包括ケア」（ 参照⇒ 第1章3・p11、第3章1・p78）を実現しようとすれば、地域住民による見守りが今後必要になります。地域にこのような支援資源が増えてくれば高齢者にとって、自宅での安心した暮らしが実現しやすくなるでしょう。

❸ 家族信託（民事信託）

　家族信託は、信託の仕組みを利用した家族への財産管理の委託や遺産の承継のことを指します。資産をもつ人が、特定の目的（例えば、自分の老後の生活・介護等に必要な資金の管理及び給付など）に従って、その保有する不動産・預貯金等の資産を信頼できる家族に託し、その管理・処分を任せる仕組みです（図2-13-2）。家族・親族に管理を託すので、高額な報酬は発生しません。したがって、資産家だけではなく、誰にでも気軽に利用できます。

| 図2-13-2 | 家族信託の仕組み

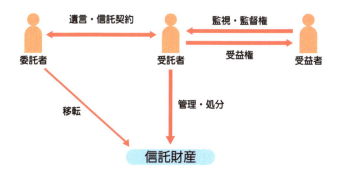

> **コラム　認知症対策としての「家族信託」**
>
> 　任意後見制度では、任意後見契約を結び後に後見人になる予定であっても、本人の判断能力が衰えるまで財産の管理ができません。また、後見人になった後も毎年家庭裁判所への報告義務があったり、資産（財産）の積極的な活用や生前贈与などの相続税対策がしにくかったりなど、負担と制約が大きくなっています。
>
> 　一方、家族信託であれば、判断能力があるうちから本人の希望する人に財産管理を任せることができます。そして、もし本人が判断能力を失った場合でも、本人の意向に沿った財産管理をスムーズに実行できるというメリットがあります。

確認問題

Q1 2023年総務省統計局家計調査による高齢夫婦世帯（夫65歳以上、妻60歳以上の夫婦のみの無職世帯）の家計収支について、次の選択肢のうち正しいものを1つ選びなさい。（第8回検定試験　類似問題出題）

1. 収入と支出を比較すると、どちらも同じくらいである。
2. 現在の高齢夫婦世帯では、収入が支出を上回っている。
3. 収入の約90％は年金などの社会保障給付である。
4. 支出額は10万円程度である。

Q2 厚生年金保険の年金受給者に支給される老齢給付の平均月額について、次の選択肢のうち正しいものを1つ選びなさい。（第8回検定試験　類似問題出題）

1. 約15万円
2. 約20万円
3. 約25万円
4. 約30万円

Q3 老齢年金について、次の選択肢のうち誤っているものを1つ選びなさい。（第9回検定試験　類似問題出題）

1. 老齢基礎年金は原則として65歳から支給される。
2. 老齢基礎年金は、保険料納付済期間・保険料免除期間・合算対象期間を合算した期間が25年以上あれば支給される。
3. 65歳未満の老齢厚生年金の支給額は「定額部分」と「報酬比例部分」で構成される。
4. 老齢厚生年金には、加給年金が加算される場合がある。

Q4 老後（65歳以上）の家計における支出項目について、次の選択肢のうち誤っているものを1つ選びなさい。

1. 国民健康保険料
2. 介護保険料
3. 所得税・住民税
4. 国民年金保険料

解答・解説

Q1 の解答・解説

答：**3**　参照⇒ 第2章1 図2-1-2・p27

　2023年総務省統計局の家計調査によると、高齢夫婦世帯の家計収支は、平均支出（282,497円）に比べて平均収入（244,580円）が約37,917円不足しています。
　平均収入の約89.3%は年金等の社会保障給付でまかなわれています。

Q2 の解答・解説

答：**1**　参照⇒ 第2章3・p36

　日本年金機構の主要統計（2023年10月公表）によると、厚生年金保険の年金受給者に支給される老齢給付の平均月額は147,629円です。

Q3 の解答・解説

答：**2**　参照⇒ 第2章3・p32

　老齢基礎年金の支給を受けるには、保険料納付済期間・保険料免除期間・合算対象期間を合算した期間が10年以上必要です。

Q4 の解答・解説

答：**4**　参照⇒ 第2章10・p61～64

　国民年金保険料は、20歳以上60歳未満の国民が支払う保険料です。国民健康保険料、介護保険料、所得税・住民税は支払う必要があります。なお、介護保険料は要介護（要支援）認定を受けた後も支払います。国民健康保険料は74歳まで支払い、75歳以降は後期高齢者医療保険料を支払うことになります。

第 3 章

老後に必要な介護保険の知識

介護が必要になった場合に、
経済的支えになるのが、介護保険制度です。
老後をどこで過ごすにしても、介護が必要になったら
介護保険の利用は欠かせません。
制度理念や仕組み、相談窓口などについて
知っておきましょう。

3-1 高齢者住まいと介護保険

> **POINT**
> - 超高齢社会を経済面で支える仕組みとして介護保険法が施行された
> - 地域包括ケアシステム実現のため地域密着型サービスが導入された
> - 介護保険制度の財源は税金、保険料、利用者自己負担で賄われる

❶ 介護による経済的負担を軽減する公的な仕組み

　老後の住まいのことを考えるとき、将来発生するかもしれない「介護」と切り離すことはできません。しかし、いくら必要であるとはいえ、全ての介護費用を本人や家族が負担すれば、経済的な負担は多大になります。本人が将来どのような介護状態になるかは、健康なときには予測できません。自分に必要十分な金額の蓄えをしておくことも、実際には困難です。介護状態が重くなり、多くの外部支援が必要になってくると、その世帯の経済的負担は大きくなります。

　そのような状況を回避し、老化に伴いどのような状態になっても、経済的負担が過大にならないよう、超高齢社会を経済面で支える仕組みとして2000年4月から介護保険法が施行されました（図3-1-1）。

❷ 地域包括ケアシステムにおける介護保険の役割

　高齢者が住み慣れた地域で生活を継続できるようにするため、政府は地域包括ケアシステムの構築 参照⇒ 第1章3・p11 を目指しています。おおむね30分以内に必要なサービスが提供される日常生活圏域（具体的には中学校区）を単位として想定していますが、その実現のために関係法律の整備も行われています。

　地域包括ケアシステムの実現には、いままで以上に住民の日常生活に直結した医療や介護のサービスの提供が求められています。2006年に導入された介護保険サービスの「地域密着型サービス」 参照⇒ 第3章12・p110 は、地域包括ケアシステムの中心的なサービスになることが期待され、従来までの介護サービスでは行き届かなかった部分を補完し、認知症高齢者や中重度の要介護高齢者等が住み慣れた地域でできる限り生活を継続できるようサポートするものです。

❸ あらゆる住まいで必要となる介護保険の知識

　介護保険サービスは自宅で使うのみではありません。第5章以降で述べる高齢者住宅・施設でも、介護保険を利用してそのサービスを受けることになります。
　そのため、どの住まいを選択するかにかかわらず、老後、介護が必要になってからのことを考える際には、介護保険の知識はもっておくべきといえるでしょう。

|図 3-1-1| **介護保険制度の仕組み**

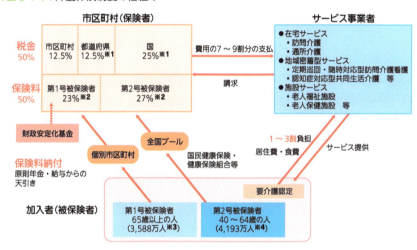

※1　施設等給付の場合は、国 20％、都道府県 17.5％。
※2　2021～2023 年度の割合。人口比に基づき設定され、比率は概ね 3 年ごとに改定する。
※3　第 1 号被保険者数は「介護保険事業状況報告の概要（令和 5 年 12 月暫定版）」による 2023 年 12 月末現在の数。
※4　第 2 号被保険者数は「令和元年度介護保険事業報告」（厚生労働省）によるもので、2019 年度の平均値。

（厚生労働省 介護保険制度の仕組み　財政の仕組みをもとに作成）

3-2 介護保険制度

> **POINT**
> - 介護保険の被保険者には第1号被保険者と第2号被保険者がある
> - 介護保険サービスを受けるには、要介護認定を受ける必要がある
> - 介護保険サービスにかかる自己負担割合は、1割から3割である

❶ 制度の概要

（1）介護保険の被保険者と保険料

　介護保険の被保険者は第1号被保険者と第2号被保険者に区分されます（国民年金の第1号被保険者、第2号被保険者とは異なります）。
　第1号被保険者は65歳以上の人で、第2号被保険者は40歳以上65歳未満の医療保険に加入している人です。
　第1号被保険者の保険料は市区町村が徴収します。通常は、年金から天引きとされます。第2号被保険者の保険料は、その人が加入する医療保険の保険者（全国健康保険協会、健康保険組合等）が医療保険の保険料と合わせて徴収します。会社員の場合、給与から天引きされます。

（2）介護保険サービスを受けられる人

　介護保険サービスを受けるためには要介護（要支援）認定（以下、要介護認定）を受ける必要があります 参照⇒ 第3章3・p84。要介護認定の申請ができるのは、第1号被保険者、または第2号被保険者のうち老化がもとで要介護状態の原因となる障害を生じさせる疾病である「特定疾病」（表3-2-1）により介護が必要と認定される人に限られます。

（3）介護保険サービスの種類

　介護保険サービスには、「要支援」と認定され、介護が必要になる前に予防的な支援を必要とする人が受けられる予防給付と、「要介護」と認定され、介護が実際に必要な人のための介護給付があります。予防給付には「介護予防支援」「介護予防サービス」「地域密着型介護予防サービス」があります。介護給付には「居宅介護支援」「居宅サー

| 表 3-2-1 | 特定疾病

1	がん末期
2	関節リウマチ
3	筋萎縮性側索硬化症（ALS）
4	後縦靱帯骨化症
5	骨折を伴う骨粗しょう症
6	初老期における認知症
7	進行性核上性麻痺、大脳皮質基底核変性症およびパーキンソン病
8	脊髄小脳変性症
9	脊柱管狭窄症
10	早老症
11	多系統萎縮症
12	糖尿病性神経障害、糖尿病性腎症および糖尿病性網膜症
13	脳血管疾患
14	閉塞性動脈硬化症
15	慢性閉塞性肺疾患
16	両側の膝関節または股関節の著しい変形を伴う変形性関節症

ビス」「地域密着型サービス」「施設サービス」があります。

それ以外に、住宅改修にかかった費用等についても給付されます 参照⇒ 第3章9・p99。

（4）自己負担割合

　介護保険サービスの利用者は、原則としてサービスにかかった費用の1割を自己負担します。

　65歳以上で合計所得金額が280万円以上340万円未満の人は2割負担となります。ただし、合計所得金額が160万円以上であっても、「年金収入とその他の合計所得金額」の合計が、単身で280万円未満、65歳以上の人が2人以上いる世帯で346万円未満の場合は、1割負担になります。

　さらに2018年8月から、合計所得が220万円以上、かつ単身なら「年金収入とその他合計所得」が340万円以上（年金収入だけの場合は344万円以上）の場合、2人以上世帯なら463万円以上の場合は、3割負担になりました（図3-2-2）。

　要介護認定を受けた人は、毎年6〜7月ごろに市区町村からその人の負担割合が記された証書（負担割合証）が交付されます。

図 3-2-2 自己負担割合の判定フロー（2018 年 8 月以降）

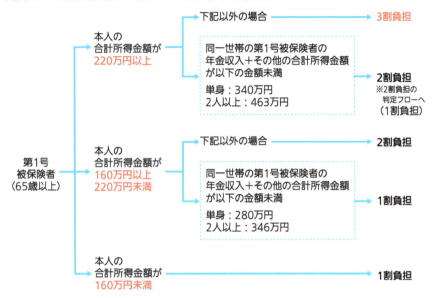

※第 2 号被保険者、市区町村民税非課税者、生活保護受給者は上記にかかわらず 1 割負担。

（厚生労働省　介護保険計画課資料より）

> **ここも確認！**
>
> 「合計所得金額」と「その他の合計所得金額」とは
> 「合計所得金額」は、収入から公的年金等控除、給与所得控除、必要経費を控除した後で、基礎控除や人的控除等の控除前の所得金額です。「その他の合計所得金額」は、合計所得金額から年金の雑所得を除いた所得金額です。

（5）区分支給限度基準額

　介護保険サービスには、表3-2-3 の通り 1 ヵ月に利用できる上限である区分支給限度基準額があり、要介護度によって決まります。上限を超えた部分は全額自己負担となります。ただし、「高額介護サービス費制度」「高額介護合算療養費制度」を利用すれば、自己負担の一部が払い戻されます　参照⇒　第 2 章 9・p58・59。

| 表 3-2-3 | 区分支給限度基準額

要介護度	区分支給限度基準額（月額）	
		自己負担額※
要支援1	50,320円	5,032円
要支援2	105,310円	10,531円
要介護1	167,650円	16,765円
要介護2	197,050円	19,705円
要介護3	270,480円	27,048円
要介護4	309,380円	30,938円
要介護5	362,170円	36,217円

※自己負担割合1割の場合。

3-3 要介護認定申請の流れ

POINT

- 要介護認定申請は地域包括支援センターなどに**代行**を依頼できる
- 要介護認定には有効期間が設けられており、**更新**が必要となる
- **要介護認定前**でも介護サービスの利用を開始できる場合もある

❶ 認定申請から認定までの手順

要介護認定申請から認定までの流れは図 3-3-1 の通りです。

(1) 市区町村への申請

認定申請は**本人**または**家族**が行います。本人や家族の申請が難しい場合は、**地域包括支援センター**や、**指定居宅介護支援事業者**などに代行を依頼することができます。

申請に必要な書類は、介護保険要介護(要支援)認定申請書、**介護保険被保険者証**、マイナンバーと身元が確認できる書類です。

(2) 要介護認定のための調査

申請後に、市区町村の委託を受けた**認定調査員**が要介護判定に必要な訪問調査を行います。また、申請時に指定した**医師**が市区町村の依頼により、**意見書**を作成します。

(3) 審査判定

訪問調査の結果と主治医の意見書をもとに、専門家による**介護認定審査会**が開かれ、要介護度を判定します（表 3-3-2 が目安）。

|図 3-3-1| **要介護認定の流れ**

申請	調査	審査判定	認定
以下を提出する。 ・要介護(要支援)認定申請書 ・介護保険被保険者証 ・マイナンバーと身元確認書類	・訪問調査 ・主治医の意見書	介護認定審査会で要介護判定が行われる。	認定結果の通知（原則申請から30日以内）

| 表 3-3-2 | 要介護度別身体状況の目安

要介護度	身体状況の目安
要支援1	立ち上がり、歩行、排泄、食事、入浴、衣類の着脱などはほぼ自分で行うことが可能。ただし、薬の服用、電話の利用、食事の支度、洗濯、金銭管理などは何らかの支援を要する状態。
要支援2	日常生活で少し支援が必要なことはあるが、介護予防サービスの利用で、状態の維持、改善が見込まれる状態。手段的日常生活動作を行う能力は、要支援1の状態よりもわずかに低下し、何らかの支援が必要となる状態。
要介護1（部分的介護）	要支援2の状態よりも、手段的日常生活動作を行う能力が一部低下し、部分的な介護が必要となる状態。立ち上がり、歩行に何らかの支援が必要。排泄や食事などに見守りや手助けが必要となる状態。
要介護2（軽度）	要介護1の状態と比較して、日常生活動作についても部分的な介護が必要となる状態。立ち上がり、歩行に何らかの支援が必要。排泄や食事などに見守りや手助けが必要なときがある。
要介護3（中程度）	要介護2の状態と比較して、日常生活動作および手段的日常生活動作の両方で動作能力が著しく低下し、ほぼ全面的な介護が必要となる状態。立ち上がり、歩行、排泄などが自力ではできない。
要介護4（重度）	要介護3の状態に加え、さらに動作能力が低下し、介護なしには日常生活を営むことが困難となる状態。日常生活の基本動作全てに介助が必要。
要介護5（最重度）	要介護4の状態よりさらに動作能力が低下しており、意思の伝達も困難。介護なしには日常生活を行うことがほぼ不可能な状態。寝たきり状態。生活全般に全面的な介助が必要。

（4）認定通知

　市区町村は、介護認定審査会の判定結果に基づき、要介護認定を行い、申請から30日以内に結果を通知します。

　要介護認定を受けると介護保険サービスを受けることができます。要介護状態区分は、「要支援1」から「要介護5」まで、7段階に分かれています。日常生活において介護を必要としない場合は「自立」とされます。

（5）認定の有効期間

　認定の有効期間は表3-3-3の通りです。この有効期間を経過すると介護保険サービスが利用できないので、有効期間満了までに認定の更新申請が必要となります。身体の状態に変化が生じたときは、有効期間の途中でも要介護認定の変更の申請をすることができます。

（6）審査結果への不服申立

　要介護認定に不服がある場合は、まず市区町村の担当部署に相談します。それでも納得できない場合は、都道府県の介護保険審査会に審査請求（不服申立）を行うこと

ができます。

　なお、審査請求をした場合、審査結果が出るまでに数ヵ月かかる場合があるため、実務上は要介護認定の区分変更申請を活用するのが一般的です。

（7）認定前の介護保険サービス利用

　緊急を要する場合は、ケアマネジャー等に相談後、**認定を受ける前**でも**前倒しで**サービスの利用を開始することができます。その場合、いったんサービスの費用全額を自費で支払い、認定結果が出た後に市区町村の窓口にサービス費用の領収書を提出し、介護給付分の払戻を受ける手続を行います。

表 3-3-3 要介護認定の有効期間

新規・変更認定申請	原則**6**ヵ月 （市区町村が認める場合は3～12ヵ月の間で設定）
更新認定申請	原則**12**ヵ月 （市区町村が認める場合は3～48※ヵ月の間で設定）

※これまで36ヵ月であったが、2021年4月から、更新認定の2次判定で前回と同じ結果が出た高齢者については、最長で48ヵ月に設定可能となった。

> **ここも確認！**
>
> **認知症高齢者と要介護認定**
> 身体状況に問題がなくても、認知症により日常生活を送るうえで何らかの問題があれば、生活上の支援が必要となる場合があります。
> 認知症高齢者の要介護認定については、実際に行われている介助の状況を適切に認定調査員に伝えることが大切です。日付や場所の理解、物忘れ等の認知症症状によりどのような介護の必要性が生じているのか、その介護にかかる時間はどれくらいかを認定調査員に伝えることで、より正確な要介護判定が行われます。

3-4 ケアプランの作成

POINT
- ケアプランの作成は地域包括支援センターなどに委託できる
- ケアプランの作成には本人・家族が積極的に関わることが重要である
- ケアプランに基づき、介護サービス事業所と契約を結ぶ

❶ ケアマネジャーへのケアプラン作成依頼

　要介護認定を受けたら、地域包括支援センターまたは介護支援専門員（ケアマネジャー）にどのようなサービスを利用するのが適切か相談しながら、介護（介護予防）サービス計画書（ケアプラン）作成の委託をすることができます（図3-4-1）。この費用は介護保険で全額負担され、利用者負担はありません。
　ケアプランの作成サービスは、要支援認定の人の場合は「介護予防支援」といい、要介護認定の人の場合は「居宅介護支援」といいます。

（1）介護（介護予防）サービス計画書（ケアプラン）の作成

　介護（介護予防）サービス計画書（ケアプラン）とは、どのような介護（介護予防）サービスをいつ、どれだけ利用するかを決める計画のことです。
　介護保険給付を受けて介護（介護予防）サービスを利用する場合は、ケアプランの作成が必要となります。「要支援1」「要支援2」のケアプランは地域包括支援センターに相談し、「要介護1」以上のケアプランはケアマネジャーのいる居宅介護支援事業者（ケアプラン作成事業者）へ依頼することになっていましたが、2024年改正で「要支援1」「要支援2」のケアプランも居宅介護支援事業者に指定対象を拡大することになりました。依頼を受けたケアマネジャーなどは、本人や家族の希望、心身の状態を十

図 3-4-1　サービス開始までの流れ

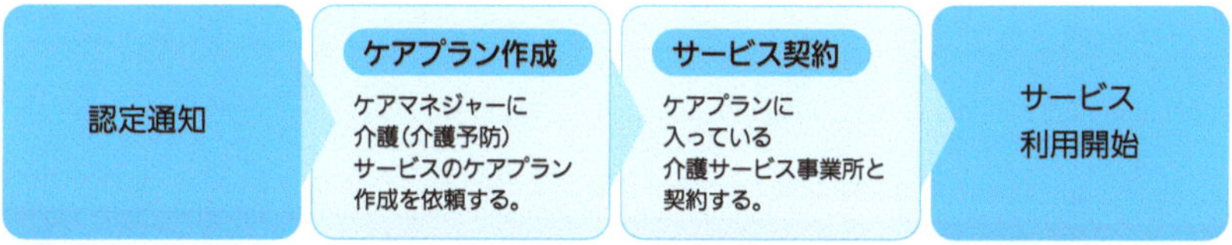

認定通知 → ケアプラン作成（ケアマネジャーに介護（介護予防）サービスのケアプラン作成を依頼する。） → サービス契約（ケアプランに入っている介護サービス事業所と契約する。） → サービス利用開始

分考慮して、ケアプランを作成します。

　ケアプランの作成はケアマネジャーなどに丸投げするのではなく、**本人や家族**も積極的にかかわり、疑問点がある場合は積極的に質問して、不明な点がないようにすることが重要です。

（2）介護サービスの利用

　介護サービス事業所と契約を結び、ケアプランに基づいたサービスを利用します（図 3-4-1）。

> **ここも確認！**
>
> **所属事業所によるサービスの偏り**
> 多くの居宅介護支援事業所は訪問・通所または施設サービス事業所に併設されています。ケアマネジャーが作成するケアプランについて、併設サービス事業所が行っているサービスがある場合は、その事業所のサービスを勧められる傾向もあります。また、指定居宅介護支援等の事業の人員及び運営に関する基準第1条の2の基本方針においても、「指定居宅介護支援事業者は、サービス提供に当たり、利用者に提供される指定居宅サービス等が特定の種類または特定の指定居宅サービス事業者等に不当に偏ることのないよう、公正中立に行われなければならない」という規定も設けられています。
> もし、本人にその事業所のサービスを受けたくない意思がある場合は、明確に伝えることも大切です。もちろん、利用中に本人の状況や意向が変わったときは、プランを変更することもできます。

3-5 介護保険サービスの全体像

POINT

- 介護保険給付は予防給付と介護給付に大別できる
- 施設サービスは、介護給付のみを利用する
- 予防給付の訪問介護、通所介護は市区町村に移管された

介護保険給付には「要支援」認定を受けた人を対象とする「予防給付」と、「要介護」認定を受けた人を対象とする「介護給付」があります。

予防給付にかかる介護保険サービスは「介護予防サービス」「地域密着型介護予防サービス」があり、介護給付にかかる介護保険サービスは「居宅サービス」「地域密着型サービス」「施設サービス」があります。

なお、予防給付の訪問介護と通所介護は、市区町村の介護予防・日常生活支援総合事業における介護予防・介護支援サービス事業に移管され「訪問型サービス」「通所型サービス」として実施されています。 参照➡ 第4章2・p126

各サービスの内訳は表3-5-1の通りです。個別のサービスについて、次項から詳しく見ていきましょう。

| 表 3-5-1 | 介護保険サービス等一覧

介護予防サービス・居宅サービス

サービスの種類	予防給付	介護給付	対応ページ
訪問サービス（訪問してもらって受けるサービス）			
訪問介護（ホームヘルプサービス）	—※1	○	92
訪問入浴介護	○	○	93
訪問リハビリテーション	○	○	
居宅療養管理指導	○	○	
訪問看護	○	○	
通所サービス（施設に通って受けるサービス）			
通所介護（デイサービス）	—※1	○	95
通所リハビリテーション（デイケア）	○	○	
短期入所サービス（施設に短期間入所して受けるサービス）			
短期入所生活介護（ショートステイ）	○	○	97
短期入所療養介護（ショートステイ）	○	○	
住宅改修・福祉用具関連サービス（介護環境を整えるサービス）			
住宅改修※2	○	○	99
福祉用具貸与	○	○	
特定福祉用具販売	○	○	
その他のサービス			
特定施設入居者生活介護	○	○	104

※1 2018年3月末までに、市区町村が行う「介護予防・日常生活支援総合事業」として段階的に移行し、介護保険のサービス対象外となった。
※2 住宅改修は、「居宅サービス」には含まれないが、便宜上ここに分類している。

施設サービス

サービスの種類	予防給付	介護給付	対応ページ
介護老人福祉施設（特別養護老人ホーム）	×	○※3	108
介護老人保健施設（老人保健施設）	×	○	
介護医療院	×	○	
介護療養型医療施設（療養病床など）	×	○	109

※3 原則**要介護3以上**で利用できる。

地域密着型介護予防サービス・地域密着型サービス

サービスの種類	予防給付	介護給付	対応ページ
定期巡回・随時対応型訪問介護看護	×	○	110
夜間対応型訪問介護	×	○	
地域密着型通所介護	×	○	111
認知症対応型通所介護	○	○	
小規模多機能型居宅介護	○	○	
認知症対応型共同生活介護 (グループホーム)	○※4	○	
看護小規模多機能型居宅介護	○※5	○	
地域密着型特定施設入居者生活介護	×	○	—
地域密着型介護老人福祉施設入所者生活介護	×	○	

※4 要支援2以上のみ利用できる。
※5 訪問看護は要介護以上のみ利用できる。

介護予防・生活支援サービス事業（市区町村の介護予防・日常生活支援総合事業）※6

サービスの種類	予防給付	介護給付	対応ページ
訪問型サービス	○	×	92
通所型サービス	○	×	95
その他の生活支援サービス（配食・見守り等）	○	×	—

※6 要支援もしくは65歳以上で基本チェックリストにより対象とされた人が利用できる。

3-6 居宅サービス① 訪問サービス

POINT

- 訪問介護では身体介護や生活援助のサービスを受けられる
- 訪問入浴介護は、専門スタッフが浴槽を持参して入浴介助を行う
- 居宅療養管理指導、訪問看護は、医療専門家が定期的に訪問する

これ以降、以下のように見出しに表示しています。
　要介護認定を受けた人が使えるサービス：介
　要支援認定を受けた人が使えるサービス：予
　総合事業の対象となった人が使えるサービス：総

サービスの説明は介護給付を前提とし、予防給付の説明は省略していますが、予防給付や総合事業で受けられるサービスの内容はほぼ同様です。

❶ 訪問介護 介 総

　訪問介護は「ホームヘルプサービス」とも呼ばれ、訪問介護員（ホームヘルパー）が自宅などに訪問し暮らしを身体介護と生活援助の多方面で支援するサービスです。

　身体介護は、入浴介助、食事介助、排泄介助など、直接本人の身体に触れて行う直接的介護サービス、生活援助は食事の準備や居室の掃除、ベッドメイキング、生活用品の買い物など、本人が生活にかかる日常作業が困難な場合に支援するサービスです。身体介護は生活援助よりも利用単価が高く、回数が多くなると負担が重くなってくることがあります。

　通院などを目的とした乗車・移送・降車の介助サービスを提供する事業所もあります。

　訪問介護では、表 3-6-1 のようなサービスを受けることはできません。

| 表 3-6-1 | 介護保険の訪問介護利用ができないサービス |

直接利用者の援助に該当しないサービス
例：利用者の家族のための家事や来客の対応　など
日常生活の援助の範囲を超えるサービス
例：草むしり、ペットの世話、大掃除、窓のガラス磨き、正月の準備　など

❷ 訪問入浴介護 介 予

　寝たきりで介助が難しい、自宅の浴室が狭い、感染症などの理由から複数の人が利用する自宅や施設での浴室利用が困難、などの理由で利用します。専門スタッフが浴槽を持参して入浴介助を行います。介護職員のほかに看護師が訪問することもあり、脱衣から入浴後のバイタルチェック（脈拍・呼吸・血圧・体温の測定）までをサポートしてくれます。

❸ 訪問リハビリテーション 介 予

　リハビリテーションの専門職 参照⇒ 第4章8 表4-8-1・p149 が自宅を訪問して、心身の機能の維持回復や日常生活の自立を支援します。

❹ 居宅療養管理指導 介 予

　医師、歯科医師、薬剤師、管理栄養士、歯科衛生士などの医療専門家が、在宅療養し通院が困難な利用者の自宅に定期的に訪問し、医療器具管理や病状管理など療養上の指導をしてくれるサービスで、月2回を限度としています。

　自己負担額は約250～500円／回ですが、この指導の中で、検査や処置、投薬等が発生した場合は、医療保険から支払われます。

❺ 訪問看護 介 予

　看護師等が自宅を訪問して、医師の指導に基づいて、実際の療養にかかわる世話や診療補助を行います。居宅療養管理指導よりも多い回数でプランを立てられ、月1回～週2・3回など比較的自由に設定することができます。

　訪問看護では、病状に応じて、表3-6-2 のようなサービスを受けることができます。自宅で寝たきりの場合など、訪問看護や介護の必要性が高く訪問頻度が高い場合は、包括的なサービスである定期巡回・随時対応型訪問介護看護 参照⇒ 第3章12・p110 を利用した方が安価になることもあります。

| 表 3-6-2 | 訪問看護で受けられるサービスの例

- 血圧、脈拍、体温などの測定、病状のチェックなど
- 排泄、入浴の介助、清拭、洗髪など
- 在宅酸素、カテーテルやドレーンチューブの管理、褥瘡の処理、リハビリテーションなど
- 自宅での看取り

3-7 居宅サービス② 通所サービス

POINT

- 通所介護は利用者の心身機能の維持、介護者の負担軽減等を担う
- 通所介護は本人が通って楽しいサービスを選択することが大切
- 通所リハビリテーションは日常生活上の支援、生活機能向上等を担う

❶ 通所介護（デイサービス）介 総

通所介護は、利用者が可能な限り自宅で自立した日常生活を送ることができるよう、自宅にこもりきりの利用者の孤立感の解消や心身機能の維持、家族介護者の負担軽減などを目的として実施します。

「デイサービス」とも呼ばれ、自宅で生活する高齢者が事業所に集まってレクリエーション等の交流や、送迎、食事、入浴、リハビリテーションのサービスを受けられます（半日のサービスの場合、食事・入浴がないこともある）。

規模はさまざまで、大人数でイベントも盛りだくさんの事業所もあれば、自宅のような場所でアットホームに行っている事業所もあります。介護初期の段階では「外出したい」という気持ちの維持が心身の機能維持につながりやすいため、各事業所の雰囲気・特色を調べて、本人が通って楽しいサービスを選択することが大切です。

❷ 通所リハビリテーション（デイケア）介 予

通所リハビリテーションは、利用者が可能な限り自宅で自立した日常生活を送ることができるよう、利用者が施設（介護老人保健施設、病院など）に日帰りで通って、食事・入浴など日常生活上の支援や、生活機能向上のための機能訓練、口腔機能向上のためのトレーニングなどを受けるサービスです。

また、介護予防通所リハビリテーションでは、生活機能を向上させるための「共通的サービス」に加え、「運動器の機能向上」「栄養改善」「口腔ケア」のサービスを選択し組み合わせて受けることができます（図 3-7-1）。

自己負担額の目安は表 3-7-2 の通りです。

| 図 3-7-1 | 介護予防通所リハビリテーション利用イメージ

「口腔ケア」については 参照➡ 第4章8 表4-8-1・p150

| 表 3-7-2 | 通所リハビリテーションの自己負担額の目安

要支援1・2の場合

サービス費用の設定		自己負担額（1回）※
共通的サービス	要支援1	2,268円
	要支援2	4,228円
一体的サービス	運動器機能向上	480円
	栄養改善	
	口腔ケア	

※自己負担割合1割の場合。

要介護1～5の場合

サービス費用の設定		自己負担額（1回）※
通常規模の事業所の場合（7時間以上8時間未満）※通常規模とは1ヵ月の平均利用延べ人数750人以内をさす。	要介護1	757円
	要介護2	897円
	要介護3	1,039円
	要介護4	1,206円
	要介護5	1,369円

※自己負担割合1割の場合。

3-8 居宅サービス③ 短期入所サービス

POINT
- **短期入所生活介護**は、**介護者の休息**のために計画的に利用できる
- **短期入所療養介護**は、より医療的処置が必要な人に適している
- **特定短期入所療養介護**という日帰りサービスもある

❶ 短期入所生活介護（ショートステイ）介 予

　短期的に（数日〜1週間程度）施設へ入所し、日常生活の介護や機能訓練等を受けながら生活を送ることのできるサービスです。介護者が数日家を空けなければならない、体調を崩してしまったなど、自宅での介護が一時的に困難な場合、その期間、本人に施設で生活してもらうことができます。

　介護者の休息のために計画的に利用することもでき、その間に本人は高齢者住宅・施設の生活シミュレーションをしてみるなど、高齢者住宅・施設の生活への移行を見据えた利用もできます（表3-8-1）。

| 表3-8-1 | 短期入所生活介護の自己負担額の目安

要介護度	自己負担額（1日）※	自己負担額（7日）※
要支援1	479円	3,353円
要支援2	596円	4,172円
要介護1	645円	4,515円
要介護2	715円	5,005円
要介護3	787円	5,509円
要介護4	856円	5,992円
要介護5	926円	6,482円

※自己負担割合1割の場合。事業者の種類（単独型・併設型）、宿泊居室のタイプ（従来型個室・多床室・ユニット型個室・ユニット型個室的多床室）により異なる。食事・宿泊費等は別途負担する必要がある。

❷ 短期入所療養介護（ショートステイ）介 予

　短期的に（連続して30日間まで）施設へ入所し、医学管理の下で日常生活の介護や機能訓練などを受けながら生活を送ることのできるサービスです。短期入所生活介

護よりも医療的処置が必要な人に適しています。なお、難病やがん末期などの医療ニーズと介護ニーズを有する要介護者を対象にした日帰りサービスとして、**特定短期入所療養介護**も設けられています（表 3-8-2）。

表 3-8-2 | **短期入所療養介護の自己負担額の目安**

	自己負担額（1日）※	自己負担額（30日）※
要支援1	613円	18,390円
要支援2	774円	23,220円
要介護1	830円	24,900円
要介護2	880円	26,400円
要介護3	944円	28,320円
要介護4	997円	29,910円
要介護5	1,052円	31,560円

※自己負担割合1割、介護老人保健施設における短期入所療養介護（Ⅰ）ⅲ（多床室・基本型）の場合。

3-9 居宅サービス④ 住宅改修・福祉用具

POINT
- **住宅改修**の費用上限は、**20万円**である
- 車いす、特殊寝台等の**福祉用具貸与は要介護2以上**で利用できる
- 衛生面から購入が適当な物品は**特定福祉用具販売**を利用できる

❶ 住宅改修 介 予

　自宅の一部に備え付けるトイレや浴室の手すり、玄関の簡易スロープなどは、住宅改修で設置できます（表3-9-1）。同一住宅あたりの費用上限を **20万円**として、そのうち1～3割が自己負担となります。**転居**した場合および要介護区分が **3段階**上がった場合（1回のみ）は、再度20万円まで利用できます。

❷ 福祉用具貸与 介 予

　車いすや付属品、介護用ベッド（特殊寝台）、歩行補助杖などは福祉用具貸与を受けることができます（表3-9-2）。

❸ 特定福祉用具販売 介 予

　衛生面等で購入が適しているポータブルトイレや入浴用の椅子等は、特定福祉用具販売対象用品として、購入補助を受けることができます（表3-9-3）。費用上限を **10万円／年**として、そのうち1～3割が自己負担となります。

|表3-9-1| 介護保険が利用できる住宅改修

1	手すりの取付
2	段差の解消
3	滑りの防止、移動がスムーズになる等のための床、通路の材料の変更
4	引き戸等への扉の取替
5	洋式便器等への便器の取替
6	その他前号の住宅改修に付帯して必要となる住宅改修

第3章　老後に必要な介護保険の知識

| 表 3-9-2 | 福祉用具貸与が受けられるものの例

種目	機能または構造等	サービス対象者
車いす	自走用標準型車いす、普通型電動車いす、介助用標準型車いす。	要介護2以上
車いす付属品	クッション、電動補助装置等、車いすと一体的に使用されるもの。	
特殊寝台	サイドレール取付可能なもので、次のいずれかの機能を有するもの。 背部または脚部の傾斜角度が調整できる機能 床板の高さが無段階に調整できる機能	
特殊寝台付属品	マットレス、サイドレール等であって、特殊寝台と一体的に使用されるもの。	
床ずれ防止用品	次のいずれかに該当するもの。 ・送風装置または空気圧調整装置を備えた空気マット ・水等によって減圧による体圧分散効果をもつ全身用のマット	
体位変換器	空気パッド等を身体の下に挿入することにより、居宅要介護者等の体位を容易に変換できる機能をもつもの。体位保持のみを目的とするものを除く。	

種目	機能または構造等	サービス対象者
手すり	取付に際し工事を伴わないもの。	全て
スロープ	段差解消のためのもので、取付に際し工事を伴わないもの。	
歩行器	歩行が困難な者の歩行機能を補う機能をもち、移動時に体重を支える構造があって、次のいずれかに該当するもの。 ・車輪があるものの場合、身体の前および左右を囲む把手等があるもの。 ・四脚のものの場合、手腕で保持して移動させることが可能なもの。	
歩行補助つえ	松葉づえ、カナディアン・クラッチ、ロフストランド・クラッチ、プラットホーム・クラッチおよび多点杖。	
認知症老人徘徊感知機器	認知症高齢者が屋外へ出ようとしたとき等、センサーにより感知し、家族、隣人等へ通報するもの。	要介護2以上
移動用リフト（つり具の部分を除く）	床走行式、固定式または据置式で、身体をつり上げまたは体重を支える構造のもの。その構造により、自力での移動が困難な者の移動を補助する機能があるもの（取付けに住宅改修が必要なものを除く）。	

第3章 老後に必要な介護保険の知識

種目	機能または構造等	サービス対象者
自動排泄処理装置	尿・便が自動的に吸引され、尿や便の経路となる部分を分割することが可能な構造のもの。居宅要介護者等やその介護を行う者が容易に使用できるもの。（交換可能部品は表3-9-3の特定福祉用具販売対象）	排便機能を有するものは要介護4以上。それ以外は全て

（厚生労働省告示第104号より。一部主旨を変えずに読みやすく変更・省略）

| 表 3-9-3 | 特定福祉用具販売が受けられるものの例

種目	機能または構造等
腰掛便座	和式便器の上に置いて腰掛式に変換するもの（腰掛式に交換する場合に高さを補うものを含む）。 洋式便器の上に置いて高さを補うもの。 電動式またはスプリング式で便座から立ち上がる際に補助できる機能を有しているもの。 便座、バケツ等からなり、移動可能である便器（水洗機能を有する便器を含み、居室において利用可能であるものに限る）。ただし、設置に要する費用については保険給付の対象とならない。
自動排泄処理装置の交換可能部品	尿または便が自動的に吸引されるもので居宅要介護者等またはその介護を行う者が容易に使用できるもの。
入浴補助用具	入浴に際しての座位の保持、浴槽への出入り等の補助を目的とする用具。次のいずれかに該当するもの。 1　入浴用椅子 2　入浴台（浴槽の縁にかけて浴槽への出入りを容易にできるもの） 3　浴槽用手すり（浴槽の縁を挟み込んで固定できるもの） 4　浴室内すのこ（浴室内に置いて浴室の床の段差解消を図るもの） 5　浴槽内椅子（浴槽内に置いて利用できるもの） 6　浴槽内すのこ（浴槽の中に置いて浴槽の底面の高さを補うもの） 7　入浴用介助ベルト 　　（居宅要介護者等の身体に直接巻き付けて使用する、浴槽への出入り等を容易に介助できるもの）
簡易浴槽	空気式または折りたたみ式等で容易に移動できるものであって、取水または排水のために工事を伴わないもの。

種目	機能または構造等
移動用リフトの つり具部分	身体に適合するもので、移動用リフトに連結可能なもの。

（厚生労働省告示第104号より。一部主旨を変えずに読みやすく変更・省略）

3-10 居宅サービス⑤ 特定施設入居者生活介護

POINT
- 有料老人ホーム、軽費老人ホーム、養護老人ホーム等が提供できる
- 料金が定額の一般型と出来高制の外部サービス型がある
- 居宅療養管理指導を除き、他の居宅サービスとは併用できない

❶ 特定施設入居者生活介護 介 予

特定施設入居者生活介護は、利用者が可能な限り自立した日常生活を送ることができるよう、指定を受けた有料老人ホームや軽費老人ホーム、養護老人ホームなどが、食事や入浴などの日常生活上の支援や、機能訓練などを提供するものです。

特定施設入居者生活介護の施設には、表 3-10-1 のような人員基準、設備基準があります。

表 3-10-1 特定施設入居者生活介護の人員基準・設備基準

人員基準

職種		配置基準	備考
管理者		1名	原則専従。支障がない場合は、施設内、同一敷地内の施設の他職務に従事可
看護職員・介護職員		利用者（要介護者）：職員 3：1以上	利用者が要支援1の場合は10：1
看護職員（看護師・准看護師）	利用者 30人以下	1人以上	1人以上は常勤
	利用者 31人以上	31人に加え、利用者50人ごとに＋1人	1人以上は常勤
介護職員		1人以上	要支援者に対しては、宿直時間帯は例外。1人以上は常勤
機能訓練指導員		1人以上	兼務可
生活相談員		利用者：職員 100：1以上	1人以上は常勤
計画作成担当者（ケアマネジャー）		専従で1人以上	利用者100人ごとに＋1人。支障がない場合は、施設内の他職務に従事可

常勤換算の計算方法は 参照⇒ 第5章22・p237。

設備基準

場所・設備		設備基準
建物		耐火建築物または準耐火建築物
建物内の居室	介護居室	原則個室／プライバシー保護／介護に適当な広さを確保／地階設置の禁止／避難上有効な出入口の確保
	一時介護室	介護に適当な広さを確保
	浴室	身体の不自由な者が入浴するのに適切
	トイレ	居室のある階ごとに設置し、非常用設備を備えている
	食堂	機能を十分に発揮し得る適当な広さを確保
	機能訓練室	
バリアフリー		利用者が車いすで円滑に移動することが可能な空間と構造を確保
防災		消火設備その他の非常災害に対して必要な設備を設置

❷ 特定施設入居者生活介護の指定施設

特定施設入居者生活介護の指定施設には、料金が定額の一般型と出来高制の外部サービス利用型があります。有料老人ホーム、軽費老人ホーム、サービス付き高齢者向け住宅は、ほとんどが一般型です（料金の目安は表3-10-2参照）。養護老人ホームは、2015年3月まで外部サービス利用型しか指定を受けることができませんでした。そのため、外部サービス利用型の施設数は、養護老人ホームが突出して多くなっています。一方、特定施設入居者生活介護事業者の経営主体をみると、営利法人（会社）が圧倒的に多いです（図3-10-3）。

特定施設入居者生活介護（一般型）は、居宅療養管理指導を除き、その他の居宅サービスとは併用できません。

| 表3-10-2 | 特定施設入居者生活介護(一般型)の自己負担額(1日)の目安 |

要介護度	自己負担額（1日）※
要支援1	183円
要支援2	313円
要介護1	542円
要介護2	609円
要介護3	679円
要介護4	744円
要介護5	813円

※自己負担割合1割の場合。入居費用・日常生活費（おむつ代など）等は、別途負担する必要がある。

| 図 3-10-3 | 特定施設入居者生活介護事業者の経営主体

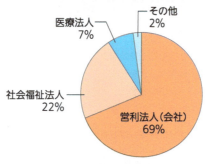

(厚生労働省 令和3年介護サービス施設・事業所調査より)

❸ 外部サービス利用型

　外部サービス利用型は、外部の指定介護サービス事業者と連携してサービスを提供します（図3-10-4）。一般型は1日あたり定額ですが、外部サービス利用型は定額（生活相談・安否確認・計画作成）＋出来高制（各種居宅サービス）となっています。

| 図 3-10-4 | 特定施設入居者生活介護の外部サービス利用型イメージ

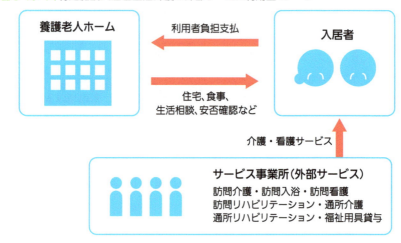

(厚生労働省資料より)

> **ここも確認！**
>
> **特定施設入居者生活介護（一般型）と高齢者住まい**
>
> 有料老人ホームやサービス付き高齢者向け住宅のうち、特定施設入居者生活介護（一般型）の指定を受けた施設は、「介護付有料老人ホーム」「特定施設のサービス付き高齢者向け住宅」となり、定額料金で利用できる施設となります。一方で特定施設入居者生活介護（一般型）の指定を受けていない有料老人ホーム（住宅型有料老人ホーム）やサービス付き高齢者向け住宅では、自宅の場合と同様に、外部の介護サービス事業者と契約して介護サービスを受けることになります。

3-11 施設サービス

> **POINT**
> - 特別養護老人ホームの入所要件は原則として**要介護3以上**である
> - **介護医療院**は2018年に創設された新しい介護保険施設である
> - **介護療養型医療施設**は介護医療院などへの転換が進んでいる

❶ 特別養護老人ホーム(介護老人福祉施設) 介 参照⇒ 第5章12・p211

特別養護老人ホーム(介護老人福祉施設)は、略称「**特養**」と呼ばれ、常に介護が必要な人の入所を受け入れる介護保険施設です。現状、比較的要介護度の高い人でないと入所できない傾向があります。入所待機者が多く、緊急入所などには対応しにくい面もあります。原則として**要介護3以上**から申込ができます。

> **ここも確認!**
> **老人福祉法と介護保険法での呼称の違い**
> 介護保険上の介護老人福祉施設と特別養護老人ホーム、2つの名称があって紛らわしいのですが同じ施設をさします。老人福祉法が先に「特別養護老人ホーム」と呼称し、その後成立した介護保険法によって「介護老人福祉施設」と呼称を決めたのです。

❷ 介護老人保健施設(老健) 介 参照⇒ 第5章13・p214

介護老人保健施設(以下、**老健**)は、在宅復帰を目指している人のためにリハビリテーションや必要な医療、介護などを提供する介護保険施設です。在宅復帰を目標としている中間地点としての施設のため、原則として3ヵ月程度の期間しか入所できないことになっています。**要介護1以上**から申込ができます。

❸ 介護医療院 介 参照⇒ 第5章15・p218

介護医療院は、入所する要介護者に対して、長期療養のための医療と日常生活上の世話(介護)を一体的に提供する機能を有しています。2017年の介護保険法改正によって、2018年4月から創設された新しい介護保険施設です。なお、医療法上では、老健と同様、医療提供施設の一つとして位置付けられています。

❹ 介護療養型医療施設 介 参照➡第5章16・p220

　介護療養型医療施設は、長期にわたって療養が必要な方の入所を受け入れる介護保険の医療施設です。長期的な医療コストや社会保障費の圧迫などの理由によって2024年3月末で廃止予定でしたが、現在も一部経過措置（旧法の適用）で運営されているところがあります。入院患者の受け皿は、**介護療養型老人保健施設（新型老健）**や介護医療院などが担っていきます。

> **ここも確認！**
>
> **介護療養型老人保健施設（新型老健）とは**
> 介護療養型老人保健施設は、介護療養型医療施設の転換先として2008年に創設されました。老健と介護療養型医療施設の中間的な位置付けで、従来の老健と違い、夜間にも看護師が配置され、たんの吸引、胃ろう、経管栄養や気管切開などの専門的な医療ケアが必要な人の受け入れができます。
>
> **介護保険施設への措置入所**
> 介護保険施設は介護保険法を根拠に設置されているため、介護保険の加入者の申請、契約によって入所します。しかし、虐待が疑われ緊急性の高い場合など、介護保険法をすぐに適用できない場合には、行政の判断により、介護保険法ではなく老人福祉法を根拠に、施設へ措置による入所をすることができます。

> **コラム　お泊りデイサービス**
>
> 　デイサービスの利用者がそのまま通所施設で宿泊する「お泊りデイサービス」という自費サービスがあります。数百～数千円と格安の料金で宿泊でき、自宅で過ごせない利用者に施設サービスのように利用されることもあります。しかし、これは介護保険サービスではなく、劣悪な環境でサービスが提供されていることもあると指摘され、行政の目も行き届かないことから、以前は問題となったこともありました。
> 　その対策として、厚生労働省では、2015年4月にお泊りデイサービスに関するガイドラインを発表しました。法的拘束力はないものの、職員数や施設の広さについての基準を公表しました。
> 　問題も多いサービスでしたが、このように現在ではある程度整備され、自費サービスの選択肢の一つとなっています。

3-12 地域密着型サービス

POINT

- 定期巡回・随時対応型訪問介護看護は、定額で利用できる
- 認知症対応型共同生活介護は、要支援2以上で利用できる
- 自治体によっては地域密着型サービスの担い手がいない場合もある

　地域密着型サービスは、原則としてサービスを提供する事業者のある市区町村に住む人に限定して提供されます。地域包括ケアシステムの趣旨にのっとり、小規模ながらも地域のニーズに即したきめ細やかなサービスの提供を目指しています。

❶ 定期巡回・随時対応型訪問介護看護 介

　高齢者の在宅生活を支えるため、訪問介護と訪問看護を一体的に、またはそれぞれが密接に連携しながら、日中・夜間を通じて定期巡回訪問と随時の対応を行うサービスです。要介護度ごとに月額が決まっていて、要介護度が変わらなければ1日複数回・月に何回利用しても定額でサービスが受けられます（表3-12-1）。身体介護サービスを中心として看護や生活援助サービスについても一体的に提供します。

表 3-12-1 定期巡回・随時対応型訪問介護看護の自己負担額（月額）の目安

要介護度	介護サービスのみ利用	介護・看護サービス利用
要介護1	5,446円	7,946円
要介護2	9,720円	12,413円
要介護3	16,140円	18,948円
要介護4	20,417円	23,358円
要介護5	29,692円	28,298円

※自己負担割合1割の場合。

❷ 夜間対応型訪問介護 介

　在宅の要介護者が夜間を含めて24時間安心して生活できるように、夜間に訪問介護員（ホームヘルパー）が定期訪問、または利用者からの通報により随時訪問し、介護や日常生活上の対応を行います。

❸ 地域密着型通所介護 介

　利用定員18名以下の、要介護状態にある地域住民を対象としたデイサービスです。
　また、看護師による観察を常に必要とする重度要介護者やがん末期患者を対象にしたデイサービスは「療養通所介護」といいます。重度患者でも可能な限り外部と関係を維持し、こもりきりになりがちな高齢者の孤立感を解消するだけでなく、家族の介護の負担軽減なども目的としています。

❹ 認知症対応型通所介護 介 予

　脳血管疾患、アルツハイマー病などにより認知機能が低下した高齢者に対して、通所介護事業所などにおいて、入浴、排泄、食事などの日常生活上の世話、機能訓練などのサービスを提供します。

❺ 小規模多機能型居宅介護 介 予

　通所介護を中心として、高齢者の心身の状況に応じ通所できないときは訪問介護、家族が旅行等で不在のときはショートステイ、といったように、サービスを柔軟に組み合わせて提供します。要介護度ごとに月額が決まっていて、要介護度が変わらなければ何度利用しても定額でサービスが受けられます。

❻ 認知症対応型共同生活介護 介 予

　認知症対応型共同生活介護（認知症高齢者グループホーム）参照⇒第5章11・p208は、1つの共同生活住居に5〜9人の少人数の利用者が介護スタッフと共同生活を送ります。可能な限り自立した日常生活を送ることができるよう、家庭的な環境と地域住民との交流の下で、食事や入浴などの日常生活上の支援や、機能訓練などのサービスを受けます。要支援2以上から申込ができます。

❼ 看護小規模多機能型居宅介護 介

　要介護度が高く医療的なケアを必要とする人でも住み慣れた家や地域で安心して生活できるよう、「小規模多機能型居宅介護」「訪問看護」など複数の居宅サービスや地域密着型サービスを組み合わせて、一事業所が一体的に提供するサービスです。要介護度ごとに月額が決まっていて、要介護度が変わらなければ何度利用しても定額でサービスが受けられます。

定期巡回・随時対応型訪問介護看護、夜間対応型訪問介護、小規模多機能型居宅介護はおおむね**要介護認定**を受けた人に提供されています。
　また、自治体によっては、実際には担い手のいないサービスもあります。利用する本人の住む地域のサービスを確認しておく必要があります。

3-13 介護や住まいに関する相談窓口

POINT
- **地域包括支援センター**では地域で暮らす高齢者の様々な相談ができる
- 住まいの相談は**市区町村の高齢福祉課**や**福祉保健局**にもできる
- **社会福祉協議会**では介護費用等生活資金についての相談ができる

❶ 地域包括支援センターの役割

地域包括支援センターでは、主任介護支援専門員、社会福祉士、保健師、看護師等の専門職員が、地域で暮らす高齢者の相談に応じ、介護、福祉、健康、医療等におけるさまざまな悩みや困りごとに対して、具体的な解決策の提案や、医療機関・専門家との連携による総合的な支援を行っています。

中学校区程度の圏域（人口2～3万人）に約1ヵ所ずつ設置され、2021年4月末現在では全市区町村合計で5,351ヵ所設置と、2018年同月末に比べて約272ヵ所増加しています。数が足りない地域では新規設置が進められる見込みです。

最寄の地域包括支援センターの場所や連絡先については、市区町村の福祉担当窓口で確認することができます。

> **ここも確認！**
>
> **主任介護支援専門員とは**
> ケアマネジャーの実務経験が5年以上あり、所定の専門研修を修了した者。介護保険サービス・その他の保健・医療サービス提供者との連絡調整や、ケアマネジャーに対する助言・指導などを行います。2006年に新設され、地域包括支援センターには配置が義務付けられています。

❷ 地域包括支援センターで対応できる相談

地域包括支援センターでは、要介護認定の申請の代行をしてくれます。

また、介護保険サービスの利用方法の相談、必要なサービスへの橋渡し（コーディネート・介護予防ケアプランの作成）、介護予防、認知症予防の参加申込、認知症対応の相談、住み替えに対する相談なども受け付けています。

通常は**無料**で相談を受けてくれます。

❸ 居宅介護支援事務所、高齢福祉課・保護課（市区町村）

　介護や生活保護に関する相談は、ケアマネジャーの事務所である居宅介護支援事業者の事務所、市区町村の健康福祉局にある高齢福祉課、福祉保健局の保護課（生活保護課）でも行うことができます。

❹ 市区町村社会福祉協議会

　社会福祉協議会では生活福祉資金貸付制度など、介護費用等の生活資金に関する相談を行うことができます。

❺ 高齢者住宅・施設の民間紹介会社

　一般の不動産業者とは別に、高齢者住宅・施設（有料老人ホームやサービス付き高齢者向け住宅等）を専門に紹介する事業者も増えてきました。相談者が無料で相談できるケースがほとんどです。

　これらの相談窓口で聞いてもよいですが、高齢者住まいアドバイザーとしては介護度によってどのくらい介護保険サービスが利用可能なのか、イメージしておきたいものです。次頁からの資料でおおよその目安をつかんでおきましょう。

| 表3-13-1 | 章末資料：介護度別利用可能な介護保険サービスの目安

要介護度	1ヵ月あたりの区分支給限度基準額	限度額の自己負担額（1〜3割）※2	利用できる介護保険サービスの目安およびサービス例
要支援1	5,032単位※1 50,320円	1割： 5,032円 2割：10,064円 3割：15,192円	週2〜3回のサービス 介護予防小規模多機能型居宅介護など
要支援2	10,531単位※1 105,310円	1割：10,531円 2割：21,062円 3割：31,593円	週3〜4回のサービス 介護予防小規模多機能型居宅介護など
要介護1	16,765単位※1 167,650円	1割：16,765円 2割：33,530円 3割：50,295円	1日1回程度のサービス 訪問介護：週3回 訪問看護：週1回 通所介護：週3回など
要介護2	19,705単位※1 197,050円	1割：19,705円 2割：39,410円 3割：59,115円	1日1〜2回程度のサービス 訪問介護：週3回 訪問看護：週1回 通所介護：週3回など
要介護3	27,048単位※1 270,480円	1割：27,048円 2割：54,096円 3割：81,144円	1日2回程度のサービス 訪問介護：週2回 訪問看護：週1回 通所介護：週1回 夜間対応型訪問介護：毎日1回など
要介護4	30,938単位※1 309,380円	1割：30,938円 2割：61,876円 3割：92,934円	1日2〜3回程度のサービス 訪問介護：週6回 訪問看護：週2回 通所介護：週1回 夜間対応型訪問介護：毎日1回など
要介護5	36,217単位※1 362,170円	1割：36,217円 2割：72,434円 3割：108,651円	1日3〜4回程度のサービス 訪問介護：週5回 訪問看護：週2回 通所介護：週1回 夜間対応型訪問介護：毎日2回（早朝・夜間）など

※1 介護保険サービスの費用と区分支給限度額は「単位」で表される。多くの地域において1単位10円で換算されているが、地域やサービスによっては、1単位あたりの金額および実際に支払う金額が異なる。
※2 区分支給限度内の利用分については、自己負担の上限金額があり、上限を超えた場合は超過分が全額自己負担となる。
上表の区分支給限度額の枠以外で提供される介護保険サービス（居宅療養管理指導、特定施設入居者生活介護、施設サービスなど）もある。

| 表 3-13-2 | 章末資料：介護保険サービス利用ケース例と自己負担額の目安

介護保険サービス		サービス例	自己負担額例※1
居宅介護支援		ケアプランの作成。	無料
訪問サービス	訪問介護	ホームヘルパーが30分〜1時間未満で身体介護を行う。	387円／回
	訪問看護	訪問介護ステーションから看護師が自宅を訪問し、30分〜1時間未満で病状のチェックなどを行う。	823円／回
	訪問入浴介護	介護者が持参した浴槽による、全身の入浴サービスを受ける。	856円／回（要支援の場合） 1,266円／回（要介護の場合）
	訪問リハビリテーション	リハビリの専門家が自宅を訪問し、リハビリ指導をする。	308円／回
通所サービス	通所介護（デイサービス）	送迎を受け、施設で8〜9時間過ごす。	915円／回（要介護3の場合）※2
	通所リハビリテーション	送迎を受け、施設で7〜8時間リハビリを受ける。	1,049円／回（要介護3の場合）
短期入所サービス	短期入所生活介護等	施設で数日〜1ヵ月程度の一定期間を過ごす。	745円／日（要介護3、併設型、多床型の場合）※2
地域密着型サービス	認知症共同生活介護等（グループホーム）	認知症高齢者がグループホームで共同生活する。	824円／日 30日だと24,720円（要介護3、ユニットが2つ以上の場合）※2
施設サービス	介護老人福祉施設	介護老人福祉施設（特別養護老人ホーム）に入所する。	815円／日 30日だと24,450円（要介護3、ユニット型個室の場合）※2
	介護老人保健施設	介護老人保健施設（老健）に入所する。	1,018円／日 30日だと30,540円（要介護3、ユニット型個室、在宅強化型の場合）※2
その他	特定施設入居者生活介護	有料老人ホーム、軽費老人ホームでサービスを受ける。	679円／日 30日だと20,370円（要介護3の場合）※2

※1 自己負担割合1割の場合。
※2 食費は別途。
利用者負担額は目安。市区町村や事業所によって異なることもある。

| 表 3-13-3 | 章末資料：ケアプラン例と自己負担例

介護初期（要支援・週1回の通所型サービス）

	月	火	水	木	金	土	日
午前		【通所型サービス】入浴 食事 レクリエーション					
午後							

自己負担額（自己負担割合1割の場合）

【通所型サービス】
約1,798円（入浴、機能訓練など）／月＋食費約600円／回×4回／月＝4,198円／月

介護中期（要介護2・週2回の通所介護7時間以上8時間未満、週2回の訪問介護）

	月	火	水	木	金	土	日
午前	【訪問介護】買い物	【通所介護】入浴 食事 レクリエーション		【訪問介護】居室の掃除	【通所介護】入浴 食事 レクリエーション		
午後							

自己負担額（自己負担割合1割の場合）

【通所介護】
約777円／回（送迎含む、入浴・食費除く）＋入浴費約100円／回＋食費約600円／回
＝約1,477円／月
約1,475円／回×9回＝約13,293円／月

【訪問介護】
生活援助45分以上　約220円／回×9回／月＝約1,980円／月

合計　約13,293円／月＋約1,980円／月＝約15,273円／月

介護後期（週2回の訪問入浴介護、週4回の訪問介護、週1回の訪問看護）

	月	火	水	木	金	土	日
午前	【訪問介護】食事介助		【訪問介護】食事介助	【訪問介護】食事介助		【訪問介護】食事介助	
午後		【訪問入浴介護】			【訪問入浴介護】		【訪問看護】

自己負担額（自己負担割合1割の場合）

【訪問入浴介護】
約1,266円／回×9回／月＝約11,394円／月

【訪問看護】
30分以上1時間未満　約823円／回×4回／月＝約3,292円／月

【訪問介護】
身体介護　30分以上1時間未満　約387円／回×18回／月＝約6,966円／月

合計　約11,394円／月＋約3,292円／月＋約6,966円／月＝約21,652円／月

確認問題

Q1 次の選択肢のうち、介護保険サービスの居宅サービスに該当しないものを1つ選びなさい。（第4回検定試験　類似問題出題）

1. 訪問入浴介護
2. 通所介護
3. 福祉用具貸与
4. 定期巡回・随時対応型訪問介護看護

Q2 ケアプラン（介護サービス計画書）の作成について、次の選択肢のうち誤っているものを1つ選びなさい。（第9回検定試験　類似問題出題）

1. ケアプランは、介護支援専門員（ケアマネジャー）に作成を委託することができる。
2. ケアプランの作成の費用は、利用者が全額自己負担しなければならない。
3. ケアプランとは、どのような介護サービスをいつどれだけ利用するか決める計画のことである。
4. 介護サービスの利用は、ケアプランに基づき、介護サービス事業所と契約を結び、サービスを利用する。

Q3 地域包括支援センターの説明として、次の選択肢のうち誤っているものを1つ選びなさい。（第8回検定試験　類似問題出題）

1. 主任介護支援専門員、保健師、民生委員などの専門職員が対応する。
2. 要介護・要支援認定の申請を本人・家族の代わりに行う。
3. 介護保険サービスの利用方法の相談、必要なサービスへの橋渡しを行う。
4. 認知症対応の相談や住み替えに対する相談なども受け付けている。

解答・解説

Q1 の解答・解説

答：**4** 参照⇒ 第3章5 表3-5-1・p91

定期巡回・随時対応型訪問介護看護は、地域密着型サービスです。

Q2 の解答・解説

答：**2** 参照⇒ 第3章4・p87

ケアプランの作成の費用は、介護保険で**全額負担**され、利用者負担はありません。

Q3 の解答・解説

答：**1** 参照⇒ 第3章13・p113

地域包括支援センターでは、**主任介護支援専門員、社会福祉士、保健師、看護師等**の専門職員が、地域で暮らす高齢者の相談に応じ、介護、福祉、健康、医療等におけるさまざまな悩みや困りごとに対して、具体的な解決策の提案や、医療機関・専門家との連携による総合支援を行っています。民生委員 参照⇒ 第4章1・p124 は地域包括支援センターに常駐していません。

第4章

自宅での暮らしと在宅介護

どこよりも住み続けていたい我が家。
家族の協力や外部サービスをうまく利用することで、
介護が必要になった場合も、自宅で過ごすことが可能です。
しかし、家族の負担や住まいの状況により、
在宅介護に限界が来る恐れもあります。
在宅介護の現状や問題を
理解しましょう。

4-1 在宅高齢者の状況

> **POINT**
> - 高齢者のいる世帯は、全世帯の約半分を占めている
> - 高齢者世帯のうち単独世帯や夫婦のみ世帯が約6割である
> - 地域とのつながりは、高齢者世帯の孤立を防ぐ

❶ 高齢者のいる世帯と家族構成

　厚生労働省「2022年 国民生活基礎調査の概況」によると、2022年で65歳以上の者のいる世帯は全体の約50.6%です。そのうち「単独（独居）世帯」「夫婦のみ世帯」が約63.9%を占めています（図4-1-1）。

| 図4-1-1 | 高齢者がいる世帯とその内訳

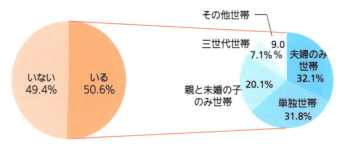

（厚生労働省「2022年 国民生活基礎調査の概況」をもとに作成）

❷ 孤立しがちな高齢者世代

　2022年の高齢者の一人暮らし（独居）人口は約873万人、核家族化や高齢化の加速に伴い、2040年には約896万人に増加すると予測されています（図4-1-2）。
　また、2012年内閣府「高齢者の住宅と生活環境に関する意識調査」において、近所づきあいの程度は、「あいさつをする程度」と「つきあいがほとんどない」で半分を占めています。就労している年代と比較すると高齢者は孤立しがちであり、高齢者を狙った振り込め詐欺、高齢者の孤立死（孤独死）の増加の要因になっていると考えられます。

よって、介護や医療以外の問題においても、第3章で学んだ地域包括ケアシステムの推進、特に地域やボランティアによる見守りや生活支援が重要となるでしょう。

高齢者のみの在宅世帯の場合、近所に子どもが住んでいるとしても、なかなか目が届かないものです。近隣の方や民生委員、地域包括支援センター等に相談して早い段階から関係を作り、何気ない見守りを依頼しておくのもよいでしょう。

図 4-1-2 一人暮らし高齢者の動向

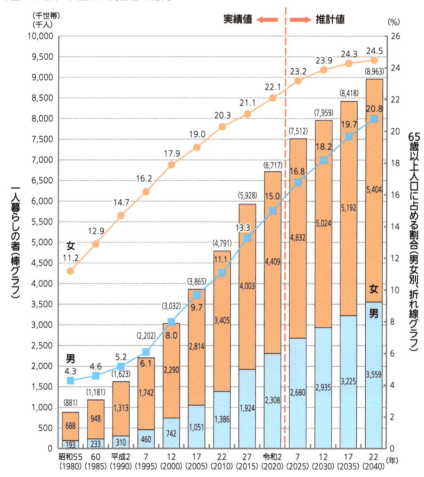

(厚生労働省「高齢社会白書 令和5年版」p15より)

> ここも確認！
>
> **民生委員とは**
> 厚生労働大臣からその任務を委嘱されて、地域の中で社会奉仕の精神をもって福祉全般にわたり相談や支援を行う者。児童委員を兼ねており、守秘義務があるため、相談内容や個人の秘密は守ることになっています。

4-2 地域の介護予防の取組

POINT
- 2006年度から各市区町村に地域支援事業の実施を義務付けた
- 介護予防給付の一部が地域支援事業に移行された
- 横出しサービスは、各市区町村独自のサービスである

❶ 市区町村による「地域支援事業」

住み慣れた自宅や地域に住んでいても、周囲と孤立しがちな高齢者世帯。介護が必要になる時期をできるだけ遅らせるよう、介護が必要になる前から、健康寿命を延ばすための取組が大切です。その重要性は政府でも十分認識しており、2006年4月より各市区町村に「地域支援事業」の実施を義務付けました（図4-2-1）。

| 図4-2-1 | 地域支援事業の全体像

財源構成		
国 25% 都道府県 12.5% 市区町村 12.5% 1号保険料 23% 2号保険料 27%	介護給付（要介護1～5）	
	介護予防給付（要支援1・2）	
	地域支援事業	**介護予防・日常生活支援総合事業**（要支援1・2、自立の者）(p126) ● 介護予防・生活支援サービス事業 　・訪問型サービス 　・通所型サービス 　・生活支援サービス（配食、見守り等） 　・介護予防支援事業（ケアマネジメント） ● 一般介護予防事業
財源構成 国 38.5% 都道府県 19.25% 市区町村 19.25% 1号保険料 23%		**包括的支援事業**(p129) ● 地域包括支援センターの運営 　（介護予防ケアマネジメント、総合相談支援業務、権利擁護業務、ケアマネジメント支援、地域ケア会議の充実） ● 在宅医療・介護連携推進事業 ● 認知症総合支援事業 　（認知症初期集中支援事業、認知症地域支援・ケア向上事業等） ● 生活支援体制整備事業 　（コーディネーターの配置、協議体の設置等）
		任意事業(p129) ● 介護給付費適正化事業 ● 家族介護支援事業 ● その他の事業

（2014年全国介護保険・高齢者保健福祉担当課長会議資料をもとに作成）

地域支援事業とは地域の高齢者を対象に要介護・要支援状態になることを予防したり、要介護・要支援状態となった場合でもできる限り地域において自立した日常生活を営むことができるよう、市区町村が主体となって支援する事業です。

地域支援事業として行われる事業は、2014年の介護保険制度の改正により、「介護予防・日常生活支援総合事業」「包括的支援事業」「任意事業」に分類されました。また、この改正に伴い、介護予防給付の一部（要支援1・2の人に対する訪問介護、通所介護）が地域支援事業に移行されました。

❷ 介護予防・日常生活支援総合事業

介護予防・日常生活支援総合事業は、地域の高齢者を対象に、要介護・要支援状態になることの予防や、要介護状態等の軽減・悪化の防止、自立した日常生活の支援を目的として、市区町村が行う事業です。

介護予防・日常生活支援総合事業は、「介護予防・生活支援サービス事業」と、「一般介護予防事業」とで構成されています。サービスの流れは図4-2-2の通りです。

❸ 介護予防・生活支援サービス事業

介護予防・生活支援サービス事業（第一号事業）は、要支援1・2の認定を受けた人や基本チェックリストで対象者と判定された人に対し、以下のサービスを提供する事業です（表4-2-3）参照⇒第3章5・p89。

- 訪問型サービス（第一号訪問事業）
- 通所型サービス（第一号通所事業）
- 生活支援サービス（第一号生活支援事業）
- 介護予防支援事業（第一号介護予防支援事業）

| 表4-2-3 | 介護予防・生活支援サービス事業

事業	内容	事例
訪問型サービス	掃除、洗濯等の日常生活上の支援を提供する。	掃除や整理整頓 生活必需品の買い物
通所型サービス	機能訓練や集いの場など日常生活上の支援を提供する。	デイサービスの利用 体操や筋力トレーニング
生活支援サービス	一人暮らし高齢者等への見守りを提供する。	緊急通報システム 配食サービス 見守り
介護予防支援事業（ケアマネジメント）	総合事業によるサービス等が適切に提供できるように地域包括支援センターがケアプラン作成の相談を受け付ける。	ケアプラン作成相談

|図 4-2-2| 介護予防・日常生活支援総合事業のサービスの流れ

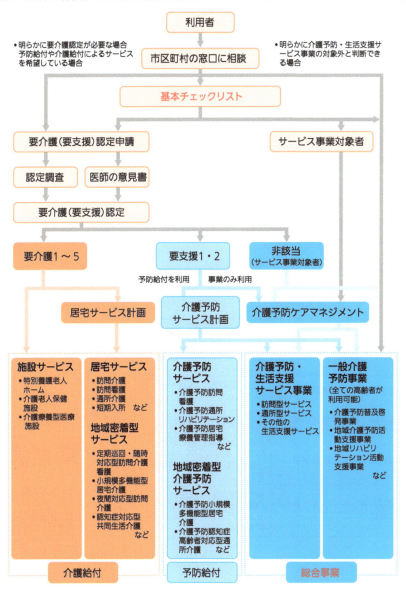

(厚生労働省ホームページより)

> **ここも確認！**
>
> **基本チェックリストとは**
> 高齢者の生活機能を評価し、要介護状態となるリスクを予測することを目的に開発された 25 項目の質問票を指します。

❹ 一般介護予防事業

一般介護予防事業は、市区町村内に在住する 65 歳以上の人を対象として行う、以下の事業です（表 4-2-4）。

- 介護予防把握事業
- 介護予防普及啓発事業
- 地域介護予防活動支援事業
- 一般介護予防事業評価事業
- 地域リハビリテーション活動支援事業

|表 4-2-4｜一般介護予防事業

事業	内容	事例
介護予防把握事業	外出支援等の支援の必要な方を把握し、介護予防活動につなげる。	基本チェックリストの実施
介護予防普及啓発事業	介護予防活動の普及・啓発を行う。	認知症予防体操 口から始める健康講座
地域介護予防活動支援事業	住民が主体となって介護予防活動の育成・支援を行う。	シニアボランティア サポーター養成講座
一般介護予防事業評価事業	介護保険事業計画に定める目標値の達成状況等を検証し、一般介護予防事業の事業評価を行う。	事業評価
地域リハビリテーション活動支援事業	通所、訪問、住民主体の通いの場などへのリハビリテーション専門職らによる助言等を実施する。	リハビリテーションの助言

❺ 包括的支援事業

包括的支援事業は、要介護・要支援状態になることの予防や、自立した日常生活の支援を目的として、総合事業のほかに市区町村が行う以下の事業です。

- 地域包括支援センターの運営
  （介護予防ケアマネジメント、総合相談支援業務、権利擁護業務、ケアマネジメント支援、地域ケア会議の充実）
- 在宅医療・介護連携推進事業
- 認知症総合支援事業
- 生活支援体制整備事業

❻ 任意事業

任意事業は、地域の実情に応じて市区町村が任意で行う以下の事業です。

- 介護給付等費用適正化事業
- 家族介護支援事業
- その他、自立した日常生活の支援や介護保険事業の運営のために必要な事業

コラム　介護を予防する自宅環境

「介護の準備は早めに」とはいうものの、まだまだ元気だから考えなくていいという人もいるでしょう。ひとくくりに高齢者といっても 65 歳から 100 歳以上まで親子ほどの年齢差があります。特に前期高齢者（65 〜 74 歳）の方は、まだまだ健康で働いていたり、社会活動をしている方も多く見られます。

しかし、厚生労働省の調査結果※による介護の原因を見てみると、脳血管疾患（脳卒中）（16.1％）、骨折・転倒（12.5％）、心疾患（4.5％）と突然の病気や怪我が要因で介護が必要になったケースも多いようです。

まずは、自宅環境を整えることから考えてみるのもよいでしょう。例えば、転倒防止のために、玄関アプローチの敷石でできた段差を土で埋めたり、浴槽の底に滑り止めマットを敷くなどです。ちょっとした工夫で介護の予防をすることができます。

※厚生労働省 2019 年「国民生活基礎調査」より

❼ 横出しサービスの利用

横出しサービス（市区町村特別給付）とは介護給付および予防給付以外に、市区町村が独自に条例で定めて行うサービスです（表4-2-5）。地域内の高齢者であれば安価にサービスを受けられる場合もありますので、自治体の高齢者向けサービスを調べておく必要があります。

| 表 4-2-5 | 横出しサービス例

機能	サービス種類	主な内容
安否確認・見守り	配食・飲料配達サービス	高齢者が食べやすい食事や飲料を自宅に配達するサービス。コンビニエンスストア等でも行っている。
	見守り歩数計サービス	屋外では歩数計、家の中では卓上ホルダーの見守りセンサーが前を通った回数をカウント。日常の活動量や動きを、事前に登録した家族などへ定期的にメール通知する。
	緊急通報システム	日常生活で常時見守りを要する一人暮らし高齢者宅等に、センサー設置、無線発報ペンダント貸与等を行う。火災警報通報システムが一緒になっていることもある。
移動介助	通院等支援サービス（移送サービス）	自力での外出が困難な高齢者を対象に、車いすリフト付き自動車等で送迎するサービス。
	外出支援サービス	外出支援専門員が付き添い、一人では外出しづらい高齢者の外出を支援する。民間では海外旅行まで支援してくれる事業所もあるが、市区町村の補助事業ではご近所の買い物程度までの支援にとどまることが多い。
身体を整える	理美容サービス	外出困難な高齢者を対象に、理容師・美容師が訪問し、理髪サービスや簡単な化粧などの美容サービスを行う。
	鍼・灸・マッサージサービス	常時寝たきりの高齢者などの自宅に、資格をもった施術者が訪問し、鍼・灸・マッサージサービスを行う。
心のケア	傾聴サービス	傾聴ボランティアや臨床心理士などが、電話、テレビ電話、対面などで悩みを聞いたり、話し相手になるサービス。
環境整備	家事代行サービス	介護保険非該当の人や介護保険外の家事について支援が必要な場合に利用できる。定期利用を勧めるところが多い。
	寝具乾燥サービス	在宅の寝たきり高齢者のいる世帯で寝具乾燥が困難な場合に、乾燥車が訪問し、無料で月1回程度乾燥を、年1回程度丸洗いをする。

4-3 高齢者特有の機能変化

> **POINT**
> - 高齢者の ADL や QOL を維持、改善することが求められる
> - 高齢者にも住みやすく環境整備し変えていくことが必要である
> - 高齢者の加齢変化として、筋力低下や肺活量の減少等がある

❶ 高齢者特有の機能の変化と住まいの整備

　高齢者の機能には特有の症状があります。それらの特徴を理解したうえで生活環境を整え、介護することで、高齢者本人の日常生活動作（ADL：Activities of Daily Living）や生活の質（QOL：Quality of Life）を維持、改善することができ、結果的に介護者の負担を減らすことも可能になります。

　表4-3-1のように、筋肉、関節、骨などの身体機能、腎臓や心臓、循環器や呼吸器などの生理機能、視力や聴覚などの感覚機能、記憶や感情コントロールなどの精神機能の全てに、加齢に伴う変化が現れます（ただし個人差は大きく、全ての人に一律に変化が現れるわけではありません）。

　高齢者住宅・施設は、高齢者の機能の変化に対応できるように作られています。一方、自宅は、いままで暮らしていた若い世代向けの環境で作られています。これを少しずつ変化させ、高齢者にも住みやすいよう環境を整備し変えていくことが必要になります。

表 4-3-1 高齢者特有の機能変化

	機能変化	生じやすい問題
身体機能	**関節や骨が萎縮、硬直、屈曲してくる 骨がもろくなる** 腕・脚の動きの範囲が狭くなる 歯が弱くなる、欠歯 関節が曲がりにくい	●高所、わき、後ろに手が届かない ●障害物を避けられない ●転倒・骨折 ●外出への不安、疲れやすさ
	筋力の低下 握力、脚力の低下 嚙む力（咀嚼力）の低下 持久力の低下	●膝やつま先が上がらない、摺り足 ●物がつかめない、握れない、つまめない ●重い物が持てない、持ち上がらない ●少食、食べられない、消化できない ●歩幅が狭くなる、歩行が遅くなる、転倒・骨折 ●廃用症候群※1 ●外出への不安、疲れやすさ
	運動神経の低下 敏捷性の低下 力加減や動作の速度が調節できない	●座れない、立てない ●障害物を避けられない ●廃用症候群 ●疲れやすさ、虚弱 ●転倒・骨折
生理機能	**中枢神経** 覚醒時間が長くなる 短期記憶力の低下	●夜間覚醒、寝つきが悪い ●短期的な物忘れが多い（思考力や判断力、長期的記憶力は維持または成熟） ●不眠 ●認知症
	自律神経 腎機能の低下 便・尿感覚の鈍麻 体温の低下	●便秘、排尿困難や頻尿 ●起立性低血圧 ●冷え症 ●失禁 ●立ちくらみ
	消化機能 嚥下反射の不調 唾液分泌の低下 代謝機能の低下	●食中毒や薬の副作用が起きやすい ●誤嚥、便秘 ●食欲不振、栄養障害 ●肥満 ●低栄養 ●食欲不振
	皮膚の硬化、変化	●温度や痛みに対して鈍感になる ●やけど、傷の放置
	心肺機能 肺活量の減少	●呼吸器系疾患（気管支炎や喘息など） ●動くことへの不安、不活発、廃用症候群
	内分泌系機能 甲状腺ホルモンの減少 性ホルモンの減少 メラトニンの減少	●高血圧 ●皮膚にシミ、斑点 ●睡眠障害 ●脳血管性疾患 ●女性の場合、骨粗鬆症になりやすい ●外見を気にして外出を避ける

	機能変化	生じやすい問題
感覚機能	平衡感覚の低下	● 転倒しやすい、姿勢が保持できない ● 転倒・骨折 ● 廃用症候群※1
	視力・色覚の低下	● 目が霞む ● 二重に見える ● まぶしい ● 青系統と黄系統の色が識別しにくい ● 人や信号の見間違い、外出への不安
	聴力の低下	● 特に高音域が聞こえにくい ● 孤立感、情緒不安定
	味覚の低下	● 食事に無関心になる ● 低栄養
	臭覚の低下	● 異臭や汚臭に気付かない ● ガス漏れ事故、汚物の放置
	触覚の低下 温感の低下	● 熱や痛みに気付かない ● 発熱、脱水、怪我、やけどに鈍感
精神機能	**中枢神経** 短期記憶力の低下 脳、脊髄機能	● 夜間覚醒、寝つきが悪い ● 短期的な物忘れが多い（思考力や判断力、長期的記憶力は維持または成熟）
	情緒不安定 感情のコントロールが困難	● 怒り、欲求不満、緊張、依存性、孤立感、不安の拡大、心気症※2 ● 抑うつ状態になりやすい
	環境適応力の低下	● 社会的事象への無関心 ● 懐古志向、変化を嫌う ● 行動範囲の縮小 ● 不活発、廃用症候群

※1 過度な安静状態が続くことで起こる、心身の機能低下。生活不活発病とも呼ばれる。
※2 身体状況や感覚について「病気にかかっている」などの思い込みが長期間継続し、苦痛や機能障害を引き起こしている精神的状態。

コラム　高齢者と熱中症

　熱中症患者のおよそ半数以上は高齢者です。高齢者は気温や水分不足に対する感覚機能、気温に対する身体の調節機能も低下しています。猛暑日などに室内にエアコンがあるのに使用していなかったというケースも多く、注意が必要です。エアコンをつけないことを心配した高齢者の家族が、夏の1～2ヵ月の間だけでも本人に有料老人ホームを利用してもらうケースも増えています。

4-4 認知症

> **POINT**
> - 認知症の中で最も多いのは、アルツハイマー型認知症である
> - レビー小体型認知症では、本格的な幻視が見られる場合が多い
> - 認知症の症状には中核症状とBPSD（行動・心理症状）がある

❶ 認知症の定義と種類

認知症とは、さまざまな原因（病気）で認知機能が低下し、相当期間継続して生活に支障が出ている状態を総称する言葉です。「認知症」という病名があるわけではありません。認知機能に影響が出て、日常生活に支障が出たときに初めて「認知症」と診断されます。しかし、脳機能が変質している点では明確な「病気」といえますので、周囲の人がそれを理解することが大切です。

認知症には原因別にいくつかの種類があり、それぞれに症状の傾向も異なります（表4-4-1）。おおむねアルツハイマー型が全体の半数程度、レビー小体型、脳血管障害型がそれぞれ20%程度、残りはほかの類型と考えられています。

> **ここも確認！**
>
> **認知症と痴呆症**
> 認知症と痴呆症は、同じ病状を指します。痴呆症という言葉自体に差別的なニュアンスが含まれているとして、2004年に厚生労働省が名称の公募などを行い「認知症」に変わりました。それ以降「認知症」という言葉が使われるようになりました。
> なお、2021年の介護保険法改正によって、介護保険法上の認知症の定義が「脳血管疾患、アルツハイマー病その他の要因に基づく脳の器質的な変化により日常生活に支障が生じる程度にまで記憶機能及びその他の認知機能が低下した状態」から「アルツハイマー病その他の神経変性疾患、脳血管疾患その他の疾患により日常生活に支障が生じる程度にまで認知機能が低下した状態として政令で定める状態」に見直されました。

| 表4-4-1 | 認知症の種類と特徴的な症状

アルツハイマー型認知症

原因		老人斑、神経原線維変化が海馬を中心に出現して、脳の正常な神経細胞が壊れて脳萎縮が起こることが原因といわれているが、明確にはわかっていない。
症状	初期	記憶障害が中心。 例：さっき夕食を食べた体験そのものを覚えていない。
	中期	●現在と過去の区別がつかない。 ●近い時期の記憶がない。 ●尿意や便意に鈍感になる。 ●記憶の不完全さを補おうとして、問題行動に悪化しやすい。 　例：過去の記憶通り朝に出社しようと家を出るが、目的を忘れてしまい、混乱して徘徊につながる。
	後期	●言葉の数も意味も失われ、話が通じなくなる。 ●姿勢が保持できず、前や左右に傾く。 ●寝たきりになり、上下肢の関節が拘縮する。 ●嚥下障害が出て栄養不良と誤嚥性肺炎が起こりやすくなる。

レビー小体型認知症

原因		パーキンソン病の原因にもなるレビー小体というたんぱく質が脳にたまり、脳萎縮が起こることが原因といわれているが、なぜレビー小体が蓄積するのかは明確にわかっていない。
症状	初期	●物忘れよりも、本格的な幻視が見られる場合が多い。 　例：「遠方に住んでいるはずの子どもが帰ってきている」などと訴え、いるという場所に向かって、話しかける。 ●抑うつ状態になりやすい。 ●不眠 ●睡眠時に暴れたり大声を出したりする。レム睡眠行動障害が見られる。
	後期	●明晰な状態と、ぼーっとしているときを繰り返しながら進行する。 ●手が震える。 ●動作が遅くなり筋肉がこわばる。 ●身体のバランスを取ることが難しくなり、座っていても傾いてしまう。 ●歩行時に脚が前に出にくくなる。小刻みに歩行する。 ●表情が乏しくなる。

脳血管性認知症

原因		脳梗塞、脳出血などで血液循環が悪くなり、脳の一部が壊死してしまう。
症状	初期	●脳血管障害により影響を受けた脳の部位によってできることとできないことがはっきりしている（まだら症状）。 ●症状の変動が激しい。 ●意欲低下、自発性低下 ●夜間の不眠や不穏
	後期	●小さな脳疾患を繰り返して進行することがある。 ●脳の血流が少なくなる部位によって、認知症状が日ごとに大きく変わる。 ●感情がコントロールできず、すぐ泣いたり怒ったりする。 ●抑うつ状態になりやすい。 ●表情が能面のように乏しくなることがある。

❷ 中核症状とBPSD（行動・心理症状）

　認知症にはいくつかの種類がありますが、ここでは主にアルツハイマー型の場合を中心に対応を理解していきましょう。脳血管性認知症、レビー小体型認知症などの場合にも、応用できる部分は多くあります。

　認知症の本来的な症状は、記憶障害、実行機能障害、失行等の中核症状です。しかし、思い出せないことやうまくできないことを隠したり、恥じたり、なんとか後からとりつくろおうとして、暴力行為や徘徊、抑うつなどの行動として表れることがあり、それらが他者からすると問題の多い BPSD（行動・心理症状）とされます。（図 4-4-2）

　このため、介護する側が症状の特性と認知症をもつ人の行動の意味を理解して接すれば、対応や介護の仕方によって症状を悪化させず、現在 BPSD が出ている場合はそれを軽減させることもあります。

　具体的には、認知症高齢者本人が安心して落ち着ける場や雰囲気を作り、ストレスを与えないように心がけるだけで、周囲の理解と対応の適切さが、本人を安心させ、問題行動となる BPSD を和らげることもできるといわれています。

図 4-4-2 認知症の中核症状と BPSD（行動・心理症状）

```
             脳の細胞が死ぬ
                  ↓
              中核症状
    記憶障害・失語・失行・失認・実行機能障害

  性格・素質  ←------→  環境・心理状態
                  ↓
          BPSD（行動・心理症状）
  抑うつ・不眠・不安・誤認・シャドーイング・
  繰り返し尋ねる・喚声・性的脱抑制・焦燥・不穏・
  徘徊・身体的攻撃性・幻覚・妄想・心気症
```

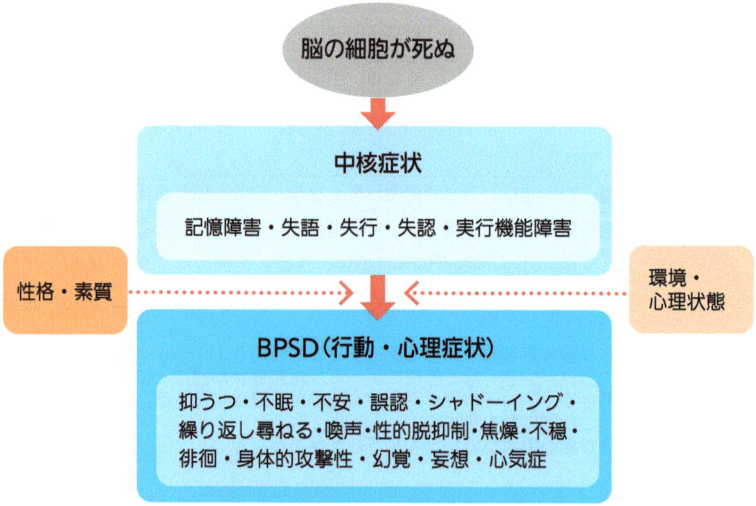

（認知症サポーター養成講座標準資料教材をもとに加筆）

❸ 住宅環境と認知症
（1）いままで通りの生活で安心を

　認知症の人にとって、住み慣れた地域で長年使い慣れた家具に囲まれ、自分の時間が自由にもてる自宅での生活は、精神的に落ち着き、BPSD が比較的出にくい環境であるといえます。

　認知症であることがはっきりした場合、環境の大きな変化などがあると混乱を招くため、いままでの生活を継続できるような配慮が必要です。自宅の環境や設備で過ごし、いままでの生活のスタイルを変えないことで、本人は安心できます。

　室内は、急に自分がどこにいるのか居場所がわからなくならないように、目印や明かりで判断しやすいように工夫します。例えば、トイレの場所がはっきりわかるように「便所」と書いた紙を貼っておく、廊下は動くと点灯するセンサー付き照明にしておき、スイッチを入れなくても明るくなるようにしておく、などです。

　室内の危険を遠ざけておくことも重要です。台所のコンロを過熱防止センサー付きのものにする、殺虫剤等危険なものは手の届かないところに置くなどの工夫が必要です。

　本人の視点やペースに合わせ、環境を改善して、本人ができることを維持してあげましょう。

❹ 認知症の人への対応
（1）本人の世界を尊重した対応を

　認知症の人は、自分の名前や家族の顔を忘れてしまっていても、もともともっている人格が消えることはなく、感情はしっかりともっています。自分が「受け入れられていない」と思うと、不安からより強く自分の主張をしてきて、BPSD につながることもあり得ます。本人が何を望んでいるかを考え、やさしく対応しましょう。

　どんなに奇妙な、ときには周囲を不快にさせる行動をしても、本人に悪気はありません。特に初期の段階では本人自身が一番不安に襲われています。周囲の人は落ち着いて、穏やかに接することで、安心感を与えてあげることが大切です。

（2）体調管理は周囲の支援とともに

　認知症の人は自分の体調の変化に気付かないことが多く、体調が優れないときなどに自分で訴えることが難しいため、周囲の見守りが必要になります。例えば、脱水が

重度になると精神活動の低下やせん妄※が表れるなど、身体的な問題から認知症に似た症状が引き起こされることもあります。1日の水分量の目安を決めて把握しておき、排尿回数をノートにつけるなど、客観的な日常観察をして、体調管理を行うことも大切です。

※病気ではなく、意識障害が起こり頭が混乱し幻覚や錯覚、興奮が見られるような一時的状態。健康な人でも寝起きなどでなることがある。入院など環境変化によって起こりやすくなるといわれる。

コラム　ユマニチュード

　知覚・感情・言語による包括的コミュニケーションに基づいたケア技法で、認知症のケアに有効とされています。「見る」「話しかける」「触れる」「立つ」の4つの動きを基本とした150の技法によって、認知症患者と対等な人間としてのコミュニケーションをとり、BPSDを緩和する効果があるとしています。

認知症サポーターキャラバン

　認知症への地域の理解を推進するため、厚生労働省後援で、「認知症サポーター養成講座」が自治体や各団体主催で開催されています。専用のテキストを使用し、以下のような内容が講義されます。

1. 認知症とはどのようなものか
2. 認知症の症状について（中核症状とBPSD）
3. 認知症の診断や治療について
4. 認知症予防について
5. 認知症の方と接するときの心構えと介護者の気持ちの理解について
6. 認知症サポーターにできることとは

　講義を修了した「認知症サポーター」にはその証としてオレンジリング（図4-4-3）が渡されます。2024年3月末現在、全国で約1,534万人が認知症サポーターとして養成されました。

　高齢者住まいアドバイザー自身が理解を深める方法としてだけでなく、同居の家族介護者が認知症を客観的に理解する機会としても利用できそうです。

図4-4-3　オレンジリング

4-5 高齢者にも住みやすい自宅の環境

POINT

- 住宅環境改善では、転倒を予防することが重要である
- 介護保険の住宅改修や福祉用具販売・貸与のサービスを検討する
- 高齢者特有の感覚・記憶機能変化に配慮しながら対応する

❶ 本人の状況に合わせた住まいの環境整備

「高齢者特有の機能変化」 参照⇒ 第4章3・p131 に示したように、元気なうちは当たり前にできることでも、高齢者になると、本人も気がつかないうちにできなくなることは多くあります。しかし、暮らしや身体状況に合わせて自宅に工夫をして、高齢者にも対応できる生活環境にすることは可能です。

住宅環境改善では、転倒を予防することが重要です。転倒して骨折すると、一時的に安静にしておく必要があります。しかし、高齢者にとっては一時の安静が筋力の低下等のさまざまな機能低下をもたらし、さらには認知機能まで衰えてしまうことさえあります。そのため、表4-5-1 などの例を参考にして、日常生活での転倒リスクを極力低くしておくことが大切です。

介護保険の住宅改修 参照⇒ 第3章9・p99 を利用して手すりを適切な位置につけたり、介護保険の特定福祉用具販売、福祉用具貸与で本人に適切な福祉用具を導入すれば、室内はかなり安全になるでしょう。

❷ 高齢者特有の感覚・記憶機能変化への配慮

身体機能だけでなく、高齢者の生理機能、感覚機能等の変化にも対応できる状況を設定することも大切です。例えば、記憶力の低下により、鍋の火をつけ放しにしてしまったり、温感の低下により近くに置いた暖房器具の熱さに気付かずやけどをしてしまったりと、生理や感覚の変化は生活全般に影響を及ぼします。

在宅介護では、このような高齢者特有の感覚機能の変化から生じる問題にも注意する必要がありますが、あらかじめ対策できるものとそうでないものがあります。家族が24時間常に見張っているわけにはいきません。そのため、他者の支援を得て、定期的な見守りが必要になります。特に、遠距離介護や老老介護、同居介護の場合などは訪問介護や地域・民間の見守りサービス等外部の支援を上手に利用して、本人にも

家族にも安心な体制を作ることが大切です。

| 表 4-5-1 | 住宅環境の課題と解消の工夫例

場所	課題	解消の工夫
玄関	玄関の段差が上がりづらい	●段差の半分の高さの踏み台を設置する（写真1）。
	靴の脱着時の姿勢が不安定	●手すりを設置する。 ●玄関に椅子を置く。
	玄関のベルが高音で聞こえない	●低音のもの、またはランプが光るものに取り替える。
	車いすなどが引っかかる	●スロープを設置する。
廊下・階段	廊下、階段の移動が不安	●手すりを設置する。 ●階段の上面に滑り止めを貼る。 ●階段昇降機を設置する。
	段差がわかりづらい	●足元を照らす照明を設置する。 ●段差解消スロープを設置する（写真2）。
トイレ・洗面脱衣室	和式便器が使いづらい	●腰掛便座または洋式便器への取替
	冬場が寒い	●窓のすきまをふさぐ。カーテンなどで仕切る。 ●暖房器具・暖房便座を設置する。
	手すりがなく不安定	●手すりを設置する。
浴室	入浴時に滑らないかと不安	●滑りにくく、冷たくない床にする。 ●滑り止めマットを敷いておく。
	1人で浴槽をまたぐのが怖い	●取り付け型の簡易手すりを設置する（写真3）。 ●一度座ってから浴槽に入るための移乗用バスボードを設置する（写真4）。
	浴室の中が寒い	●暖房器具の設置 ●入浴時のみシャワーを出し放しにする。
居室	夜中のトイレへの移動が難しい	●寝室、廊下、トイレに足元を照らす照明を設置する。 ●夜のみベッドサイドのポータブルトイレを使用する。
	扉が開閉しにくい	●引戸に取り替える。 ●取っ手を開きやすいフックに取り替える。
	室内の暑さに気づかず、脱水症状を起こしてしまう	●温度計にしるしをつけ、それ以上になったらクーラーを入れお茶を飲むように決めておく。
	和室への段差が怖い	●足元を照らす照明を設置する。 ●段差解消スロープを設置する（写真2）。
キッチン	鍋を火にかけたまま忘れてしまう	●煙感知器、火災報知器を設置する。 ●自動消火機能のあるコンロにする。
	立ち仕事が疲れる	●椅子に座って行う。

写真1　玄関の踏み台

写真2　段差解消スロープ

写真3　浴室の簡易手すり

写真4　移乗用バスボード

写真協力：株式会社ウッドワン、アロン化成株式会社

> **ここも確認！**
>
> **遠距離介護・老老介護・同居介護とは**
>
> ● 遠距離介護
> 介護者が、遠く離れて暮らす親などの介護を、遠距離のまま通いで行うことです。
>
> ● 老老介護
> 高齢者が高齢者の主介護者となって介護することです。主に夫婦間で、最近では老親と老いた子どもの関係でも、このかたちの介護になりやすくなっています。
>
> ● 同居介護
> 介護者が被介護者の自宅に同居して親などを介護することです。
>
> 参照→ 第4章章末資料表4-11-3・p162〜169

> **コラム　気楽にできる転倒予防対策**
>
> 以下のことを行うだけでも転倒リスクはかなり低減できます。
> ● 室内を整理整頓する。
> ● トイレやベッドなど生活で使用する場所への最短の動線を確保する。
> ● つまずかせるものを動線に置かない。
> ● 小さな段差にスロープをつけて床の段差を解消しておく。

4-6 高齢期のための住まいの改修ガイドライン

> **POINT**
> - 2019年、国土交通省は「高齢期の健康で快適な暮らしのための住まいの改修ガイドライン」を策定した
> - 上記ガイドラインでは8つの配慮事項が定められている

❶ 改修ガイドライン策定の経緯

　高齢者の多くが自宅での生活の継続を望み、平均余命の伸張に伴い退職後の期間も長期化する一方で、その住まいは断熱やバリアフリーが十分でない場合や、広すぎて維持管理が負担になる場合などがあります。高齢期を迎える前に、可能な限り早い段階（図4-6-1）で高齢期の住まいや住まい方を選択することが重要であり、中でも自宅の改修は有効な手段となっています。

　このため国土交通省では、2016年3月に策定された住生活基本計画（全国計画）を受けて、高齢になっても自宅で健康で快適な暮らしを送るために必要な既存住宅の改修における配慮事項をまとめたものとして、2019年に「高齢期の健康で快適な暮らしのための住まいの改修ガイドライン」（以下、改修ガイドライン）を策定しました。

　この改修ガイドラインは、①ガイドライン策定の背景、②ガイドラインの目的と概要、③配慮事項、の大きく3章構成になっています。

| 図 4-6-1 | 改修ガイドラインの主な対象者

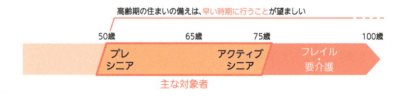

（国土交通省「高齢期の健康で快適な暮らしのための住まいの改修ガイドラインの概要」より）

> **ここも確認！**
>
> **高齢者の住まいの状況**
>
> 高齢者の多くが持ち家に住んでおり、古い住宅はバリアフリーや断熱の性能が低くなっています。高齢期の生活では、ヒートショック、けが、病気等を防ぐため、住まいの環境が重要となります。
>
> 下の図にあるように、65歳以上の高齢者の不慮の死亡事故は、交通事故が2,154人に対して、家庭内事故が13,896人となっています（厚生労働省 令和4年 人口動態調査より）。
>
> また、子育て期に建てた広い家は、単身や夫婦の高齢者にとって維持管理の負担が重くなります。気力や体力、金銭面でも余裕のある早い段階で高齢期の住まい方を選択する必要があります。
>
>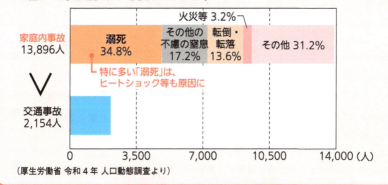
>
> （厚生労働省 令和4年 人口動態調査より）

❷ 改修ガイドラインが目指す住まいのイメージ

改修ガイドラインは、住宅について4つの目標（表4-6-2）を実現することを目指しています。

| 表4-6-2 | 改修ガイドラインが示した4つの目標 |

目標	具体的な内容
①長く健康に暮らせる「住まい」	安全に安心して、身体的・経済的な負担が少なく、外出や家事に便利で、虚弱化を予防し、健康で快適に暮らしつづけられる「住まい」
②自立して自分らしく暮らせる「住まい」	外出、趣味、交流を楽しむなど、豊かで多様な高齢期のライフスタイルに応じた空間が確保され、地域とも連携して、自立して自分らしく暮らしつづけられる「住まい」
③介護が必要になってからも暮らせる「住まい」	高齢期の生活に必要な住宅性能を確保し、介護が必要となっても軽微な対応（介護保険の適用による手すりの設置や福祉用具等の使用）により暮らしつづけられる「住まい」
④次世代に継承できる良質な「住まい」	長寿命化に対応し、子どもや孫をはじめとして誰にとっても住みやすい社会的資産として次世代に継承できる良質な「住まい」

（国土交通省「高齢期の健康で快適な暮らしのための住まいの改修ガイドライン」より）

❸ 8つの配慮事項

　改修ガイドラインでは、既存住宅の改修にあたって、高齢期の健康で快適な暮らしを実現するために配慮すべき重要項目を8つ挙げています。このうち、健康で快適な暮らしの実現への寄与度が大きく、早期に改修を行うことが特に重要な4項目を設定しています（表4-6-3）。

| 表4-6-3 | 8つの配慮事項

配慮事項	概要	期待される主な効果※	特に重要と考えられる項目
①温熱環境	・開口部など住宅の断熱性を高めるとともに、暖冷房設備を適切に設置する ・居室と非居室の間で過度な温度差を生じさせない	・運動機能の維持と健康な期間の延伸 ・ヒートショックの防止	●
②外出のしやすさ	・玄関や勝手口から道路まで安心して移動できるようにする ・外出や来訪のしやすい玄関とする	・外出や交流の促進による生活の充実と健康の増進 ・心身機能が衰えた場合の外出・訪問の容易化	●
③トイレ・浴室の利用のしやすさ	・寝室からトイレまで行きやすくする ・トイレ、脱衣室や浴室の温熱・バリアフリー環境を確保する	・トイレや浴室の使いやすさ ・ヒートショックの防止 ・虚弱化した場合の自宅で生活できる期間の延伸	●
④日常生活空間の合理化	・日常的な生活空間を同じ階にまとめる ・よく利用する空間を一体的にし、広く使えるようにする	・開放的で豊かな生活空間の確保 ・運動機能の低下予防と健康な期間の延伸 ・虚弱化した場合の自宅での生活継続の容易化	●
⑤主要動線上のバリアフリー	・日常生活において家事、外出、トイレなどによく利用する動線をバリアフリー化する	・転倒等の事故の防止と自立して生活できる期間の延伸 ・歩行が不自由になった場合でも軽微な改造で対応可能	
⑥設備の導入・更新	・安全性が高く、使いやすい、メンテナンスが容易な設備の導入または更新	・安全性の向上 ・家事等の軽減と利便性の向上やランニングコストの低減	
⑦光・音・匂い・湿度など	・日照、採光、遮音、通風など適切な室内環境を確保する	・健康で快適な生活環境の実現 ・心身の感覚機能が低下した場合の生活の容易化	
⑧余剰空間の活用	・余った部屋を収納、趣味、交流などの空間として利用する	・ライフスタイルに適した豊かな生活空間の実現 ・孤立防止による自宅で生活できる期間の延伸	

※期待される主な効果：配慮項目をふまえた住宅改修を行うことにより一般的に期待される効果を記載しているが、改修を行う項目、対象とする空間や部位、実施する内容等により異なる。
（高齢期の健康で快適な暮らしのための住まいの改修ガイドラインより）

なお、改修ガイドラインでは、配慮項目は互いに関連しているため、日常的な生活空間をまとめた上でその空間の温熱環境を整える、トイレや浴室と主要な動線のバリアフリーをあわせて行うなど、一つの項目に限らず広く実施項目を検討し、効果的に行うことが望ましいとしています。

4-7 自宅で利用できる医療サービス

> **POINT**
> - 在宅医療サービスには介護保険と医療保険に基づくものがある
> - 訪問診療は、定期的に自宅を訪問して診療するサービスである
> - 在宅療養支援診療所は、2006年度診療報酬改定で創設された

❶ 健康保険等のサービス

　自宅で医療のサービスを受けたい場合、第3章で説明した介護保険の訪問リハビリテーション、居宅療養管理指導、訪問看護 参照➡ 第3章6・p92 等が利用できますが、このサービスの中で、検査や処置、投薬等が発生した場合は、医療保険から支払われます。

　また、以下のように医療保険を利用して自宅で医療サービスを受けることもできます。

（1）訪問診療

　訪問診療とは、かかりつけ医が寝たきり等通院困難な患者に対して、計画的な医学管理（病気の内容や経過についての指導）に基づき、定期的に自宅を訪問し診療することです。高齢者住まいでは、ほとんどが月2回の訪問診療を受けています 参照➡ 第5章22・p238。

　訪問診療の自己負担は診療所等によって差があります。さらに診療所等から相当距離への訪問の場合は交通費を請求される場合もあります。通常の通院と同様に、処置や薬の処方があった場合はさらに加算されます。

（2）往診

　往診とは、訪問診療と同様に患者の医学管理を行っているかかりつけ医が、患者の状態により必要に応じて自宅に訪問することです。突発的な病状の変化に対して救急車を呼ぶほどでもない場合など、困ったときの臨時手段と考えてよいでしょう。

❷ 在宅療養支援診療所

　在宅療養支援診療所とは、在宅療養をされる方のために、その地域で主たる責任をもって診療にあたる診療所のことです。在宅医療の中心的な役割を担う診療所として

2006年度診療報酬改訂で創設されました。在宅療養支援診療所は、表4-7-1の項目を満たすこととなっています。

自宅で療養する人が医療サービスを受けるにあたり、医師や病院を探したりさまざまな事業者と連絡を取り合ったりしなくてすむように、かかりつけ医として一元的に療養管理する責任を負うのが在宅療養支援診療所の役割です（図4-7-2）。

本人が終末期まで自宅で過ごすことを考えているなら、在宅療養支援診療所となっている診療所や地域かかりつけ医と関係を構築しておくことも重要な要素になるでしょう。

| 表 4-7-1 | 在宅療養支援診療所の要件（抜粋） |

1	患者を直接担当する医師または看護師が、患者およびその家族と24時間連絡をとれる体制を維持すること。
2	患者の求めに応じて24時間往診の可能な体制を維持すること。
3	担当医師の指示のもと、24時間訪問看護のできる看護師あるいは訪問看護ステーションと連携する体制を維持すること。
4	緊急時においては連携する保険医療機関において検査・入院時のベッドを確保し、その際に円滑な情報提供がなされること。
5	在宅療養について適切な診療記録管理がなされていること。
6	地域の介護・福祉サービス事業所と連携していること。
7	年に1回、在宅看取りの人数を地方厚生（支）局長に報告していること。

（厚生労働省「特掲診療科の施設基準等」内「第9　在宅療養支援診療所」より主旨抜粋）

| 図 4-7-2 | 在宅療養支援診療所の連携・支援イメージ |

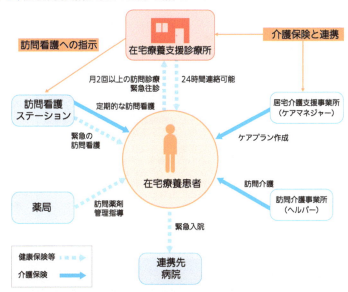

4-8 介護・福祉にかかわる専門職

> POINT
> - ケアマネジャーは様々な専門職の調整役として本人等を支援する
> - 理学療法士や作業療法士等は、リハビリテーションを担当する
> - 社会福祉士は、社会福祉全般の相談援助を担う専門職である

　高齢者支援にかかわる専門職は細分化され、数多くあるため、まずはどのような専門家がいるのか知っておくことが大切です。

❶ ケアマネジャーの役割

　介護保険制度では、保険給付の対象者である要介護者に対し、ケアマネジャーが中心となってケアマネジメントを行います。介護・福祉の現場においては、要介護者の状況に応じてかかわる専門職は異なりますが、ケアマネジャーは様々な職種との間で調整役として要介護者や家族のサポートを行います。連携の中心となるケアマネジャーにしっかりと希望などを伝えることでほかの専門職との連携も図ることができます。

　表4-8-1で主な介護・福祉にかかわる専門職が、それぞれどんな専門性をもつのかを把握しておきましょう。

表4-8-1 介護・福祉にかかわる専門職

相談事項	職種	専門性	連絡場所
介護全般	ケアマネジャー	介護支援専門員、ケアマネとも呼ばれる。介護保険制度で要介護（要支援）認定された人からの相談を受け、介護（介護予防）サービスのケアプランを作成し、本人、家族、サービス事業者等との連絡、調整等取りまとめ（ケアマネジメント）を行う。	・居宅介護支援事業所 ・地域包括支援センターなど
	生活相談員	生活支援員とも呼ばれる。介護・支援が必要とされる高齢者・障害者とその家族に、入所から自宅での生活まで、相談援助・指導業務を行う専任の職員。事業所と利用者の連絡係にもなる。	・特別養護老人ホーム ・短期入所生活介護 ・通所介護事業所など

相談事項	職種	専門性	連絡場所
具体的介護技術	介護福祉士	身体・精神の障害により日常生活に支障がある人に、心身の状況に応じた身の回りの介護を行い、自立に向けた介護を実践する。また、本人や介護者に介護指導を行う。	・訪問介護事業所 ・通所介護事業所など
具体的介護技術	訪問介護員	ホームヘルパーとも呼ばれる。利用者の自宅を訪問し、食事、排せつ、入浴などの介助（身体介護・生活援助）を通じ、利用者の生活を支えるサービスを提供する。	訪問介護事業所
具体的介護技術	移動介護従事者	ガイドヘルパー・外出介護員とも呼ばれる。視覚障害や全身障害、知的障害によって外出が困難な人へ、安全面に留意しながら移動介護サービスを提供する。	訪問介護事業所
具体的介護技術・リハビリ方法	理学療法士（PT）	身体に障害のある人や障害発生が予測される人に対して、基本動作能力（寝返る、起き上がる、立ち上がる、歩くなど）の改善や維持、障害の悪化の予防を目的に、運動療法や物理療法、日常生活訓練等を用いて、自立した日常生活が送れるよう支援する、動作の専門家。	・病院 ・訪問リハビリ事業所など
具体的介護技術・リハビリ方法	作業療法士（OT）	基本的動作にとどまらず、食事をする、入浴をする、など日常生活を送るうえで必要な「日常生活動作（ADL）」ができるようになるための治療や援助を行う。さらに、仕事、趣味、遊びなど活動的な日常生活を送るためのリハビリを支援。機能回復に加え、利用者が生き生きと生活していけるよう精神面（こころ）のサポートまでを行う。	・病院 ・訪問リハビリ事業所など
具体的介護技術・リハビリ方法	言語聴覚士（ST）	脳卒中後の失語症、聴覚障害、ことばの発達の遅れ、声や発音の障害などことばによるコミュニケーションに問題がある人に専門的サービスを提供し、自分らしい生活を構築できるよう支援する。摂食・嚥下の問題にも専門的に対応。	・病院 ・訪問リハビリ事業所など
高齢者向きの住環境の整備	福祉用具専門相談員	福祉用具を用いて生活上の問題を解決できるよう、利用者の心身状態や環境などからそれぞれに適した福祉用具を選ぶ支援を行う。さらに、利用者に合わせて福祉用具の調整を行い、福祉用具を安全・有効に使えるよう、取扱説明を行う。介護保険の指定を受けた福祉用具貸与・販売事業所に2名以上の配置が義務付けられている。	福祉用具貸与・販売事業所
退院時の住まい探し・経済的問題	医療ソーシャルワーカー（MSW）	MSW：Medical Social Workerとも呼ばれる。入院している患者等が地域や家庭でも自立した生活を送ることができるよう、患者や家族の抱える心理的・社会的・経済的な問題の解決・調整を援助し、退院・社会復帰の援助と促進を図る。	病院の地域医療連携室など

相談事項	職種	専門性	連絡場所
社会福祉全般の相談	社会福祉士	身体・精神・経済的に日常生活に支障がある人の福祉相談にのり、助言、指導をして、福祉サービス提供者や保健医療サービス提供者などに連携・調整して広く福祉を活用した援助を行う。社会福祉士という名称ではなく、「生活相談員」として勤務していることが多い。	・病院 ・地域包括支援センターなど
	民生委員	厚生労働大臣から委嘱され、それぞれの地域で常に住民の立場に立って相談に応じ、必要な援助を行い、社会福祉の増進に努める者。各地域の住民から選出される。	地域
医療・疾患にかかわる疑問等	医師	医師法の適用を受けて、病気の診察・治療にあたったり、検査の結果等から利用者の健康管理指導を行う。	・診療所 ・病院など
	看護師	医師等が患者を診療する際の補助を行い、病気や障害をもつ人々が日常生活を送るうえでの医療的側面での援助や、疾病予防、健康の維持増進を目的とした教育を行う。看護師の中でも以下の分野で特化した知識と技能をもつ専門看護師がいる。 がん看護／精神看護／地域看護／老人看護／小児看護／母性看護／慢性疾患看護／急性・重症患者看護／感染症看護／家族支援／在宅看護／遺伝看護／災害看護	・病院 ・訪問介護ステーション ・特別養護老人ホームなど
	保健師	病気を予防し、心身ともに健康な状態で生活ができるよう健康増進指導、病気の早期発見推進、保健知識の啓発を行う。	・企業 ・役場 ・学校など
口腔ケアにかかわる問題	歯科医師	歯の治療、保健指導、健康管理などを行う。むし歯の処置や入れ歯・詰め物・冠・差し歯などの製作と装着、歯並びの矯正、抜歯やインプラントなどの外科的治療、口腔領域の良・悪性腫瘍も対象。	歯科診療所など
	歯科衛生士	歯科疾患の予防および口腔衛生の向上を図り、歯・口腔の健康づくりをサポートするため、歯科予防処置、歯科診療補助および歯科保健指導等を行う。	・歯科診療所 ・病院など
栄養状態・食事の摂り方等	管理栄養士	病気をもつ人や高齢のため食事が摂りづらい人、健康な人など各人に合わせて、食事や栄養についてのアドバイス（栄養指導）や、提供する食事の管理（献立作成や食材の発注、栄養素の計算など）をする。	・病院 ・施設 ・配食センターなど
薬・服用にかかわる問題	薬剤師	処方せんに基づく調剤や患者への服薬説明を行うほか、医療用医薬品から一般用医薬品においても患者の相談にのり販売することができる。	・薬局 ・病院など

相談事項	職種	専門性	連絡場所
精神的問題	精神保健福祉士（PSW）	精神科ソーシャルワーカー、PSW:Psychiatric Social Workerとも呼ばれる。精神障害を抱えていてもその人らしいライフスタイルの獲得を目標として、精神障害者の抱える生活問題や社会問題の解決、社会参加に向けての支援活動を行う。	・精神科病院 ・社会福祉施設など
	臨床心理士	臨床心理学に基づく知識や技術を用いて、患者自身の固有な、多種多様な価値観を尊重しつつ、人間の「こころ」の問題にアプローチして本人の自己実現を支援する。	・カウンセリングルーム ・学校 ・病院 ・精神保健福祉センターなど

4-9 自宅での看取り

POINT

- 人生の最期を自宅で迎えたい人は、約6割に上る
- 終末期ケアとは、余命わずかな人へ行うケアをいう
- 緩和ケアの目的は、苦しみを予防し、和らげることである

❶ 自宅での看取り

（1）自宅での看取りの現状

　調査によると、人生の最期を自宅で迎えたい方は約6割に上ります。しかし、現状は自宅で亡くなる方は約2割であり、約6割が医療施設、その他は特別養護老人ホーム（介護老人福祉施設）などの介護施設で看取られています（図4-9-1、図4-9-2）。

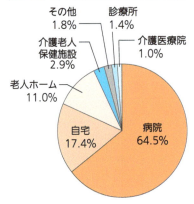

図4-9-1 老衰死の日本人の死亡場所

（厚生労働省「令和4年（2022）人口動態調査（確定数）の概況」より）

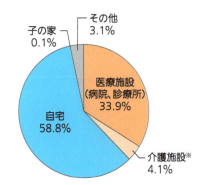

図4-9-2 人生の最期をどこで迎えたいか

※有料老人ホーム、特別養護老人ホーム、サービス付き高齢者向け住宅など
（日本財団「人生の最期の迎え方に関する全国調査結果」2020年調査より）

（2）本人の意思と家族の意思

自宅での看取りは、家族の負担や急変時の対応などさまざまなハードルがあります。要介護者自身が「家族に迷惑をかけたくない」という思いを抱く場合も多くあります。それでも自宅に戻りたいと要介護者が希望し、家族も同意した場合、自宅での終末期ケアが始まります。

❷ 終末期ケア

終末期ケア（ターミナルケア） とは、余命わずかになってしまった人へ行うケアをいいます。延命を行わず、身体的にも精神的にも苦痛を伴わないように看護や介護をし、本人らしく人生の最期を生きるために行われるものです。

（1）本人、家族、医師、看護師等の連携が重要

自宅での終末期ケアは、医師が終末期であることを診断する必要があります。家族だけで終末期ケア・介護を行うことは難しく、自宅への訪問診療や往診を行う医師、訪問看護を行う看護師（表4-9-3）、さらに介護面ではケアマネジャーなどの専門家と連携する必要があります。

| 表4-9-3 | 終末期ケアにおける訪問看護の役割例

訪問看護は、自宅での看取り・終末期ケアに欠かせない存在。看護師などが自宅を訪問し、下記のようなサービスを提供する。

- 入浴介助、食事や排せつの介助など
- かかりつけ医の指示書に基づく医療処置
- 医療機器の管理や病状の観察
- **痛みのコントロール**などのターミナルケア
- 介護家族へのアドバイスや精神面のケア

> **ここも確認！**
>
> **緊急時の対応**
> 自宅で介護を続けていても、最終的に救急車を呼んで病院に搬送され、病院のベッドで最期を迎える人もいます。家族や本人がそれを希望している場合もあれば、家族がパニックを起こしてしまったことで、本人の意に反して病院に運ばれることもあります。あらかじめかかりつけ医に救急時や夜間の対応方法などを確認しておくことが重要です。

> **コラム　尊厳死と胃ろう**
>
> 　認知症末期の一つの症状として、食べ物を飲み込む力（嚥下機能）の低下があります。これまでは「胃ろう」に代表される経管栄養などの人工栄養が積極的に行われてきました。人工栄養を受けている人の中には、身体機能、知的機能が徐々に低下し、寝たきりとなり、家族の顔も判別ができない状態となる人も次第に増えてきました。このような状況を見て、栄養を強制的に注入し続けることは、人としての尊厳を失わせているのではないかと、疑問を呈する人が増えてきました。このため、特に自分で判断が難しい、認知症など高齢者の人工栄養をどのように進めるべきかが、大きな社会問題となっています。

❸ 緩和ケア病棟（ホスピス）

　終末期を自宅で過ごすのではなく、緩和ケア病棟（ホスピス）で過ごしたいという希望もあります。緩和ケアとは、WHOの定義によれば、「生命を脅かす疾患による問題に直面している患者とその家族に対して、痛みやその他の身体的問題、心理社会的問題、スピリチュアルな問題を早期に発見し、的確なアセスメントと対処（治療・処置）を行うことによって、苦しみを予防し、和らげることで、クオリティ・オブ・ライフを改善するアプローチである」としています。

　このような、終末期に限定せず疼痛を和らげ、こころの問題を含むケアをしてくれる緩和ケア病棟には、緩和ケアやがん治療専門のスタッフが専従しています。

　治療機器が目につかないようにしていたり、明るい室内で患者や家族のためのイベントが開かれるなど、一般病棟よりくつろげる環境になっています。そのため、設置数に比べて希望者はかなり多くなっています。

4-10 在宅介護で起こり得る問題

POINT
- 在宅介護で起こりやすい家族の問題には、介護うつや虐待がある
- 在宅介護で起こりやすい高齢者の問題には、引きこもりがある
- 施設の検討は在宅ケアプランの再構築を含め冷静な話し合いが大切

❶ 在宅介護で家族に起こりやすい諸問題

(1) 介護うつ

介護うつとは、介護をしている人がうつ病になってしまうことです。

介護うつの原因はさまざまです。介護者自身の健康状態が優れないまま介護するという肉体的負担や介護のために離職したり貯金を切り崩したりという経済的負担、また、先が見えない介護に対する精神的負担などがあげられます。介護者で「介護に関してストレスがある」と答えた人は約7割に上ります※。

人によっては「外部の援助を受けることは無責任だ」と感じたり、周囲に相談する相手がいないなどで、介護の問題を自分自身だけで抱え込んでしまい、介護うつとなってしまうこともあります。

※厚生労働省「平成28年国民生活基礎調査の概況」Ⅳ介護の状況より

(2) 虐待

介護者のストレスが限界を超えると、高齢者本人に対する攻撃として表れることがあります。殴る等の身体的虐待、暴言を吐く等の心理的虐待、金銭を渡さず搾取する等の経済的虐待、介護や世話の放棄等の「ネグレクト」、性的虐待もあります。

介護者である家族はレスパイト（休息）のためのサービス等を利用してリフレッシュするなど、在宅介護では「孤立」を避け、ストレスを軽減することが問題を深刻にしないポイントといえるでしょう。

> **ここも確認！**
> **レスパイトとは**
> 介護を要する高齢者や障害者を一時的に預かるサービスを利用して、家族介護者の負担を軽くすることです。

❷ 在宅介護で本人に起こりやすい「引きこもり」

外出を避け自宅から出ない引きこもり状態はさまざまな原因が考えられます。

（1）うつ・認知症による引きこもり

迷子や徘徊の恐れのある高齢者を、家族が表に出そうとしないことがあります。または本人が刺激のある外界を恐れ、誰にも会いたくない気分になり、外に出ようとしない場合もあります。

（2）運動機能低下による引きこもり

脳疾患後などのリハビリテーションがある程度完了していないと、歩行や日常動作にエネルギーが必要です。外に出かけてもうまく動けず、想像以上に疲れてしまうため、外出することがおっくうになってしまう場合があります。

また、自宅に一人でこもって食事をおろそかにしている場合などは、低栄養になり外出するエネルギーがない場合もあります。

（3）口腔機能低下による引きこもり

歯が抜けてしまったが、歯医者に行くのが面倒で入れ歯を作っていないなどの場合、外見を気にして外出しないこともあります。

また、入れ歯が適正にかみ合っていない場合、発音がうまくできず、人と会うのが嫌になったり、外出を避けようとすることがあります。食事も十分に摂れず低栄養になることもあります。

❸ 本人・家族が在宅介護の限界を感じるとき

介護保険や医療保険のサービスを利用したり、住宅環境を整えたとしても、表4-10-1 のような場合には在宅介護に限界を感じることもあるでしょう。

| 表 4-10-1 | 在宅介護の限界を感じるとき

- 介護者が亡くなった、移動した、失業、慢性的な介護疲れ、介護うつなどに陥った。
- 老老介護の場合で、介護をしていた配偶者に体調変化が起こった。
- 本人の認知症が進行し、「外へ徘徊してしまう」「便をなすりつける」などの問題行動が多くなった。
- トイレの処理、一人での歩行、食事の飲み込みなど、本人の身体機能が大きく低下した。
- 火やゴミの始末ができなくなってきたなど、近隣住民に迷惑をかけ苦情が出た。

❹ 施設生活の検討を促すタイミング

前述したような切迫した状況になる前に、できる限り本人とともに、どのような状況が望ましいのか率直に話し合うべきでしょう。家族の都合でむりやり施設を勧めるのではなく、在宅ケアプランの再構築も視野に入れて、冷静な話し合いをもつことが大切です。

人によっては、高齢者住宅・施設を促すのは本人を見放すような気分になり、対話をためらってしまうかもしれません。親戚や近所の人の目が気になることもあります。しかし、そのために施設を十分に検討できる時期を逸してしまうこともあります。本人の意思を最大限尊重するためにも、早めの意思確認が重要です。

> **ここも確認！**
>
> **親戚等の理解**
> 最も近い家族以外の兄弟姉妹、親戚などにも、自宅以外の住まいを選択することをしっかりと理解してもらいましょう。特に本人にも別の住まいに住むことへの迷いがある場合、周囲の理解と同意を得ておかないと、「長男がむりやり決めた」など、話がこじれてくる可能性があります。
> 決定は本人と家族の同意でするとしても、まずは兄弟等の意見を聞いておくなど、住まいへの方針を「みんなの納得のうえで決定した」というプロセスが大切です。

4-11 仕事と介護の両立

POINT

- 仕事と介護の両立に対して**約8割**の人が不安を感じている
- 介護休業は介護をするための休業ではなく**介護の準備期間**である
- 仕事と介護の両立のポイントは、**介護保険制度の周知徹底**である

❶ 8割が仕事と介護の両立で不安を感じている

　男女各1,000人の正社員を対象とした調査※では、仕事と介護を両立することに対して「不安を感じる（「非常に不安を感じる」「不安を感じる」）」と回答した人が男性**74.4%**、女性**79.8%**を占め、男女とも将来親の介護や手助けをする状況に直面することへの不安が強いことがわかります。

　介護に関する具体的な不安の内容として、「公的介護保険制度の仕組みがわからない（53.3%）」「介護がいつまで続くかわからず、将来の見通しを立てにくい（52.2%）」「仕事を辞めずに介護と仕事を両立するための仕組みがわからない（44.7%）」が多くあがっています。また「勤務先の介護にかかわる支援制度がない、もしくはわからない」も39.1%となっています。

　　※2013年1月実施、三菱UFJリサーチコンサルティングによる厚生労働省委託事業調査「仕事と介護の両立に関する労働者調査」より

❷ 増える介護離職

　親の介護は病気の発症などで突然発生することが多く、介護を必要とする時間や期間もさまざまであることから、前もって具体的な対策をとることは難しいものです。働き盛りの40代、50代が、両親の介護が必要になったことを理由にフルタイム勤務を続けられなくなり、その結果退職や転職を余儀なくされるケースを「**介護離職**」といいます。

　表4-11-1 の通り、介護離職者の数は**年間10万人**を超えています。介護者となるのはベテラン労働者や管理職など企業の中核を担う人材であることも多いため、介護離職は本人だけでなく、企業、ひいては経済界にとっても大きな負担です。

　一方で政府が推進する地域包括ケアシステム 参照➡ 第1章3・p11、第3章1・p78 では家族も重要な介護の担い手ですが、そのために経済が停滞するのは大きな問題です。

| 表 4-11-1 | 介護・看護のために過去1年間に前職を離職した者の数

総数	約10.6万人
男性	約2.6万人
女性	約8.0万人

（総務省　2022年就業構造基本調査より）

❸ 仕事と介護の両立を支援する制度

　前述のような状況を受けて、政府でも介護離職を食い止めるために法律の拡充を行っています。そのうちの一つが「育児休業、介護休業等育児又は家族介護を行う労働者の福祉に関する法律」の改正です。一般的には「育児・介護休業法」と呼ばれます。

　例えば、育児・介護休業法では、介護する人をサポートするため、表 4-11-2 のような内容の制度を定めています。介護休業を取得したい労働者は、休業開始予定日の2週間前までに、事業主に申出をします。

| 表 4-11-2 | 育児・介護休業法制度の概要（介護休業部分）

制度名	内容
介護休業	家族が要介護状態になった場合、対象家族1人につき通算93日まで介護休業を取得することができる。3回を限度として分割取得が可能。
介護休暇	家族の病院への送迎などに年5日まで、介護対象者が複数いる場合には年10日までの範囲で休暇を取ることができる。半日単位の取得も可能。
所定労働時間短縮等の措置	家族に介護が必要になった場合に、93日以内で、短時間の勤務、フレックスタイム、始業・終業時刻の繰上げ・繰下げ（時差出勤）、または企業で設けている介護サービスに対する助成制度の利用を企業に要請することができる。介護休業とは別に、利用開始から3年間で2回以上の利用が可能。
法定時間外労働の制限	残業時間に一定の制限を設ける。介護終了まで利用可能。
深夜業の制限	深夜（午後10時から午前5時）の就労を制限する。1回の請求につき1ヵ月以上6ヵ月以内。回数制限はなし。
転勤の配慮	家族の介護をする従業員の転勤に一定の配慮を求める。
対象家族の範囲	● 配偶者 ● 父母 ● 子 ● 配偶者の父母 ● 祖父母・兄弟姉妹・孫

趣旨としては、外部サービスを用いた介護環境を整えるための一時的な休暇や就業時間の調整を想定しており、継続的な介護のための雇用状態の変更ではありません。

少なくとも現状は、在宅介護あるいは高齢者向け住宅・施設への入居など介護体制を整えるための準備期間は、法律で保護されている権利であることを覚えておきましょう。

❹ 介護休業給付

育児・介護休業法では、休業期間中の給与については定められておらず、支払われるかどうかは企業の裁量に委ねられています。そこで、労働者が介護休業を取得しやすくするために、雇用保険制度において介護休業給付が設けられています。

雇用保険の介護休業給付では、介護休業取得者が休業を開始した日より前2年間に12ヵ月以上の勤務期間があれば、介護休業給付金が受けられます。

介護休業給付金の給付率は2016年8月に賃金の40％から67％へ引き上げられました。

さらに、2019年12月27日に改正育児・介護休業法施行規則及び改正指針が公布・告示され、2021年1月1日から、育児・介護を行う労働者が、子の看護休暇や介護休暇を時間単位で取得することができるようになりました。

❺ 仕事と介護の両立のポイント

仕事と介護の両立のポイントには、以下の通り、それぞれ「会社が行うべきこと」と「従業員が行うべきこと」があります。

（1）会社が行うべきポイント
- 従業員に「公的介護保険制度」を周知徹底する。
- 介護休業制度を利用しやすい環境を整える。
- 従業員の介護の状況などを随時把握できるようにする。
- 介護休業制度のほか、会社の実態に合わせた独自の制度を作成する。

（2）従業員が行うべきポイント
- 「公的介護保険制度」の理解に努める。
- 会社に適時介護の相談をする。
- 介護休業制度を利用し、介護の準備をしっかりと行う。

- 自分で介護をしすぎないように心がける。
- ケアマネジャーを信頼し、相談する。

> **コラム　家族の「介護」への思いをサポート**
>
> 　一部の会社では、前述の流れを取り入れて、社内や外部の介護相談窓口の設置、時差出勤制度、テレワークの活用、フレックス勤務、短時間勤務など各社さまざまな仕組みを導入しています。
> 　政府でも制度の活用を推進するため、事業主の負担が軽くなるように給付金を出すなど、介護休業制度の実効性を高めるための法改正を重ねています。
> 　また、「一億総活躍社会」に向けた社会の実現を目指し、2020年代を目標に介護を理由とした離職をゼロにするため、都市部での介護施設の充実や介護人材の処遇改善・育成、介護ロボットやICT技術の導入などの取組を行っています。

　次のページから、どのような場面で在宅介護に限界を感じ、高齢者住宅・施設の相談に至るのか、典型的な4つの具体例を見てみましょう。

| 表4-11-3 | 章末資料：高齢者住宅・施設の相談事例

事例1　老老介護のケース

高齢者が高齢者を介護する老老介護には限界があります。また、要介護度の異なる夫婦が同じ部屋に入居することも難しいかもしれません。高齢の夫が高齢の妻を介護するケースを見てみましょう。

▶ 相談までの状況

相談者である夫（84歳、要支援1）は、認知症の妻（81歳、要介護4）の介護をしてきました。しかし夫は最近足が悪くなり、妻の介護を続けられるか不安で、老人ホームへの転居を考えています。

現在、一軒家で2人暮らし。妻は1年ほど前から認知症の症状が進み、寝たきりに近い状態。妻だけが介護保険制度を利用し、デイサービスやショートステイの介護サービスを受けています。家事は夫が行っており、介護サービス利用時以外は夫が妻を介護しています。

息子は車で30分くらいのところに住んでいますが、娘は遠方に住んでいます。
息子、娘も良い高齢者住宅・施設への転居であれば賛成しています。

本人・家族の希望
- 夫婦2人で入居できる有料老人ホームに住みたい
- 部屋は同じでも別々でもよい
- 場所は関東近郊であればこだわりはあまりない
- しっかりした介護体制がほしい
- 夫婦ともに延命処置などは望んでいないが、十分な看取り実績があること
- 食堂での晩酌が可能（夫の希望）

予算
- 初期費用は2,000万円程度まで
- 月額費用は40万円程度まで
- 年金は2人で23万円／月
- 資産は売却可能な自宅のほか、貯金もほどほどにある
- 入居にあたり自宅は処分可

▶ 住まい選びの過程

①夫婦部屋を中心とした情報収集、見学

夫が自分で有料老人ホームの情報収集を行いました。夫婦での入居を希望しているため、夫婦部屋がある有料老人ホームなどを中心に探しました。実際に夫婦部屋を見た印象は、「思ったよりも広くない」。

②夫婦部屋以外の検索と、担当者のアドバイス

夫婦部屋の空きがある高齢者住宅・施設がなかなか見つからなかったことから、夫婦部屋以外についても探し始めました。

見学をした有料老人ホームの担当者から、夫婦同じ部屋だと夜間の介護で夫のプライバシーが保たれなかったり、妻のトイレ介助などにより夫の負担になる場合があるため「2人の要介護度が離れているならば、別々の部屋の方がよい」とのアドバイスをもらいました。

③めぐり会いと体験入居、契約締結

その後、雰囲気のよい介護付有料老人ホームが見つかりました。その老人ホームは夫婦入居者や男性の入居者も比較的多く、麻雀や囲碁、将棋のクラブもあります。妻や息子もとても気に入りました。

1週間の体験入居を行い、特に嫌な点もなかったため、2部屋の契約を結びました。自宅の売却等は、貯金の目減り具合に応じて、入居後3〜5年の間に行うことになっています。

老老介護のケースの困難さ

高齢者住宅・施設では、個室に比べて「夫婦部屋」 参照➡ 第5章20・p230 の数自体が少なく、加えて探すエリアや料金の希望があれば、夫婦部屋の空室を見つけるのはさらに難しくなります。このため、個室を2部屋借りなければならないケースが多く見受けられます。その場合、費用負担は夫婦部屋に比べて重くなります。

事例2 遠距離介護のケース

　遠く離れて暮らす親の介護を遠距離のまま行うことを「遠距離介護」といいます。遠距離介護では、親が住む場所を替えずに介護生活を続けるか、息子や娘が住む場所に移住するかを選択することになります。子どもが遠方の親を近くに呼ぶケースを見てみましょう。

▶ 相談までの状況

　相談者（東京在住）の母（70歳代、要支援1）は青森県の一戸建ての家に住んでいます。父が2年前に亡くなったため一人暮らしです。

　現在は食事や家事など全て自分でできる状態ですが、最近少し物忘れなどが増えていることを息子が実感。離れた場所に母を独居させるのは不安であり、車もないため、相談者（息子）は母を自分の自宅の近くで交通の便がよい高齢者住宅・施設に呼び寄せたいと考えています。

本人・家族の希望
- 要介護度が高い状態ではないので、他の入居者も元気な人が比較的多い環境であること
- 自由とプライバシーが守られ、介護が必要な状態になるまでは自分で家事や外出などが自由にできる環境
- 全く知らない場所での生活になるので、趣味の活動（近隣のカルチャースクールなども含む）を通して友達ができやすい環境であること
- 一方、介護が必要になったら、要介護度が重度になっても対応してもらえるサービスもほしい

予算
- 初期費用は100万円程度まで
- 全ての生活費を合わせて20万円／月以内
- 実家は売却する予定

▶ 住まい選びの過程

①情報収集と紹介センターでのアドバイス

息子がインターネットで情報収集をしましたが、高齢者住宅・施設の実態がなかなかつかめません。この時点でまだ母には自宅の近くに呼び寄せたいと伝えていませんでした。

高齢者住宅・施設の紹介センターに問い合わせをしたところ、「お母様は何度も見学することができないので、まず息子さんがいくつか高齢者住宅・施設を見学しては」と提案されました。

②母の意思確認

その後、母の意思を聞き、高齢者住宅・施設への移住について了解を得ました。自炊など身の回りのことを自分でできるサービス付き高齢者向け住宅（サ高住）、参考として介護付有料老人ホームや住宅型有料老人ホームなど、息子が見学しようと思っている施設のパンフレットを見てもらいました。

③息子→母の施設見学、契約締結

希望のサ高住は、介護付有料老人ホームほど介護サービスが手厚い体制ではありませんが、居室キッチンでの自炊、居室での入浴も可能でプライバシー性が高く、本人の希望に最も近いものでした。

一方、介護付有料老人ホームは介護サービスが手厚く安心できました。施設長もよい人で安心できますが、候補のホームには要介護度が重い人も数名いて、そのような環境を本人が嫌がることが懸念されました。

息子が青森の実家に行き、荷物の整理や自宅売却の準備を進めつつ、母とサ高住を見学。母が気に入ったため、契約を結ぶこととなりました。

遠距離介護のケースの困難さ

- 家族と本人の距離が離れていると、近隣にいる場合より本人の正確な状況把握が難しく、住まい選びに関する意思疎通も困難になります。
- 介護保険サービスの申請等、諸々の手続をするのも大変です。家族による介護保険サービス利用の適否判断もつきにくくなります。
- 入院などの緊急事態の際に、すぐに家族が駆けつけることができないうえ、介護に行くための移動にも費用がかかります。

事例3 同居介護のケース

家族を自宅で介護する同居介護では、要介護度の変化に伴って家族の仕事や生活に悪影響が出ることがあります。家族で介護することが難しくなったケースを見てみましょう。

▶ 相談までの状況

相談者である女性は、舅（80歳代）と同居しています。夫は長男です。当初はとても元気だったのですが、体調を崩して入院したところ筋力が弱り、寝たきりの状態になりました（要介護4）。

長期入院ができないため、現在は病院の系列の介護老人保健施設に入所中。施設でリハビリテーションを行い、歩けるまでにはなりませんが、要介護3まで回復。寝たきりではなく、座位もとれるようになり、車いすを使い自力で移動できるようにもなりました。ただし、現在でもトイレや入浴には介助が必要です。

最近、認知症の症状が見受けられ、人の名前が出てこないなど物忘れの頻度が高くなってきています。

長男と妻（相談者）は共働きで仕事しており、介護できる余裕がありません。

長期的に入居できる高齢者住宅・施設を探したいという希望でした。

― 本人・家族の希望 ―
- 自宅からなるべく近いところ
- 食欲が旺盛なため、おいしい食事の提供
- 友人ができやすい雰囲気と環境

― 予算 ―
- 現在の介護老人保健施設よりも金銭面の費用負担が軽減されること（現在は年金では足らず、舅本人の貯金の取り崩しと長男夫婦からの援助を加えての生活）
- 入居一時金は数十万円まで
- 月額費用は20万円まで

▶ 住まい選びの過程

①家族の躊躇と、転居を促す決意

家族としては相談時よりかなり前の段階で、費用面での負担増加による介護老人保健施設からの転居を考えていましたが、本人に切り出すことができずにいました。現在の介護老人保健施設は要介護度が重い方が多く、話をする人があまりおらず、レクリエーション等も少ないようでした。また、ほかに空きがなくやむを得ず入っている現在の部屋がトイレ・テレビ付きの最上階個室で、部屋代が高額でした。そのため、本格的に転居を検討し始めました。

②本人との施設見学、空室待ち

自宅の近くに予算の範囲内の有料老人ホームが数ヵ所あったものの、どこも満室状態でした。それでも長男の妻と舅の2人で見学に行き、空室が出た際に連絡をもらえるよう依頼しました。

③施設長との面談、本人の了承

見学に行ったホームから空きが出たとの連絡をもらい、家族で検討したのち、入居の希望を伝えました。連絡をくれた有料老人ホームの施設長が介護老人保健施設に行き、舅との面談を行いました。舅本人が、これまでに入居していた介護老人保健施設に比べて、ずっと望ましい環境に移れることを理解して契約に至りました。

同居介護のケースの困難さ

- 同居家族間でコミュニケーションをしっかりととらないと、双方にとって気まずくなることがあります。
- 本人に「子どもや嫁には迷惑をかけたくない」という気持ちがあっても、家族の「介護しなければ」という思いから離職してしまったり、家族が体調を崩してしまうこともあります。
- 要介護度が重くなると、家族介護者の負担が重くなり、問題が表面化することがあります。認知症では、介護者が最も負担を感じる時期は認知症中期といわれています。

事例4　退院期限が迫っているケース

自宅に戻れない状態なのに、入院している病院から退院を促され、さらに退院までの期間が短い場合、本人や家族の希望よりも「期限内に入居できる」条件を優先せざるを得ないことがあり、納得のいく高齢者住宅・施設選びが困難なことも多くあります。

▶ 相談までの状況

相談者である妻（82歳、自立）は、夫（84歳、要介護認定なし）の歩行時介助を行いながら、2人で生活していました。夫は「まだ自分は大丈夫」と一人でトイレに行こうとして段差で転び、怪我をしたことがショックだったらしく、その後体調を崩し肺炎で入院。2週間ほどで肺炎の方は治ったものの、自力では起き上がれずほぼ寝たきりとなり、食事も摂れないほど衰弱しているにもかかわらず、退院支援看護師から退院を促されました。

自宅は古い団地のため段差が多く、妻が「いまの状態の夫を自宅で看る自信がない。せめて入院前の状態程度に回復するまでの間、入れる施設はないか」と相談に来ました。

本人の希望
- 自宅生活ができるようにリハビリテーションを受けられること
- 自宅からバスで30分程度の範囲
- 多床部屋でもかまわないが、できれば個室がよい
- 持病の肺炎で在宅酸素や痰吸引が必要になったときに対応ができること

妻（家族）の希望
- 夫の状態が改善されなかった場合は、終の住処となりうる施設

予算
- 入居一時金はできればない方がよいが、300万円までなら対応可
- 月額20万円程度
- 資産は預貯金約2,000万円

▶ 住まい選びの過程

①最寄の介護老人保健施設に打診

退院期限の1週間程度で入居先を決める必要があるため、まず自宅に近い老健2施設に打診しましたが、どちらも「入居には最短でも1ヵ月半はかかる」とのこと。

②地域の他の住まいを提案・説明

高齢者住まいアドバイザーが妻に、地域にある①以外の介護付有料老人ホーム、住宅型有料老人ホーム、24時間看護師常駐のサービス付き高齢者向け住宅の3施設のパンフレットを示し、特徴、介護サービス内容、利用料金などの説明とアドバイスを行いました。

③家族の見学と条件の検討

家族で話し合い、家族のみで2施設を見学。その結果、月額利用料は予算より5万円程度高いものの、24時間看護師が常駐し、併設訪問介護事業所があるなど状況変化にも即対応可能な体制が整い、リハビリテーション体制や妻の通いやすさなど予算以外の条件は希望通りだったため、サービス付き高齢者向け住宅に決断されました。施設の入居担当相談員とも協力し、退院のタイミングで入居でき、入居直後に要介護3と認定されました。

④本人の回復と家族の希望

入居後約5ヵ月で、妻は「(夫は) リハビリの甲斐もあり杖をついて歩けるほど回復し、趣味の俳句なども再開した。このままいけば、在宅復帰も夢じゃない」と希望をもつまでになりました。

退院期限が迫ったケースの困難さ

- これは退院を促されてから早い段階で高齢者住まいアドバイザーに相談があり、希望に近い施設に入居できた事例ですが、通常は「期限優先」の選択をせざるを得ない場合も少なくありません。
- 一般の相談者はおおむね高齢者住宅・施設の知識が少なく、病院の退院支援看護師や医療ソーシャルワーカーに紹介された先に不満を感じても断りづらいようです。
- インターネットなどで候補を見つけても、必要な介護サービスや、固有の持病等に対する適切な医療的ケアの体制の有無などを利用者だけで見極めるのは一般的に難しいようです。

確認問題

Q1 2022年、高齢者のいる世帯は全世帯の50.6％となっています。このうち、「高齢者単独（独居）世帯」および「夫婦のみ世帯」の割合はどのくらいでしょう。次の選択肢のうち、正しいものを1つ選びなさい。

1. 約85％
2. 約73％
3. 約64％
4. 約55％

Q2 基本動作にとどまらず日常生活を送るうえで必要な「日常生活動作（ADL）」ができるようになるための治療や援助を行う専門職について、次の選択肢のうち、正しいものを1つ選びなさい。（第9回検定試験　類似問題出題）

1. 理学療法士
2. ガイドヘルパー
3. 言語聴覚士
4. 作業療法士

Q3 育児・介護休業法における、介護休業の通算日数と分割取得回数の上限について、次の選択肢のうち、正しいものを1つ選びなさい。なお、介護対象家族は1人とします。（第9回検定試験　類似問題出題）

1. 通算365日、分割取得上限5回
2. 通算182日、分割取得上限3回
3. 通算93日、分割取得上限3回
4. 通算270日、分割取得上限4回

解答・解説

Q1 の解答・解説

答：**3**　参照➡ 第 4 章 1・p122

厚生労働省「2022 年 国民生活基礎調査の概況」によると、2022 年で高齢者のいる世帯は全体の約 **50.6%** です。そのうち「単独（独居）世帯」、「夫婦のみ世帯」が約 **63.9%** を占めています。

Q2 の解答・解説

答：**4**　参照➡ 第 4 章 8 表 4-8-1・p149

Q3 の解答・解説

答：**3**　参照➡ 第 4 章 11 表 4-11-2・p159

2016 年育児・介護休業法改正により、介護休業の取得は、対象家族 1 人につき、**3 回**を上限として**通算 93 日**までとなりました。ただし、取得予定日から起算して 93 日を経過する日から 6 ヵ月を経過する日までの間に、労働契約（更新される場合には、更新後の契約）の期間が満了することが明らかでないことが条件となります。

第5章

高齢者住宅・施設の種類

高齢者住宅・施設には多くの種類があります。
それぞれに、どのような人が適しているか、
わかりにくい点も多いでしょう。
各住まいについて、費用の目安やサービス、
受け入れが可能な要介護度など
特徴を確認していきましょう。

5-1 高齢者住宅・施設を考えるときとは

> **POINT**
> - 高齢者が一般賃貸住宅から自由に終の住処を選ぶことは難しい
> - 高齢者が一般賃貸住宅に敬遠される理由には、孤立死等がある
> - 高齢者が前向きに暮らせるような住まい選びをサポートしていく

❶ 高齢者賃貸の現状—賃貸住宅が借りられない

老後の住まいを選択するにあたって、借りられるのなら、豊富に選択肢のある一般向けの賃貸住宅を選び、契約すればよいでしょう。

しかし、実際には表5-1-1の理由などから、高齢者が一般の賃貸住宅を借りるのはかなり困難で、貸主からは敬遠されがちです。

高齢者が一般の賃貸住宅から自由に終の住処を選ぶことは、事実上難しい状況ということもあり、政策により高齢者住宅・施設の整備が推し進められてきました。

以前は家族介護が中心だったため、高齢者住宅・施設は家族介護が叶わない高齢者に限定的に提供されるものとして公的施設が中心でした。現在は、既に述べたように、子どもが父母の介護をするとは限らない時代です。高齢者は以前に比べて外部サービスを利用して介護を受けるものになりつつあります。そのため、政策に基づく公的補助の支援を受けた民間企業・法人により、程度の差はあれ介護を前提とする高齢者住宅・施設の整備が進められてきました。

| 表5-1-1 | 高齢者が一般賃貸住宅に敬遠される主な理由

- 賃貸住宅内で死亡事故が起きると事故物件となる（孤立死・孤独死）
- 家賃の滞納が心配
- 意思の疎通が難しい
- 認知症等による火事のリスクが高い

❷ 決して前向きではない「高齢者住宅・施設」の選択

　このように高齢者住宅・施設の整備が進められてきましたが、自分から望んで高齢者住宅・施設に移り住もうとする人はまだわずかでしょう。できれば自宅で生活したいが限界を感じ、かといって一般の住宅を借りることもできない、誰の世話にもなりたくないが、「ご近所や子どもたちに迷惑をかけるよりは」と高齢者住宅・施設を選ぶ人がほとんど、というのが現状です。

　しかし、このようなやむを得ず選択せざるを得ない場面だからこそ、高齢者住まいアドバイザーはよりよい選択を提示し、その後のご本人が前向きに暮らせるような住まい選びをサポートしていく必要があるのです。

5-2 高齢者住宅・施設概観

POINT
- 高齢者住宅・施設は、住宅系と施設系に分類できる
- 住宅系の主な目的は、安心できる居住スペースの提供である
- 施設系の主な目的は、24時間体制の介護サービスの提供である

❶「居住スペースの提供」と「介護サービス」

　高齢者住宅・施設には、単に「住まい」としての色合いが強いものと、「介護」としての側面が強いものとがあります。その度合いは各個別の施設によりさまざまで、区分基準は自治体や団体等によって異なる場合がありますが、大まかに「住宅としての機能を提供する住まい（住宅系）」と「介護サービスが付いてくる住まい（施設系）」として分類することが多くあります。

(1) 住宅としての機能を提供する住まい（住宅系）

　住宅系と分類した高齢者住宅・施設は、施設系に比べると「安心できる居住スペースの提供」を目的の中心としています。介護サービスは、外部の介護サービス事業者による訪問介護や通所介護等を、入居者自身が個別に契約して利用することになります。

(2) 介護サービスが付いてくる住まい（施設系）

　一方、施設系と分類できる高齢者住宅・施設では、種別ごとに対象利用者像が少しずつ異なるものの、24時間体制の包括的介護サービス提供が目的であり、前提となっています。そのため、看取りサービスを行う施設が多くあります。
　ただし、住宅系だからといって介護サービスが受けづらいわけではありません。むしろ介護保険による限度額いっぱいまでサービスを利用して、実際は手厚く介護サービスが入っている住宅系高齢者住宅・施設もあります。

　また、住宅系・施設系にかかわらず、高齢者住宅・施設の種類（およびその各住まい）によって、入居・入所時に対象となる要介護度が異なり、利用できるサービスや月ごとにかかる費用なども異なります。

高齢者住宅・施設は大まかに、次頁の表 5-2-1〜5-2-3 のように捉えることができます（在宅生活に近い自立度の高い住まいから、より介護・医療が手厚く提供される住まいの順に並べています。5 章の構成も同様）。
　それぞれの設置趣旨を理解すると、それぞれのケースでどの高齢者住宅・施設を利用するのが適切かつかみやすくなるでしょう。

　まずは次頁からの表で、高齢者住宅・施設にはどんな種類があるか全体を概観してみましょう。次項からは一つひとつの高齢者住宅・施設について見ていきましょう。

| 表 5-2-1 | 高齢者住宅・施設概観

【住宅系】 住宅としての機能を提供する住まい

種類	設置趣旨	5章の参照項	公営or民営
サービス付き高齢者向け住宅 略称 サ高住 サ付き住	●高齢者向けに配慮された構造や設備、バリアフリーなど一定のハード面を備える。 ●ケアの専門家による「状況把握（安否確認）」「生活相談」のソフト面のサービスを提供する。	3 (p184)	民間
地域優良賃貸住宅 （高齢者型）	●バリアフリー環境 ●緊急時対応のサービスが付加された賃貸住宅。 ●入居には収入が基準の範囲内という要件（所得制限）がある。	4 (p188)	公営
シルバーハウジング （シルバーピア）	●「緊急時対応」や、「生活援助員（ライフサポートアドバイザー）」による「生活相談」「安否確認」のサービスが付加されている。 ●入居には所得制限がある。	5 (p190)	公営
UR都市機構の住まい	●URが提供する4種のタイプの高齢者向け住宅。 ●全てバリアフリー環境。 ●自立高齢者向けから、生活援助員がサポートするタイプなど、高齢入居者の多様性に応える。	6 (p192)	民間
シニア向け分譲マンション	●バリアフリー環境 ●「安否確認」「緊急時対応」のサービスが付加されている。 ●一部賃貸もある。 ●比較的高級感のあるものが多い。 ●介護が必要となったときには、入居者自身が外部の介護サービス事業者と契約をして介護サービスを受ける。	7 (p193)	民間
セーフティネット住宅	●高齢者、障害者、子育て世帯などの住宅確保要配慮者を対象に、「住宅セーフティネット制度」に基づき登録された賃貸住宅	8 (p195)	民間
住宅型有料老人ホーム	以下のいずれか1つ以上の生活支援サービスが付いている施設。 ●入浴・排泄・食事の介護 ●食事の提供 ●健康管理 ●洗濯・清掃等の家事	9 (p198)	民間
ケアハウス （一般型／介護型）	●身寄りがない、または家庭環境や経済状況などの理由により、家族との同居が困難な人が対象。 ●自治体の助成を受け、比較的低額な料金で入居できる。	10 (p205)	公営

【施設系】介護サービスが付いてくる住まい

種類	設置趣旨	5章の参照項	公営or民営
介護付有料老人ホーム	・「特定施設入居者生活介護」の事業者指定を受けている介護施設。 ・ホームの専門職員による「24時間体制・定額の包括的介護」や食事・生活支援等のサービスが付いている。	9 (p198)	民間
認知症高齢者グループホーム	・認知症高齢者が対象。 ・少人数で1つの生活単位「ユニット」を構成する。 ・食事・入浴・排泄等の介護サービスを受けながら小規模な場で生活する。 ・家庭的な雰囲気での共同生活による認知症状の緩和が目的。	11 (p208)	民間
特別養護老人ホーム（介護老人福祉施設） 略称　特養	・常時介護が必要で、自宅での生活が困難な高齢者のための生活施設。	12 (p211)	公営
介護老人保健施設 略称　(従来型)老健	・病状が安定し入院の必要はないが、リハビリテーションや介護を必要とする高齢者が対象。 ・在宅復帰を目的とする施設。	13 (p214)	公営
介護療養型老人保健施設 略称　新型老健	・入院するほど症状は重くないが、痰の吸引や経管栄養など常時必要な一定の医療的ケアと、夜間介護など比較的手厚い介護を必要とする高齢者が対象。	14 (p216)	公営
介護医療院	・長期療養のための医療と日常生活上の世話（介護）が必要な高齢者が在宅復帰をするための施設。 ・2018年4月に創設。	15 (p218)	公営
介護療養型医療施設	・急性期の治療が終わり病状は安定しているが、医療や介護の必要度が高く、比較的長期の療養を必要とする高齢者が対象。 ・在宅復帰を目的とする療養施設。 ・指定を受けた病院・診療所内にあることが多い。 ・2024年3月末で廃止。	16 (p220)	公営

第5章　高齢者住宅・施設の種類

| 表 5-2-2 | 高齢者住宅・施設比較一覧（住宅系）

種類	入居・入所の対象者		利用できる介護保険サービス	緊急時対応	安否確認	食事	バリアフリー	ケア（看取り介護）	終末期
	年齢	要介護度		○:あり、△:住まいによってあり、—:なし					
サービス付き高齢者向け住宅	原則60歳以上 介護保険利用者 65歳以上 特定疾病 40歳以上	自立～要介護5	訪問・通所 指定特定施設の場合特定※	○	○	自炊含め選択制 ○	○	○	△
地域優良賃貸住宅（高齢者型）	60歳以上	自立～自立に不安	訪問・通所	○	—	併設食事提供施設等含む △	○	—	通常は重度の要介護状態により退去
シルバーハウジング	60歳以上	自立～自立に不安	訪問・通所	○	○	—	○	—	通常は重度の要介護状態により退去
シニア向け分譲マンション	原則年齢制限なし	自立～軽介護度	訪問・通所	○	○	○	△	○	△
セーフティネット住宅	低額所得者、高齢者、障害者、子育て世帯、被災者、外国人などの住宅確保要配慮者	とくに制限なし	訪問・通所	△	△	—	—	—	—
住宅型有料老人ホーム	原則60歳以上	自立～要介護5	訪問・通所	○	○	自炊含め選択制 ○	○	○	△
ケアハウス	原則60歳以上 介護保険利用者 65歳以上 特定疾病 40歳以上	自立～軽介護度 介護型の場合要介護1以上	訪問・通所 指定特定施設の場合特定※	○	○	○	○	○	△

※特定施設入居者生活介護（介護予防／地域密着型含む。 参照⇒ 第3章10・p104）

入居時費用 / 月額費用	供給数【棟・施設数】【定員・床数等】	留意事項	通称・略称
0～数百万円 ①多くは敷金（家賃の2～6ヵ月分程度） ②一部で家賃の前払金 低～中	【棟数】8,294 【戸数】287,151 2024年3月末現在 （サービス付き高齢者向け住宅の登録状況（R6.2末時点）より）	● 名称にある「サービス」とは、「安否確認」と「生活相談」のサービスであり、介護サービスではない。 ● 終身建物賃貸方式や利用権方式の契約形態をとるサ高住では、原則、終身にわたり居住することができる。	サ付き住 / サ高住
敷金（家賃の2～3ヵ月分程度） 低	【管理戸数例】 UR都市機構　約700,000戸 令和5年3月現在 （UR賃貸住宅ストック個別団地類型（案）一覧（UR都市機構）より）	● 所得や住宅に応じて家賃補助あり。補助期間は「建物の管理開始から○年間」（多くは20年間）。入居時期によっては残存期間が少ない、または終了している場合がある。 ● 申込には抽選受付と先着順受付がある。	
敷金（家賃の2ヵ月程度） 低	【団地数】1,052 【管理戸数】25,455 2018年度現在 （令和2年版国土交通白書より）	申込には抽選受付と先着順受付（抽選なし）があるが、供給数が不足していることから、多くの場合抽選となる。	シルバーピア
0～1億円以上 分譲の場合は購入資金 中～高 分譲の場合は低～中（管理費等）	【棟数（分譲）】98 【戸数（分譲）】14,947 2023年現在 （東京カンテイプレスリリース2022年7月より）	分譲の場合は所有権（資産）となり、売却・賃貸・相続もできるが、売却譲渡等が困難（売却できるまでの維持管理費も多額）になる場合がある。	
● 敷金、礼金 ● 初月分の家賃 ● 共益費・管理費 ● 家賃債務保証料（連帯保証人が立てられないとき、代行サービス会社に支払う保証料）	【登録件数】121,048 【登録戸数】900,373 2024年4月2日現在 （セーフティネット住宅情報提供システムより）	● 補助の実施の有無や内容が、自治体ごとで異なる ● 実際に入居できる対象物件が少ない	
0～3,000万円程度 中～高	【棟数】11,064 【利用者数】328,506 （第225回社会保障審議会介護給付費分科会 事業者団体ヒアリング資料 高齢者住まい事業者団体連合会「高齢者向け住まいにおける介護報酬の課題」令和5年9月27日p13より）	「特定施設入居者生活介護」の事業者指定を受けておらず、利用する介護サービスが増えると、介護付有料老人ホームよりも負担額が増える可能性が高まる。	
0～数百万円程度 低～中	【施設数】2,038 【定員】82,316 2022年10月現在 （厚生労働省「令和4年社会福祉施設等調査　施設の種類別在所率（詳細票）」より）	● 80歳以上の入居者が全体の8割弱を占める。 ● 居住可能期間が「中程度の要介護度まで」などとなっている場合は、再度の住み替えが必要となることがある。「介護型」では重度になっても住み続けることが可能。	

（満田将太ほか「高齢者向け住まい＆介護に備える」をもとに作成）

| 表 5-2-3 | 高齢者住宅・施設比較一覧（施設系）

種類	入居・入所の対象者		利用できる介護保険サービス	緊急時対応	安否確認	食事	バリアフリー	ケア（看取り介護）	終末期
	年齢	要介護度		○：あり、△：住まいによってあり、—：なし					
介護付有料老人ホーム	原則60歳以上 介護保険利用者65歳以上 特定疾病40歳以上	自立〜要介護5	特定※1	○	○	○	○	△	
認知症対応型共同生活介護	原則65歳以上 特定疾病40歳以上	要支援2以上の認知症患者	認知※2	○	○	○	△	△	
特別養護老人ホーム（介護老人福祉施設）	原則65歳以上 特定疾病40歳以上	要介護3以上	施設※3 地福※4	○	○	○	○	過半が○	
介護老人保健施設	原則65歳以上 特定疾病40歳以上	要介護1以上	施設※3	○	○	○	○	過半が○	
介護療養型老人保健施設	原則65歳以上 特定疾病40歳以上	要介護1以上	施設※3	○	○	○	○	大半が○	
介護医療院	原則65歳以上 特定疾病40歳以上	要介護1以上	施設※3	○	○	○	○	大半が○	
介護療養型医療施設	原則65歳以上 特定疾病40歳以上	要介護1以上	施設※3	○	○	○	○	大半が○	

※1 特定施設入居者生活介護（介護予防／地域密着型含む。参照⇒ 第3章10・p104）
※2 認知症対応型共同生活介護 参照⇒ 第3章12・p111
※3 施設サービス 参照⇒ 第3章11・p108
※4 地域密着型介護老人福祉施設入所者生活介護（入所定員30人未満の特養でのサービス）

入居時費用 / 月額費用	供給数【棟・施設数】【定員・床数等】	留意事項	通称・略称
0〜3,000万円程度 / 中〜高	【施設数】4,280【利用者数】261,268（第225回社会保障審議会介護給付費分科会 事業者団体ヒアリング資料 高齢者住まい事業者団体連合会「高齢者向け住まいにおける介護報酬の課題」令和5年9月27日p13より）	特定施設入居者生活介護（一般型 または 外部サービス利用型）の事業者指定を受けている。ほとんどが一般型。	介護付ホーム
0〜50万円程度 / 低〜中	【施設数】14,223【利用者数】272,300 施設数は2023年12月現在、利用者数は2022年5月〜2023年4月審査分※5	●共同生活に支障がある人は原則として入居できない。●医療ケアが必要な状態になると、退去要件に該当する場合がある。	認知症高齢者グループホーム
不要 / 低〜中	【施設数】8,460【入所者数】743,500 施設数は2023年12月現在、利用者数は2022年5月〜2023年4月審査分※5	●待機者は全国入所者数と同程度。●医療ケアが必要な状態になると、退去要件に該当する場合がある。	特養
不要 / 低〜中	【施設数】4,192【入所者数】553,400 施設数は2023年12月現在、利用者数は2022年5月〜2023年4月審査分※5	リハビリ中心の自立生活「（在宅復帰）」の支援を目指す施設。入所期間はおおむね3〜6ヵ月程度と短期。	老健（従来型）
不要 / 低〜中	【床数】約7,000 2013年6月分介護報酬請求より老人保健課推計（厚生労働省社会保障審議会介護給付費分科会資料4-2「施設・居住系サービスについて」p15より）	介護療養型医療施設（介護療養病床）の廃止に伴う受け皿の一つとして、既存の介護老人保健施設では対応が難しい部分を補う転換先施設として2008年に創設。	新型老健
不要 / 低〜中	【施設数】805【入所者数】68,500 施設数は2023年12月現在、利用者数は2022年5月〜2023年4月審査分※5	医療が必要な要介護高齢者の長期療養・生活施設。2018年に創設。	
不要 / 低〜中	【施設数】164【入所者数】13,200 施設数は2023年12月現在、利用者数は2022年5月〜2023年4月審査分※5	2024年3月末で廃止。ただし、一定の要件を満たす施設については新たな施設に転換するなどして、介護療養病床の機能は存続させている。	療養病棟

※5 施設数は介護給付費等実態統計月報（令和5年12月審査分）、利用者数・入所者数は令和4年度介護給付費等実態統計の概況（令和4年5月審査分〜令和5年4月審査分）p3 より

（満田将太ほか「高齢者向け住まい＆介護に備える」をもとに作成）

第5章 高齢者住宅・施設の種類

5-3 サービス付き高齢者向け住宅

POINT

- サ高住は一定のハード・ソフト要件を満たした賃貸住宅である
- サ高住は状況把握と生活相談サービスの提供が義務付けられている
- サ高住には住宅型、介護型、医療型、ターミナル型等のタイプがある

❶ サービス付き高齢者向け住宅の概要

サービス付き高齢者向け住宅（略称「サ高住」）は、高齢者に配慮された構造や設備、バリアフリー仕様など一定のハード面の条件を満たし（表5-3-1）、ケアの専門家による「状況把握（安否確認）」および「生活相談」のソフト面のサービスを提供することが義務付けられている住宅です。これらハード・ソフト面両方の要件を満たした施設がサ高住の登録を申請できます。

高齢者のための住まいが不足していることから、政府はサ高住の設置推進を進め、2025年までに60万戸を建設することを目指しています。

|表 5-3-1| サービス付き高齢者向け住宅の登録基準

- 各専用部分（居室）の床面積は、原則25㎡以上。
  ただし、居間、食堂、台所など、ほかの共用部分に十分な面積がある場合は18㎡以上。
- 各専用部分（居室）に、トイレ、洗面台の設備は必須。
  台所、収納設備、浴室も設置が求められているが、共用部分に適切な設備があり、各戸に備える場合と同等以上の居住環境が確保される場合は、居室になくてもよい。
- 段差のない床、手すりの設置、廊下幅の確保などバリアフリー構造を備えている。

❷ 入居対象者

入居対象者は60歳以上、または要介護（要支援）認定（以下、要介護認定）を受けている人（40歳以上）です。

❸ サービス付き高齢者向け住宅のサービス

サ高住では、「状況把握（安否確認）」および「生活相談」のサービスを提供することが義務付けられています。これは介護保険の訪問介護のような具体的で積極的なサービスよりも一歩引いた、「もし何かあったときに手助けする」サービスと捉えてよ

いでしょう。通常、居住のための賃貸借契約とは別に「生活支援サービス契約」を結ぶことになります。

(1) 状況把握（安否確認）サービス

「見守りサービス」ともいわれます。定期的に居室を訪ねたり、洗面所におかれたセンサーに一定時間以上反応がない場合にフロントから居室に電話をかけたり、毎日の朝食前に職員が直接声かけを行うなど、運営会社によってさまざまな方法で入居者の安否確認を行います。

安否確認のタイミングはさまざまで、毎日朝食後に行うのみというところもあれば、夜間も確認する施設もあります。夜間は緊急通報装置による対応を行うというところもあります。

(2) 生活相談サービス

「電球が切れてしまった」「出かけるのにバスの時間を知りたい」など住居で起きた困りごとや、介護や生活サービス全般の相談・手配、家族からの伝達代行など、高齢者の全般的な困りごとに生活相談員が対応します。

注意したいのは、「サービス付き」高齢者向け住宅といっても、サ高住で一体的に提供されるのは「介護サービス」ではないということです。介護サービスや配食サービスは、入居者が外部の事業者と別途契約を結ぶ必要があります。これらのメリットとデメリットを比較しながら検討することが必要です（表5-3-2）。

| 表5-3-2 | サービス付き高齢者向け住宅のメリットとデメリット

メリット	デメリット
●初期費用を低額に抑えられる。 ●さまざまな生活スタイルに柔軟に対応できる。 ●キッチンが付いている場合は自炊可能。 ●お酒やたばこが可能な場合がある。 ●住み替えをしやすい。 ●自宅で利用しているケアマネジャーやヘルパーを引き継いで利用できる場合がある。	●利用料金体系がややわかりにくい（サービス支援費、部屋ごとの水道光熱費、食事オプションなど） ●要介護度が重くなった際に、住み替えを余儀なくされる場合がある。

❹ さまざまなタイプのサ高住

要件として「バリアフリー」およびケアの専門家による「安否確認」および「生活相談」を満たせば足りることから、サ高住にはさまざまなタイプが存在します。一般

のバリアフリーマンションのように、自立した高齢者向けに比較的居室面積を広くとり、各居室に台所と浴室を備えた住宅型（自立型）のサ高住もある一方、台所等は共用として、各居室は住宅型よりやや狭めの介護しやすい広さにし、介護対応が手厚いタイプの介護型のサ高住もあります。特に介護保険の特定施設 参照⇒ 第3章10・p104 の認定を受けているサ高住では24時間対応が可能です。

　ターミナル型、医療型のサ高住は終末期ケア 参照⇒ 第4章9・p153 が可能で、医療法人などが運営し、クリニックを併設していることもあります。混合型のサ高住にはキッチンや浴室付きの住宅型居室と介護型居室が両方あるので、タイミングが合えば本人の身体状況に応じて同一の住まい内で住み替えが可能です。

❺ 利用月額目安

　首都圏におけるサ高住の利用月額の目安は表5-3-3の通りです。地方ではもっと安価に入居できるところもあるでしょう。

　サ高住の費用の考え方は図5-3-4、5-3-5を参照してください。

表5-3-3　首都圏のサービス付き高齢者向け住宅の利用月額目安（首都圏）

類型	自立型	介護型
特徴	居室にキッチン、浴室がある	居室面積の目安は約18㎡
利用月額目安	12～30万円	10～30万円

いずれも食費・水道光熱費込み。

| 図 5-3-4 | 現在は介護を必要としない場合の費用計算例

サービス付き高齢者向け住宅で基本サービスが必須の場合

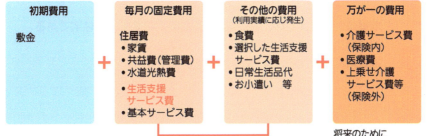

(東京都福祉保健局「あんしん なっとく 高齢者向け住宅の選び方」をもとに作成)

| 図 5-3-5 | 要介護状態の場合の費用計算例

サービス付き高齢者向け住宅で、毎月食事・介護サービスを利用する場合

(東京都福祉保健局「あんしん なっとく 高齢者向け住宅の選び方」をもとに作成)

5-4 地域優良賃貸住宅（高齢者型）

POINT

- 地域優良賃貸住宅は、地域優良賃貸住宅制度に基づく住宅である
- 地域優良賃貸住宅に入居するには、所得制限がある
- 地域優良賃貸住宅には、家賃低廉化助成がある

❶ 地域優良賃貸住宅の概要

地域優良賃貸住宅は地域優良賃貸住宅制度に基づく住宅です。地域優良賃貸住宅制度とは、高齢者世帯、障害者世帯、子育て世帯等に居住環境の良好な賃貸住宅の供給を促進するため、賃貸住宅の整備費用や家賃の減額に対する助成を行う制度です。

かつては「高齢者向け優良賃貸住宅」という賃貸住宅制度がありましたが、2011年10月20日に「高齢者の居住の安定確保に関する法律」の改正法が施行されたことにより廃止となり、現在では各自治体の判断により地域優良賃貸住宅制度として運営されています。

❷ 入居対象者への所得制限

地域優良賃貸住宅に入居するには、所得制限（収入が基準の範囲内である要件）があります。所得は収入分位（全世帯を収入の低い順に並べたとき、世帯の収入順位が下から何％に位置しているかを示す数値）で計算します。収入分位80％以下（世帯所得が487,000円／月以下）である高齢者世帯などが地域優良賃貸住宅の対象になります。

❸ 地域優良賃貸住宅のサービス

地域優良賃貸住宅は原則として各戸に台所、水洗トイレ、収納設備、洗面設備および浴室を備えることになっています。共用の台所、収納設備または浴室を備えただけの住宅もあります。その場合は各戸に水洗トイレと洗面設備が備わっています。

1人あたりの面積は原則25㎡以上（居間、食堂、台所、浴室等、高齢者が共同して利用するために十分な面積を有する共用の設備がある場合は1人あたりの面積は18㎡以上）。介護サービスは外部の事業所と契約し、居宅サービスを利用することになります。

❹ 利用月額目安

　所得の低い人が借りられるよう配慮された住宅ですから、地域優良賃貸住宅の賃料は高額にならないよう定められています。家賃低廉化助成があり、世帯所得が214,000円／月を超えない（収入分位40％）場合は、40,000円／月までの補助を受けることができます。

❺ 探し方・申込方法

　UR都市機構、地方住宅供給公社を通して申込を行います。入居は抽選の場合や、「当該地域に〇年以上在住していること」等の要件がある場合があります。

5-5 シルバーハウジング（シルバーピア）

> **POINT**
> - シルバーハウジングは高齢者向けの公営のバリアフリー住宅である
> - 安否確認、生活相談、緊急時対応のサービスが付加されている
> - 一般のマンションと同じような生活ができる点が特徴である

❶ シルバーハウジングの概要

シルバーハウジングとは、「安否確認」「生活相談」「緊急時対応」をするライフサポートアドバイザーを配置した公営住宅です（図5-5-1）。1987年、高齢化が急速に進行する中で、今後増大すると考えられる高齢単身者・夫婦世帯が自立して安全・快適に生活できるよう設置が決まりました。供給主体は都道府県や市区町村といった地方公共団体、都市再生機構（UR）、住宅供給公社で、2018年度時点で約1,100ヵ所（約25,500戸）、東京には215団地5,598戸、神奈川には166団地4,723戸、埼玉には5団地154戸、千葉には5団地132戸のシルバーハウジングがあります。

シルバーハウジングは、一般的なマンションや公営住宅と同じような生活ができることが最大の特徴です。健康状態が良好であれば誰でもできる限りこれまでと同様の生活をしたいものですが、一方で不安もあります。シルバーハウジングは、近くに生活を援助する世話役がいたり、福祉施設と併設されているため、自立と安心の両方を得られます。

| 図5-5-1 | シルバーハウジングの仕組み例

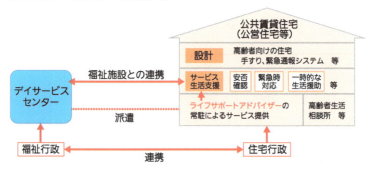

❷ 入居対象者への所得および健康上の制限

　入居対象者は①60歳以上の単身者、②夫婦どちらか一方が60歳以上、③障害者単身世帯、④障害者と配偶者の世帯です。実際には、施設によって65歳以上を要件としているところも多くあります。

　基準範囲内の収入である必要があるとともに、自立した生活が営める健康状態であることも求められます。介護サービスは外部の事業所と契約し、居宅サービスを利用することになります。

❸ シルバーハウジングの設備・サービス

（1）バリアフリー仕様

　シルバーハウジングは手すり、段差の解消、緊急通報システム等、高齢者の生活特性に配慮した設備・仕様になっています。

（2）ライフサポートアドバイザーによるサービス

　ライフサポートアドバイザー型シルバーハウジングの場合、ライフサポートアドバイザー（LSA）という生活援助員が約30戸に1人の割合で配置され、①緊急時対応および関係機関との連絡、②安否確認、③生活指導や福祉に関する相談・案内、④一時的な家事支援のサービスを行います。

❹ 利用月額目安

　約1～10万円です。

❺ 探し方・申込方法

　入居を希望する場合、居住する市区町村役場に相談することになります。入居者の選考は、現在の住宅の困窮度により行われます。シルバーハウジングは人気があり供給数が不足していることから、入居は抽選となるケースがほとんどです。

5-6 UR都市機構の住まい

POINT
- 高齢者向け優良賃貸住宅やシニア賃貸住宅等の4種類がある
- 高齢者等向け特別設備改善住宅は連絡通報用装置が設置されている
- シルバー住宅は、シルバーハウジングプロジェクトに基づく住宅である

❶ UR都市機構の4種類の住まい

（1）高齢者向け優良賃貸住宅

　政府がUR都市機構に対して整備費補助および家賃負担の軽減の補助を行う制度を取り入れた賃貸住宅です※。公共団地の1階をバリアフリー化して改修したうえ、緊急時にボタン一つで通報できる連絡通報用装置が設置されています。一定以下の所得の人には家賃負担の軽減措置があります。

　※国の「地域優良賃貸住宅制度要綱」に基づく地域優良賃貸住宅（高齢者型）に該当。

（2）シニア賃貸住宅（ボナージュ）

　自立できる高齢者のための賃貸住宅で、フロントサービス、緊急時対応、健康管理サービス等入居者の生活を支援するシステムや施設が充実しています。平均収入額が入居基準月収額（家賃の4倍、または33万円）以上、または貯蓄額が入居基準貯蓄額以上ある人が対象です。

（3）高齢者等向け特別設備改善住宅

　既存の公共団地を高齢者や障害者向けにバリアフリー化して改修したうえ、緊急時にボタン一つで通報できる連絡通報用装置が設置されています。平均収入額が基準月収額以上ある人が対象です。

（4）シルバー住宅

　UR都市機構が政府の「シルバーハウジングプロジェクト」、都の「シルバーピア」事業の指定に基づいて提供する住宅で、緊急通報装置等のセキュリティシステムを導入しています。生活援助員が入居者の生活を支援します。

5-7 シニア向け分譲マンション

> - シニア向け分譲マンションの付帯サービス・設備は物件により様々
> - 所有権が得られ、資産として売買・相続の対象になる
> - サービスに対する規定や行政による監督指導など法的規制がない

❶ シニア向け分譲マンションの概要

　民間事業者によって販売・運営されるバリアフリー仕様の分譲住宅です（一部賃貸借形式もあり）。専門のスタッフや看護師が常駐しているところや、大浴場・レクリエーション設備を備えたところ、食事サービス・家事サービス・コンシェルジュサービスを提供するところ、提携事業所による介護サービスを受けられるところなど、物件によって付帯するサービスや設備・仕様は様々です。

　共通しているのは「高齢者に対応した設備・サービスが付加されている」ことですが、有料老人ホーム、サービス付き高齢者向け住宅のように法で規定された要件はありません。（メリットとデメリットは表5-7-1参照）

表5-7-1　シニア向け分譲マンションのメリットとデメリット

メリット	デメリット
● 分譲の場合、一般の分譲マンションと同じように所有権が得られ、資産として売買・相続の対象にできる。 ● 一般マンションよりも共有施設が充実しており豪華な傾向がある。 ● 日常の支援をしてくれるコンシェルジュサービスなどにより、健常時はマンション内で日常生活を完結できることが多い。	● 豪華な共同施設の維持管理コストが高額な場合が多く、維持費が負担になる可能性がある。 ● 介護が必要になったときに有料老人ホームほど手厚い対応を受けられない可能性がある。 ● 一般的なマンションに比べ、売却に時間がかかってしまう場合がある。

❷ 介護サービス

　介護が必要となったときには、自宅の場合と同じように、入居者自身が外部の介護サービス事業者と契約し、ケアマネジャーのケアプランに基づいて居宅サービスを利用することになります。

　「24時間対応」を謳っているシニア向け分譲マンションの場合は、何の支援がいつからいつまで可能なのか、24時間対応するのは何のサービスなのかなどをしっかり

確かめ、介護保険サービスと上手に使い分ける必要があります。

❸ 購入額・月額費用

　付帯サービスがあるため、一般の分譲マンションよりも管理費は高めです。購入価格は数千万〜一億数千万円。管理費・修繕積立金は数万〜十万円超／月と高額です。

　前述の通りシニア向け分譲マンションには、最低限のサービスに対する規定や行政による監督指導など法的規制がありません。そのため、購入の際には、

- どのようなサービスがあるか
- 介護が必要になった際にどうなるか

など、生活面での詳細についても確認しておく必要があるでしょう。

　また、所有権の移動があることから、分譲の場合は

- 固定資産税や不動産取得税などの税負担
- 将来、売却が容易にできるか（立地条件等からも考慮する）

など、ほかの高齢者住宅・施設とは別の視点からも考えておく必要があります。

5-8 セーフティネット住宅

POINT
- **住宅セーフティネット法**に基づく**住宅確保要配慮者**のための住宅
- 住宅確保要配慮者とは低額所得者・高齢者・障害者・子育て世帯等
- 民間アパートやシェアハウスであり、登録には一定の基準がある

❶ セーフティネット住宅の概要

　セーフティネット住宅とは、**住宅セーフティネット法**に基づき登録され、**住宅確保要配慮者**の入居を拒まない賃貸住宅のことです。

　わが国では、高齢者、障害者、子育て世帯等、住宅の確保に配慮が必要な人が今後も増加する見込みとなっている一方で、住宅セーフティネットの根幹である公営住宅について、大幅な増加が見込めない状況にあります。しかし、民間の空き家・空き室は増加傾向にあることから、それらを活用した、新たな住宅セーフティネット制度が2017年10月からスタートしています。

　現行の住宅セーフティネット制度は、以下の3つの大きな柱から成り立っています。

①**住宅確保要配慮者向け賃貸住宅**の登録制度
②登録住宅の改修や入居者への経済的な支援
③住宅確保要配慮者のマッチング入居支援

❷ 住宅確保要配慮者向け賃貸住宅の登録制度

　住宅確保要配慮者向け賃貸住宅の賃貸人は、住宅確保要配慮者の入居を拒まない住宅として、都道府県・政令市・中核市にその賃貸住宅を登録することができます。都道府県等の地方公共団体は、登録された住宅の情報を、住宅確保要配慮者の人々等に広く提供します（図5-8-1）。その情報を見て、住宅確保要配慮者が賃貸人に入居を申し込むことができる仕組みとなっています。

図 5-8-1 住宅確保要配慮者向け賃貸住宅の登録制度

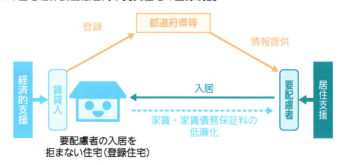

（セーフティネット住宅情報提供システムより）

❸ 対象と登録基準

　セーフティネット住宅の賃貸先の対象は、住宅確保要配慮者です。住宅確保要配慮者は、住宅セーフティネット法上には「低額所得者、被災者、高齢者、障害者、子育て世帯」と定められています。このうち、低額所得者世帯は月収（政令月収）15万8,000円以下の世帯が対象となります。また、子育て世帯は、原則18歳未満の子どもがいる世帯となっていますが、18歳となった子どもが年度末に至るまでの間も子育て世帯に含まれることとされています。なお、地方公共団体は供給促進計画を定めることにより、住宅確保要配慮者の対象を追加することができます（例：新婚世帯など）。

　セーフティネット住宅を登録する際は、面積や構造などについて一定の基準（登録基準）を満たす必要があります。登録基準も、地方公共団体が供給促進計画を定めることにより強化・緩和することができます。各地方自治体により細部は異なりますが、登録基準の一例は表5-8-2のようになっています。

| 表 5-8-2 | 住宅の登録基準の例

構造	耐震性を有すること
住戸の床面積	・25㎡以上であること ・共同居住型住宅（シェアハウス）の場合には、専用居室を9㎡以上確保すること
住宅全体の面積	15㎡×居住人数＋10㎡以上であること
設備	台所・食事室・便所・浴室・洗面所等を適切に設けること

❹ 入居を受け入れる住宅確保要配慮者の範囲

　賃貸人が登録する際には、入居を拒まない住宅確保要配慮者の範囲を限定することができます。「障害者の入居は拒まない」「高齢者、低額所得者、被災者の入居は拒まない」などと登録することも可能です。

　長屋や集合住宅については、住戸単位で登録することができます。

❺ セーフティネット住宅の相談窓口

（1）居住支援法人

　賃借人に対して主に下記の業務※を行う、都道府県が指定した法人です。
- 賃貸住宅の情報提供
- 入居に向けた相談
- 見守りなど、入居後の生活支援
- 家賃債務保証（連帯保証人が立てられないときの代行サービスの紹介）

※法人により業務範囲は異なる。

（2）居住支援協議会

　自治体や不動産関係団体、居住支援団体などが連携し、物件を貸す側と借りる側の双方に対し、情報提供などの支援を実施しています。

5-9 有料老人ホーム

> **POINT**
> - **老人福祉法**を根拠法とし、**介護付、住宅型、健康型**がある
> - **介護付有料老人ホーム**は**特定施設入居者生活介護**の指定を受けている
> - **住宅型有料老人ホーム**では、**外部の介護サービス**を利用する

❶ 有料老人ホームの概要

有料老人ホームについて、多くの人は、「入居金が高額ですごく敷居が高いもの」と感じているのではないでしょうか。確かに入居金が高額な有料老人ホームもありますが、一方で入居一時金が0円のところもあります。

有料老人ホームは「老人福祉法」第29条に基づき設置されています。この条文によると、有料老人ホームは「老人を入居させ、①食事の提供、②介護の提供、③洗濯・掃除等の家事、④健康管理のいずれかのサービスを行っているもの」とされています（ただし、特例として特別養護老人ホーム（介護老人福祉施設）や認知症高齢者グループホームは除外）。上記①～④のいずれかのサービスを提供していれば、「有料老人ホーム」となります。

経営主体（営利法人・社会福祉法人・医療法人等）の制限はないものの、設置にあたっては建築確認後速やかに都道府県知事等への設置の届出を行うこととされています。

さらに、事業者はクーリングオフ制度 参照⇒ 第5章25・p248、前払金の保全措置、立地条件、建物の構造設備、施設の管理・運営、サービス、契約内容 参照⇒ 第6章章末資料図6-10-3・p302 など、事業全般にわたって様々な要件を厳守しなければなりません。

❷ 有料老人ホームの種類

厚生労働省が定める「有料老人ホーム設置運営標準指導指針」によれば、有料老人ホームは表5-9-1の通り介護付、住宅型、健康型の3つに大別されます。さらに「介護付」については一般型と外部サービス利用型に分けられます。

| 表5-9-1 | 有料老人ホームの種類

種類		概要	介護サービス	施設数（定員）
介護付	介護付有料老人ホーム（一般型）	介護等のサービスが付いている。	ホームのケアマネジャーがケアプランを作成。有料老人ホームの職員が介護サービスを実施し、料金は定額。	4,280ヵ所※1（328,506名）
	介護付有料老人ホーム（外部サービス利用型）	介護等のサービスが付いている。有料老人ホームの職員が安否確認やケアプラン作成を実施し、介護サービスは委託先の介護サービス事業所が提供。	介護サービスは委託先の介護サービス事業所が提供。料金は基本サービス費＋出来高制。	
住宅型	住宅型有料老人ホーム	生活支援等のサービスが付いている。介護が必要になった場合は、入居者自身の選択により訪問介護等の介護サービスを利用。	自宅で介護サービスを利用するのと同様に、ケアマネジャーがケアプランを作成し、訪問介護や通所介護等の居宅サービスを利用する。料金は使った分だけ発生する出来高制。	11,064ヵ所※1（261,268名）
健康型	健康型有料老人ホーム	食事等のサービスが付いている。	介護が必要になった場合は、契約を解除して退去しなければならない。	16ヵ所※2（611名）

※1　厚生労働省調査資料　高齢者住まい事業者団体連合会『高齢者向け住まいにおける介護報酬の課題（2023年9月27日）』p11-13 より
※2　公益社団法人 全国有料老人ホーム協会の有料老人ホーム・サービス付き高齢者向け住宅に関する実態調査研究事業 2013年結果概要より

❸ 介護付有料老人ホーム

　介護付有料老人ホームとは、都道府県から「特定施設入居者生活介護」の指定を受けた事業者が運営する施設です。要介護・要支援の入居者数に対する看護・介護職員の最低人数が決められているほか、機能訓練指導員や生活相談員、ケアマネジャーなども所属しており、設備や運営方法についても基準が定められています。

> **ここも確認！**
>
> **機能訓練指導員とは**
> 理学療法士、作業療法士、言語聴覚士、看護職員、柔道整復師、あん摩マッサージ指圧師の資格を有するもの、一定の実務経験を有するはり師やきゅう師をさします。参照⇒第4章8 表4-8-1・p148、第5章22 表5-22-5・p240

（1）介護付有料老人ホームの種類

介護付有料老人ホームは、一般型と外部サービス利用型に分けられています。

「一般型」の場合は、ケアプランの作成から介護サービス全てをホームのケアマネジャーやスタッフが行います。介護保険の「特定施設入居者生活介護」によりサービスを提供し、利用料金は1日単位で定額です。

一方、「外部サービス利用型」の場合は、ケアプランの作成や安否確認、生活相談のサービスはホームのケアマネジャーやスタッフが行いますが、実際の介護サービスは委託された外部の事業者が行います。このため、外部委託部分は利用した分だけ料金がかかります。

（2）介護付有料老人ホーム（一般型）のメリット・デメリット

24時間体制で必要な介護を受けることができるので、利用者も家族も安心できます。また、介護費用が一定額なのも安心です。ちょっとした相談や頼みごともしやすい環境でしょう。

ただし、介護スタッフの人数が限られている 参照⇒ 第5章22・p235 ため、ホーム側のペースで介護を受けることになりがちです。また介護付有料老人ホームで提供される「特定施設入居者生活介護（一般型）」は、その有料老人ホームの職員が行うものとされているため、外部の訪問介護、通所介護（デイサービス）、福祉用具貸与などの居宅サービスは利用できません。

さらに、要介護度が低く、介護サービスをほとんど必要としない場合でも介護費用は一定額が必要です。

（3）介護付有料老人ホームの注意点

なかには有料オプションとなっているサービスがありますので、支払いに含まれるサービス内容の確認が必要です。また、医療行為については対応可能か、どの程度まで対応できるか、看護師の常駐の時間等も確認しておく必要があります。

特に一般型の場合、外部業者が入ることが少なく、有料老人ホームの体制が入居者の生活の質を左右します。夜間の職員数や人員体制、施設の平均介護度や平均年齢、男女比など、全般についてしっかり確認しておきましょう。

❹ 住宅型有料老人ホーム

住宅型有料老人ホームは、自炊ができない程度の身体機能の低下が見られたり、高齢等のために独立した生活をするには不安があり、家族による援助を受けることが困難な高齢者が、食事その他日常生活上必要な生活支援等のサービスを受けられる施設です。

（1）住宅型有料老人ホームでの介護サービス

介護が必要になった場合は、訪問介護等の外部介護サービスを利用します。有料老人ホームに併設されている介護事業者を使う場合も「外部」という扱いになります。

支払う管理費の中に、有料老人ホームとしての生活支援サービスも含まれているはずですが、どこまでのサービス（掃除・洗濯等）を含むのか、有料のオプションサービスについてどのようなものがあるか、確認する必要があります。

（2）住宅型有料老人ホームのメリット・デメリット

メリットは、サービスを自分で自由に選び手厚くすることもできる点や、介護が必要になった際に、介護付（一般型）と異なり外部のサービスも利用できる点があげられます。ただし、有料老人ホームと提携している事業者以外にはややサービスを依頼しづらい場合もあります。

一方、介護プランに沿ったサービス提供となるので有料老人ホームのスタッフは、緊急時の対応以外、原則的には介護や介助を行わない建前になっています。

実際は随時対応をしてくれることもあるものの、有料老人ホームによって対応はさまざまで、正規のサービスではありません。また、利用したサービスごとに費用を支払うので、要介護度が重くなると介護保険の区分支給限度基準額を超えることもあり、費用が高額になる場合があります。

（3）住宅型有料老人ホームの注意点

介護保険以外の部分でどこまで対応してもらえるのか、また、要介護度が重くなったときに介護保険の限度額を超えることがあるのか、あらかじめ確認しておきましょう。

❺ 入居一時金と利用月額費用

有料老人ホームでは入居一時金として「前払金」といわれるまとまった金額を支払うことが多くあります。

前払金とは、利用権方式 参照⇒ 第5章23・p243 の契約の場合、入居後の一定期間の居住費を事前に支払うもので、有料老人ホーム特有のシステムです。0～数千万円と幅があるほか、年齢によって金額設定を分けているところなどもあり、さまざまです。賃料を基準にして算出されるため首都圏・都市部では高額になる傾向にあります。

前払金には、「償却期間」が定められていて、償却期間が終了する前に本人が退去した場合に未償却部分が返還されるようになっています 参照⇒ 第5章25・p249。償却期間や償却方法は有料老人ホームによってさまざまです。

現在、多くの有料老人ホームは、2～3割を初期償却として入居時に償却し、5～10年を償却期間として均等割で償却しています。しかし、なかには全額を初期償却する有料老人ホームもあります。

また、前払金とは別に月額料金が必要となります。

実際の有料老人ホームの利用月額料金（食費込み）は、前払金の金額やその内訳によりかなりの幅がありますが、10～50万円が目安です。

❻ 利用料の支払い方式

利用料金には、全額前払い方式、一部前払い・一部月払い方式、月払い方式、選択方式の4つの支払い方式があります（表5-9-2）。

表5-9-2 利用料の支払い方式

支払い方式	説明
全額前払い方式	終身にわたって支払う家賃またはサービス費用の全部を前払金として一括して支払う方式。
一部前払い・一部月払い方式	終身にわたって支払う家賃またはサービス費用の一部を前払いとして一括支払い、その他は月払いする方式。
月払い方式	前払金を支払わず、家賃またはサービス費用を月払いする方式。
選択方式	全額前払い方式、一部前払い・一部月払い方式、月払い方式のいずれかを入居者が選択できる（施設側はどの方式を選択できるのかを明示する必要あり）。

❼ 前払金（入居一時金）の問題と今後

かつては、入居一時金は、その有料老人ホームを終身利用する権利を取得することを目的としたものでした。しかし、これに関して、多くのトラブルが発生していたため、2011年老人福祉法が改正されました。

事業者が受領できる前払金は「家賃、敷金及び介護等その他の日常生活上必要な便宜の供与の対価」（以下「家賃等」）とされ、「権利金その他の金品」名目での受領が禁止されました（老人福祉法第29条第6項）。それまでの入居一時金の中には、施設を利用するための権利が含まれているところが大半でしたが、それが禁止され、家賃等に限定されたのです。つまり、前払金は「預り金」ですから、初期償却が認められる性質の金銭ではないことになります。

既に東京都は、「東京都有料老人ホーム設置運営指導指針」を改正し、「前払金が家賃等の対価であることに照らし、前払金の全部又は一部を返還対象としないことは、適切でないこと」（「9. 利用料等（4）前払金ウ」）との条項を設けました。この条項は、実質的に「前払金から初期償却を行うことは不適切」であるという趣旨です。指針に強制力はありませんが、東京都はこの趣旨を明確にしているのです。

❽ クーリングオフ制度

有料老人ホームにはクーリングオフ制度が設けられています。この制度により、入居して3ヵ月以内に何らかの理由により退去した場合（死亡を含む）、前払金の全額（入居期間相当分の家賃は除く）が返還されます 参照⇒ 第5章25・p248。

❾ 前払金の保全措置

長期にわたってお世話になる高齢者住宅・施設ですが、全ての経営主体がいつまでも健全に存続している保証はありません。経営主体が倒産・解散したり、変更になることもあります。

そのため、2006年4月以降に設置届出が提出された有料老人ホームについては、前払金の保全措置が義務付けられています。保全措置とは、施設が倒産して前払金の未償却部分が返還されない場合、ホームに代わって銀行や損害保険会社等が500万円を上限として未償却の金額を支払う制度です。ただし、それ以上の金額は戻ってこない可能性があります。

2006年3月以前に設置届出が提出された施設は、この保全は義務ではなく努力目

標となっていましたが、老人福祉法の改正によって、2018年4月（3年間の経過措置期間あり）から前払金の保全措置義務の対象に2006年3月以前に設置届出が提出された施設も含まれることになりました。

> **ここも確認！**
>
> **全国有料老人ホーム協会による保全措置とは**
>
> 公益社団法人全国有料老人ホーム協会とは、有料老人ホームを運営している事業者が集い、入居者の保護と事業の健全な発展に努めるため1982年に設立された団体です。
>
> 公益社団法人全国有料老人ホーム協会では、上記の前払金保全措置を保証するため、事業者の倒産などにより、ホームから全入居者が退去せざるを得なくなり契約が解除された場合に、登録された入居者へ500万円の保証金を協会から支払う「入居者生活保証制度」を設けています。この制度を利用するには、入居者と事業者との間で「入居契約追加特約書」を締結し、事業者より拠出金として、入居者1人あたり20万円（満80歳以上は13万円）を協会に支払う必要があります。登録された入居者には、協会より保証状が発行されます。
>
> 銀行保証等による保全措置は、前払金が全額償却済みで事業者の返還義務がなくなった場合に終了するのに対し、この協会の保全措置は返還金の有無にかかわらず入居中は存続するというところが最大の特徴です。
>
> つまり、この協会の入居者生活保証制度は、前払金の償却に関係なく、損害賠償の予定額として一律500万円が保証される制度なのです。

5-10 ケアハウス

POINT
- ケアハウスは、老人福祉法に基づく軽費老人ホームの一つである
- ケアハウスには、一般型と介護型の2種類がある
- 介護型では、24時間体制・定額の包括的介護が付いている

❶ 軽費老人ホームの一種

　ケアハウスは、社会福祉法人や地方自治体、民間事業者などによって運営される福祉施設で、老人福祉法で定められた「軽費老人ホーム」の一種であり、身寄りがなかったり、家族との同居が困難な高齢者のために提供される住まいです。

　自治体の助成を受けているため有料老人ホームよりも比較的安い費用でサービスを受けられます。

　軽費老人ホームには3つの基準A型（食事付き）、B型（食事なし・自炊可能な人が対象）、C型（ケアハウス）がありましたが2008年にC型（ケアハウス）に基準が統一されました。A型、B型は経過的措置で新設は認められていません。2020年で全国2,311ヵ所のケアハウスがあります。

　居室の種類は原則個室となっており、1人あたり面積は21.6㎡以上（夫婦用は31.9㎡以上）です。都市部におけるケアハウス需要に応えるため、居室面積などの基準を緩和した都市型軽費老人ホームも登場してきています。

　原則としては自治体住民を優先的に受け入れていますが、隣接するエリアなど別の自治体住民を受け入れるところもあります。

　「軽費」といっても、数十万～数百万円の入居一時金が必要なところもあり、決して一律に安価というわけではありません。ただし、所得に応じた利用料の減額の配慮はなされます。

❷ ケアハウスの種類

　ケアハウスの基本的なサービスは、見守りや生活援助、緊急時対応等で、これらが提供されるのが一般型です。特定施設入居者生活介護の指定を受けると介護型となり、「入浴・食事の介護」や「機能訓練や医療ケア」などが加わります（表5-10-1）。

表 5-10-1　ケアハウスの種類

	一般型	介護型
入所対象者	・60歳以上（実際には、施設によって65歳以上を要件としている場合が多い） ・家族の援助を受けることが難しく、自立した生活に不安をもつ高齢者	・65歳以上 ・要介護1以上 ・家族の援助を受けることが難しく、自立した生活に不安をもつ高齢者
受けられるサービス	・食事・生活支援（掃除、洗濯、買い物など）サービス ・医療機関との提携 ・緊急時対応 ※介護サービスを利用する場合は外部事業者と契約	・介護サービス（食事・入浴・排泄などの介助、機能訓練や通院の付き添い、安否確認や緊急時対応など） ・食事・生活支援サービス ・医療機関との提携 ・アクティビティ ・健康管理サービスなど

（1）一般型ケアハウス

　入居対象者は 60 歳以上 で身寄りがなく、独立して暮らすには不安がある人で、主に社会福祉法人、医療法人等が運営しています。食事や洗濯等の生活支援サービスなどが受けられます。

（2）介護型ケアハウス

　介護保険における特定施設入居者生活介護の事業者指定を受けている介護施設です。食事・生活支援等のサービスだけでなく、専門スタッフによる「24 時間体制・定額の包括的介護」が付いている介護施設が多くなっています。

　認知症対応や看取り対応をしているところも多くあります。ただし、そのような最期までケアを受けられる施設は人気があり、設置数もまだ少ないため、現在は入居待ちの期間がかなり長い状態が続いています。

❸ 都市型軽費老人ホーム

　都市型軽費老人ホームは都市部（東京都・大阪府など）にある定員 20 名以下の小規模な軽費老人ホームです。地価が高い都市部でも整備が進むよう考慮され、従来のケアハウスと比較して職員配置や居室の面積基準を緩和しています。さらに、トイレやキッチン、洗面所を共用するなどして費用を低額に抑えています。

❹ 入居一時金・利用月額料金

　ケアハウスは入居一時金と月額費用を払うところがほとんどです。
　入居一時金は、入居保証金などの初期費用であり、一般型は０〜数十万円、介護型

は0～数百万円のところもあります。月額料金は家賃・水道光熱費・食費を含めて7～20万円程度です。

　特別養護老人ホーム（介護老人福祉施設）ほど低額なわけではありませんが、収入に応じた減免措置があります。都市型軽費老人ホームでは、所得に応じて減免が行われると、月額料金が10～12万円程度に抑えられるところもあります。

❺ 探し方・申込方法

　入所を希望する場合は、直接施設に問い合わせるか、居住する市区町村の老人福祉担当課や地域包括支援センターに相談することになります。

　ただし、低廉な価格で、認知症対応や看取り対応など手厚い介護をしてくれるケアハウスはまだまだ受け皿が少ないこともあり、人気が高く、希望してもなかなか入居できないのが現状です。

　実際には、ケアハウスでも初期費用が数十万円必要になるところもあります。

　一方、有料老人ホームにも価格帯の低い施設が増えているので、「ケアハウス＝安価」と考えず、入居可能性の高い有料老人ホームも並行して検討するのが合理的でしょう。

5-11 認知症高齢者グループホーム

POINT

- 介護保険制度に基づく地域密着型サービスに位置付けられている
- 入居定員が1ユニット5人以上9人以下と少人数でのケアである
- 入居要件は要支援2以上、施設と同じ自治体に住民票がある等である

❶ 認知症高齢者を地域で支える施設

65歳以上の1/4は認知症の予備軍であると考えられています。認知症を完全に治療することはまだ難しく、日本の高齢化に伴って認知症高齢者の数はますます増加すると予想されることは前述しました　参照⇒ 第1章2・p6。デイサービスやショートステイを利用したとしても、認知症の人を最期まで自宅で介護するのは家族にとって大きな負担となります。

認知症対応に特化して支援する住まいとしての施設が認知症高齢者グループホーム（老人福祉法上の「認知症対応型老人共同生活援助事業」、介護保険法上の「認知症対応型共同生活介護」が行われる共同生活を営む住居）です。

認知症高齢者グループホームは介護保険の中で地域密着型サービスに分類されています。地域の認知症高齢者は地域で支援しようという地域包括ケアの理念が表れています。

営利法人・医療法人・社会福祉法人・NPO法人等の民間団体が運営しており、全国で約13,900ヵ所（利用者数約21万人）※の施設があります。認知症高齢者の数が増えていることから、今後ますますグループホームの果たす役割が重要になってきますが、現状は慢性的に認知症高齢者グループホームは不足しています。

※施設数は2020年12月現在厚生労働省「介護給付等実態調査月報（令和2年12月審査分）」より。入所者数は、「令和元年度介護給付費等実態統計の概況（令和元年5月審査分～令和2年4月審査分）」より

❷ 認知症進行予防にも配慮した、家庭的な環境

少人数で1つの生活単位「ユニット」を構成し、小規模な生活の場で食事・入浴・排泄等の介護サービスを受けながらも、認知症の人に残された能力を維持できるよう生活します。居室は個室になっており、交流できるリビングや食堂があります（図

| 図 5-11-1 | 認知症高齢者グループホームの間取り例

- 1事業所あたり1～3ユニット（1ユニット定員は5人以上9人以下）
- 1人あたり居室面積：**7.43㎡**（和室4.5畳）
- 居間・食堂・台所・浴室等、日常生活に必要な設備
- 職員配置：3：1　夜間：ユニットごとに1人　参照➡ 第5章22・p235
- 介護保険の「**認知症対応型共同生活介護**」を利用

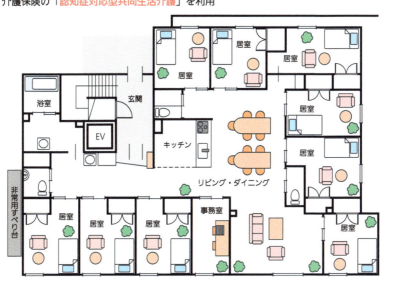

5-11-1）。認知症高齢者グループホームの**1ユニットは5～9人**です。原則として1～2ユニットを有することができますが、地域の実情などによっては、最大3ユニットまで有することが認められています。

　家庭的な雰囲気のなかで安心しながら共同生活を送ることにより症状の悪化を抑え、リハビリテーションやレクリエーションによって認知症の進行を緩やかにするなど、認知症に特有の配慮がなされています。

❸ 入居・退去条件

　認知症高齢者グループホームは65歳以上、認知症（軽度～中度）、**要支援2以上**の人が入居できます。また、介護保険の地域密着型サービスであり、施設と同じ自治体に住民票のある住民だけが入居することができます。

　認知症以外の病気、怪我などで常時医療が必要になったり、認知症によるものでも他者への暴力事件を起こしたりと、共同生活を営めない症状が出現してしまった場合

は退去を求められることもあります。

❹ 入居一時金・利用月額費用

　認知症高齢者グループホームの入居一時金は0〜数百万円程度、月額料金は13〜20万円程度です。

5-12 特別養護老人ホーム（介護老人福祉施設）

POINT
- 施設形態には、従来型とユニット型がある
- 入居要件は、原則として要介護3以上となっている
- 入居は先着順ではなく、介護の必要性等から総合的に判断される

❶ 特別養護老人ホーム（介護老人福祉施設）の特徴

特別養護老人ホーム（介護老人福祉施設。以下、特養）は常時介護が必要で、在宅では生活が困難になった高齢者が入居できる施設の一つです。2021年現在、全国で約10,800ヵ所、約64万人が生活しています。

費用が安いのが特徴で人気があります。多床室の場合、かなり低価格で利用が可能ですが、現在は個室のユニットケア方式がとられている施設が多く、その場合は多床室よりやや多く費用がかかることになります。

ただし、所得の低い人は居住費や食費の軽減措置が受けられます。

❷ 従来型とユニット型

特養を含む介護保険4施設には、「従来型」「ユニット型」があります。従来型施設は、居室は4人部屋等の多床室、食事は大きな食堂でという設備を基本としており、ユニット型施設は、居室は全て個室で、10人を1ユニットとし、そこにキッチンやくつろぐリビングのスペースが確保されている設備をもちます。

❸ 医療サービス

特養には配置医と呼ばれる医師が配置されていますが、実際は常駐しているわけではなく、地域医療機関の医師が業務委託契約により、月に2回程度ホーム内で診療を行います。施設内で提供される医療サービスは、健康管理、保健衛生が中心となり、中高度の医療処置には対応できないところが大半です。そのため、表5-12-1のような医療処置が必要な人は入所を断られる場合もあります。また、入所中に健康状態が変わり医療処置が必要となった場合に、退去を求められることもあります。病気等で医療機関へ3ヵ月以上入院した場合も、退去を求められることが多いでしょう。

| 表 5-12-1 | 特別養護老人ホームで対応できないことが多い医療行為

- 気管切開
- バルーンカテーテル
- 経鼻経管栄養法
- IVH（中心静脈栄養）
- 人工透析

各症状の解説は 参照 第 5 章 22 表 5-22-3・p239、第 6 章 2 表 6-2-2・p259

❹ 入居条件

制度上の申込は原則として要介護 3 以上となっていますが、介護虐待等のやむを得ない事情や特別な事情がある場合には、要介護 1 または要介護 2 の方でも入所が認められることがあります。特養が不足していることから、実際のところは要介護 4、5 の人が入居対象の中心となっています。

入居の判断は先着順ではなく、本人の介護の必要性や現在の環境での介護困難度等により検討されます（表 5-12-2）。

❺ 利用月額料金

特養には入居一時金はありません。

月額料金は、部屋のタイプ、地域、職員配置等によって変わります。

1 ヵ月負担の目安は表 5-12-3 の通りです。年金などの所得に応じて段階的に負担限度額が設けられています。市区町村に申請し、「介護保険負担限度額認定書」の交付を受けると、費用負担を軽減できます。

| 表 5-12-2 | 特別養護老人ホームの入居判断基準

本人の介護の必要性	①要介護度　②認知症高齢者の生活自立度 ③在宅サービス等の利用状況
在宅介護の困難度	①同居者・介護者の有無／健康状態 ②介護を手伝う者（従介護者）の有無　③介護者の就労の有無 ④住宅の有無　⑤住宅の介護適応性
地域性	①住所地　②居住歴
待機の状況	①申込からの経過期間
緊急度	①人的緊急性（介護者の急死など） ②物的緊急性（立ち退きを迫られているなど）

| 表5-12-3 | 特別養護老人ホームの自己負担月額目安

部屋のタイプ	従来型多床室	従来型個室	ユニット型準個室	ユニット型個室
賃料	約2.5万円	約3.5万円	約5万円	約6万円
食費	約4.5万円			
介護保険自己負担額※	1.6～2.5万円		1.9～2.7万円	
合計	8.6～9.5万円	9.6～10.5万円	11.4～12.2万円	12.4～13.2万円

※自己負担割合1割の場合。このほか、理髪代やレクリエーション代などがかかる。

❻ 申込方法・申込状況

　申込は、市区町村の福祉担当窓口にて行うか、直接施設で行います。
　特養は入居者とほぼ同数の待機者がいるといわれ、入所までに何年も待つこともあります。
　かつては申込順でしたが、前述の通り、現在は要介護度、認知症の有無、介護者の状況などを総合的に判断し、地方自治体や施設が定めた入所基準に基づいて、緊急度の高い人から入所することになっています。
　ただし、申込だけなら、複数の施設に並行して申し込むことも可能ですし、住んでいるところと違うエリアの施設に申し込むことも可能です。例えばある施設で何百人も待機者がいるといわれた場合でも、ほかの施設に予想より早く入れる人もいます。

5-13 介護老人保健施設（従来型老健）

POINT
- 在宅復帰を目的にし、リハビリテーション等のサービスが提供される
- 常勤の医師が配置され、医療体制が充実している
- 入居要件は要介護1以上で、社会福祉法人・医療法人が運営する

❶ 介護老人保健施設の概要

介護老人保健施設（以下、老健）とは、要介護者に対し施設サービス計画に基づいて、看護、医学的管理下での介護、機能訓練、必要な医療、日常生活上の世話を行う、介護保険法上の施設です。医療処置を終えリハビリテーションをして自宅に戻る間の「橋渡し」という位置付けですが、在宅介護環境を整えることの難しさから、自宅へ戻りきれない人が増えており、原則3ヵ月の入所期間が更新され、結果的に長期（1年超）にわたる入所者も増えています。

社会福祉法人・医療法人が運営しており、2021年現在の施設数は約4,200ヵ所（定員約36万人）です。

老健は、特別養護老人ホーム（介護老人福祉施設。以下、特養）と同様にプライバシーを重視した個室ユニットケアを増やそうという取組を進めていますが、普及しきれておらず、まだ4人部屋が主流です。

❷ 入居条件

病状が安定していて入院や治療の必要がない、要介護1以上の人が入所対象です。

❸ 医療サービス

老健は「退院した人の受け皿」としての役割が強く、常勤の医師が配置されており、特養と比べると医療体制は充実しています。そのため、痰の吸引、胃ろう、経管栄養、在宅酸素等の処置が必要な人でも入所が可能です。

❹ 利用月額料金

入居一時金は不要です。1ヵ月負担の目安は表5-13-1の通りです。
比較的低額で入所できるのは多床室の場合で、個室の場合は、施設によって異なる

ものの相応の費用がかかります。住居費や食費は施設によって異なる設定を設けていますが、医療面で充実しているため、特養よりも月額料金は高くなる傾向があります。

特養と同様に、年金などの所得に応じて負担軽減措置の制度を利用することができます。

| 表5-13-1 | 従来形老健の自己負担月額目安

部屋のタイプ	従来型多床室	従来型個室	ユニット型 準個室・個室
賃料	約1万円	約3.5万円	5〜15万円
食費	4〜5万円		
介護保険自己負担額※	2.3〜3.2万円	2.1〜3万円	2.3〜3.2万円
合計	7.3〜9.2万円	9.6〜11.5万円	11.3〜23.2万円

※自己負担割合1割の場合。このほかに、理髪代やレクリエーション代などがかかる。

❺ 探し方・申込方法・入所までの流れ

老健の情報については、病院のMSW（医療ソーシャルワーカー・退院支援担当者）、市区町村の介護保険課、地域包括支援センター等に問い合わせましょう。入所申込は、施設に直接行います。

申込があると、施設の支援相談員が利用目的、心身の状況、家族の意向等の調査を行います。その後主治医の診断を受け、面接や実態調査、診断書をもとに、利用可能かどうかについて入居判定されます。

5-14 介護療養型老人保健施設（新型老健）

POINT
- 介護療養型医療施設の転換先として創設された
- 慢性的症状の療養のため医療・看護を重点とした介護サービスを行う
- 従来型老健よりも在宅復帰推進を徹底強化している

❶ 介護療養型老人保健施設の概要

　後述する療養病床の廃止 参照➡ 第5章16・p220 を受け、厚生労働省は2008年に介護療養型医療施設と従来の介護老人保健施設との中間的な役割を担う「介護療養型老人保健施設（新型老健）」の創設を決定しました。

　新型老健のスタッフの配置等は従来型老健と比較して大きな差はありません。

　ハード面でも、療養病床から新型老健への移行推奨のため設備等の基準が多少緩和されていますが、従来型と大きな違いは見られません。しかし、慢性医療的ケアを行う介護施設だという特徴があります。食事・入浴・排泄等の介護サービスに加え、個別リハビリテーションや医療サービスに対応します。

❷ 医療サービス

（1）医療的ケアができる介護老人保健施設

　新型老健の大きな特徴は、急性期の治療が終わり、慢性的な症状のための療養を行うため、医療・看護に重点をおいたサービスが受けられる介護施設だということです。具体的には、従来の介護老人保健施設では断られてしまう可能性のある胃ろう、痰の吸引、血糖値管理が難しい人、終末期などの特別な配慮が必要な利用者を受け入れる施設として期待されています。

（2）在宅復帰を目的とした施設

　従来型老健も、本来病院と自宅をつなぐものとして3ヵ月を目処に退所をすることとなっていました。しかし、現実問題として老健に長期にわたって入所している人も少なくありません。新型老健では、従来型よりも在宅復帰推進を徹底強化し、3ヵ月ごとに在宅復帰判定を行うよう義務付けされています。

(3) 夜間の看護師配置を義務付け

新型老健では医療処置が必要な人でも受け入れが可能なケアを強化しており、特に常時「医療処置」参照⇒ 第5章22 表5-22-3・p239、第6章2 表6-2-2・p259 が必要な人を随時受け入れできる体制を整えるよう義務付けられています。

その一つとして、夜間帯の看護師の配置を必須とし、従来型老健よりも手厚くしています。これにより、24時間医療処置が必要な人も受入可能です。

(4) 医師の配置基準

廃止予定の介護療養型医療施設では、100名の高齢者に対して医師が3名配置される基準でした。新型老健では、100名の高齢者に対して医師1名の配置で足りることになりました。

❸ 入居対象者

要介護1以上の人が対象ですが、実際は専門的医療ケアが必要な人を優先的に受け入れています。

❹ 利用月額料金

ほかの介護保険施設と同様に、入居一時金は発生しません。1ヵ月負担の目安は表5-14-1 の通りです。

医療費サービスが充実しているため、月額料金が高くなります。賃料や食費は病院によって異なる設定をしています。

| 表5-14-1 | 新型老健の自己負担月額目安

部屋のタイプ	従来型多床室	従来型個室	ユニット型個室
賃料	約1.5万円	約5万円	約6万円
食費	4～5万円		
介護保険自己負担額※	2.4～3.5万円	2.2～3.2万円	2.7～3.7万円
合計	7.9～10万円	11.2～13.2万円	12.7～14.7万円

※自己負担割合1割の場合。このほかに、理髪代やレクリエーション代などがかかる。

5-15 介護医療院

POINT
- 介護医療院は 2018 年 4 月に創設された介護保険施設である
- 介護老人保健施設と同様、医療法上の医療提供施設でもある
- 長期療養のため医療と日常生活の世話を一体的に提供する

介護医療院は、日常的な医学管理が必要な重度の要介護者の受け入れ、看取りやターミナルケアの機能、生活施設としての機能などを兼ね備えた介護保険施設であり、医療法上の医療提供施設です。

❶ 介護医療院の概要

介護医療院は、今後増加が見込まれる慢性期の医療ニーズおよび介護ニーズに対応する役割や、介護療養病床からの転換先としての役割などを担うため、2018 年 4 月に創設された新しい介護保険施設です。開設主体は、地方公共団体、医療法人、社会福祉法人などの非営利法人となっています。

基本的には、「○○○介護医療院」の名称を用いますが、病院または診療所から新施設に転換した場合は、転換前の病院または診療所の名称を引き続き使用できることになっています。

❷ 介護医療院のサービス

介護医療院の施設形態は、介護療養病床（療養機能強化型）相当のサービス（Ⅰ型）、介護老人保健施設相当以上のサービス（Ⅱ型）に大別されますが、双方とも、医師、看護職員、介護職員、リハビリテーション専門職などが配置されており、療養上の管理、看護、医学的管理の下における介護、機能訓練、必要な医療などを提供しています。

また、介護医療院自体で、訪問リハビリテーション、通所リハビリテーション、短期入所療養介護などの介護保険サービスを提供することも認められています。

❸ 入居対象者

要介護 1 以上の人が対象となります。

❹ 他の介護保険施設との違い

　介護医療院は、長期にわたり療養が必要な要介護者に対して、「日常的な医学管理」や「看取りやターミナルケア」等の医療機能と、「生活施設」としての機能とを兼ね備えた介護保険施設です。夜間も医師や看護師が常駐し、家族と連携しながら利用者を見守り、看取りにも対応できる新しい「医療」と「介護」の形を実現する施設として「長期療養のための医療」と「日常生活上の支援」を一体的に提供しています。

❺ 利用月額料金

　介護医療院に入所する場合、入居一時金のようなまとまった費用はかかりません。費用として必要なのは、主に介護保険の保険給付の自己負担分、食費、居住費（部屋代）などです。利用月額料金の目安を見ると、表 5-15-1 のようになります。

| 表 5-15-1 | 介護医療院の利用月額料金の目安

介護保険自己負担額※	34,620円
食費	0.9〜4万円
居住費	0〜2.5万円
合計	4.3〜10万円

※要介護3・Ⅰ型の従来型多床室・自己負担割合1割の場合。

❻ 探し方・申し込み方法

　介護医療院の入所対象は、医療ニーズのある要介護者です。すでに担当のケアマネジャーがいる場合は、担当のケアマネジャーに問い合わせてみましょう。担当のケアマネジャーがいない場合は、かかりつけ医や地域包括支援センターに問い合わせましょう。施設によって、申し込み方法が異なる場合もあるので、その点も確認が必要です。

5-16 介護療養型医療施設（療養病床）

POINT
- 病院などの医療機関の中にあるが、介護保険法の施設である
- 介護医療院や新型老健への転換が進められている
- 2024年3月末で廃止されたが、経過措置で運営するところも

❶ 介護療養型医療施設の概要

介護療養型医療施設（療養病床）とは、「療養病床等を有する病院または診療所であって、当該療養病床等に入院する要介護者に対し、施設サービス計画に基づいて療養上の管理、看護、医学的管理下での介護、日常生活上の世話、機能訓練、必要な医療を行う施設」（旧法）です。ほとんどが医療機関の中にあるため、病院の一部に見えますが、介護保険法に基づく介護施設として位置付けられています。

しかし、療養病床は、家庭の事情などにより医学的に入院の必要のない人が長期入院する社会的入院が問題視され、新設が認められなくなり、2018年3月末日で廃止することになっていました。しかし、介護医療院 参照⇒ 第5章15・p218 や新型老健 参照⇒ 第5章14・p216 への転換に必要な期間などを鑑み、廃止期限をさらに6年延長しました。2024年3月末をもって廃止されましたが、現状も一部経過措置で運営しているところがあります。

療養病床は4人部屋が主流です。個室は、施設によってまちまちではありますが、費用は高額になることがあります。

❷ 医療サービス

医療施設の中にあるため、ほかの介護保険施設と比べると医師、看護師の配置数も多く、医療サービスは高齢者住宅・施設の中で最も充実しています。痰の吸引や胃ろう、褥瘡、経管栄養、尿管カテーテル、酸素吸入といった医療処置が必要な人でも問題なく入居可能、終末期ケアや看取りにも多く対応しています。

また自宅での生活が困難な認知症の人でも入所が可能なことが多いようです。

❸ 利用月額料金

1ヵ月負担の目安は表5-16-1の通りです。医療サービスが充実しているため、介

護老人保健施設や特別養護老人ホーム（介護老人福祉施設）と比べると月額料金が高くなりますが、年金などの所得に応じた負担軽減措置が受けられます。

賃料や食費は病院によって異なる金額設定をしています。病院によっては、個室利用で25万円以上／月となるところも少なくありません。

| 表5-16-1 | 療養病床の自己負担月額目安

部屋のタイプ	従来型多床室	従来型個室	ユニット型 準個室・個室
賃料	約1万円	約3.5万円	5〜15万円
食費	4〜5万円程度		
介護保険自己負担額※	2〜4万円程度		
合計	7〜10万円	9.5〜12.5万円	11〜24万円

※自己負担割合1割の場合。このほかに、理髪代やレクリエーション代などがかかる。

5-17 その他の高齢者住宅・施設

POINT
- 無届老人ホームや生活保護者向け介護施設等がある
- 無届老人ホームは行政の目が行き届かず虐待・火災等が懸念される
- 生活保護受給者は公的施設だけではなく民間施設も利用できる

❶ 無届老人ホーム

　高齢者を入居させ、食事の提供、介護の提供、洗濯・掃除等の家事、健康管理のいずれかのサービスを提供する場合は、都道府県に有料老人ホームの届出をしなければなりません。この届出をしていないホームを「無届老人ホーム」と呼びます。

　一軒家を安く借りて高齢者を入居させ、介護サービスを提供しているものの、有料老人ホームの設備要件（廊下幅等）を満たさないため、登録すると行政指導を受けるので届出をしない、などという例があります。

　比較的低額で利用できることからニーズがあり、地域によっては無届老人ホームが多いところもあります。

　しかし、行政の目が行き届かないため、介護虐待があっても発見されにくい、施設が基準を満たしていないため火事などの事故に対応できるかわからないといった問題が起きやすいのも事実です。

　また、無届老人ホームは指定の介護事業者を利用してもらうことなどで経営を成り立たせているケースが多くあります。そのため、介護保険制度改正などによりそのシステムが崩れる恐れもあり、経営安定性が担保されにくい面があります。

❷ 生活保護者向け介護施設

　特別養護老人ホーム（介護老人福祉施設）や介護老人保健施設、軽費老人ホームは公的な施設ですから、当然生活保護受給者も受入可能です。しかし定員数が少なく、利用できないケースが多いのが現状です。生活保護受給者も有料老人ホームやサ高住等の民営高齢者住宅を利用することができるため、上記のような状況のなか、施設側が積極的に生活保護受給者を誘致して入居させ、以下のような方法で運営している高齢者住宅・施設もあります。

　単身高齢者の場合、生活保護費は、生活扶助費と住宅扶助費 参照➡ 第1章4・p17を

合わせて9〜12万円程度ですが、運営会社は、要介護度の重い入居者の生活保護費内になるように賃料等を値引きして入居させます。その一方で、限度額いっぱいに介護保険給付を請求して、値引き分を介護保険収入で補塡するかたちをとるケースもあります。

本人の自由になる生活保護費が残らないケースも多く、また、入居者の意図に沿わない不必要な介護保険サービスを利用することになるという問題があります。

では、ここからは各高齢者住宅・施設を横断的に比較・確認していきましょう。

図5-17-1 高齢者住宅・施設と要介護度・費用の関係

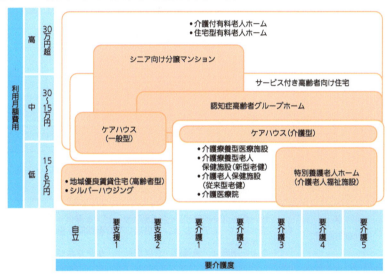

ここも確認！

入居可能性が高い3つの住まい

社会的な受け皿として定員数が非常に少なく、入居倍率の高い住まい（特養やケアハウスなど）は、現実問題として入居までこぎ着けるのがなかなか難しいものです。

現在、定員数が相当数あり、入居可能性の高い高齢者住宅・施設としては、下記があげられます。

- サービス付き高齢者向け住宅
- 有料老人ホーム
- 認知症高齢者グループホーム

| 表 5-17-2 | サービス付き高齢者向け住宅と有料老人ホームの比較 |

項目		サービス付き高齢者向け住宅※1
生活上の特徴		プライバシーが重視され、自由度が高い
介護サービス	最低限提供されるサービス	状況把握（安否確認）／生活相談 ※上記に加えて「介護」や「食事」などのサービスを提供し、かつ特定施設入居者生活介護（一般型）の事業者指定を受けて定額制の介護サービスを提供するサ高住もある。
	利用可能な主な介護保険サービス	①訪問介護、訪問看護、通所介護など ②定期巡回・随時対応型訪問介護看護
	介護する人と介護概要	外部介護サービス事業者のスタッフ 利用する介護サービスは入居者自身が選択（外部の介護サービス事業者と個別に契約）
	自己負担額	要介護5の場合36,217円／月※2
	報酬の支払方式	①は出来高制（利用した分だけの支払い） ②は定額制
	リハビリ対応	訪問リハビリテーション／通所リハビリテーション
	医療対応	訪問看護
居室面積	基準	原則25㎡以上（共用スペースがある場合は18㎡以上）
	実態平均※5	23.9㎡（最多居室面積の平均値）
全室に備えてある割合※5		・トイレと洗面設備は設置義務（100%） ・浴室：約30%　・台所：約46%
主な職員配置		状況把握（安否確認）・生活相談サービスを提供する職員を配置 ※ヘルパーステーションを併設して介護体制を整えている場合が多い。 ※上記職員は、看護師、介護福祉士、ケアマネジャー等
主とする契約形態		建物賃貸借方式（約8割）※5 ついで、利用権方式、終身建物賃貸借方式
概算費用	初期費用（入居時に必要となる敷金や前払金等）	0〜数百万円 ※次の①②のいずれか、あるいは①と②の両方が必要となる場合がある。 ①敷金（家賃の2〜6ヵ月分程度／平均：約16万円） ※約7割のサ高住で必要※5 ②家賃の前払金（通常数十万〜数百万円）一部のサ高住で必要
	月額費用目安	約17万円（居住費8万円＋食費4万5千円＋基本サービス費・管理費4万5千円）※6
許認可		都道府県知事への登録申請（審査＆許可）

※1　原則、特定施設入居者生活介護の事業者指定を受けているものを除く。
※2※3※4　※2と※3では要介護5の人が区分限度支給額まで利用した場合、※4では要介護5の人が特定施設入居者生活介護費を30日で計算した場合で、自己負担割合1割のケース。1単位10円で換算。2021年4月時点の単位数に基づく。

住宅型有料老人ホーム	介護付有料老人ホーム
共同生活の要素が強いが、安心度が高い	
次のいずれか1つ以上を提供 入浴／排泄／食事の介護／健康管理／食事の提供／洗濯・清掃等の家事	入浴／排泄／食事の介護
①訪問介護、訪問看護、通所介護など ②定期巡回・随時対応型訪問介護看護	特定施設入居者生活介護（一般型） ※一般型は介護付有料老人ホームのほとんどを占める。外部サービス利用型特定施設入居者生活介護も一部で利用可能。
外部介護サービス事業者のスタッフ 利用する介護サービスは入居者自身が選択（外部の介護サービス事業者と個別に契約）	ホームの専門職員（ケアスタッフ）による包括的介護
要介護5の場合36,217円／月※3	要介護5の場合24,210円／月※4
①は出来高制 ②は定額制	定額制（利用量にかかわらず定額）
訪問リハビリテーション／通所リハビリテーション	ホームの機能訓練指導員が対応
訪問看護	ホームの常勤看護師が対応 （日中必須／一部夜間も）
法令基準なし（各自治体の指導方針では13㎡以上が標準）	
16.0㎡（最多居室面積の平均値）	22.2㎡（最多居室面積の平均値）
・トイレ：約42%　・洗面：約55% ・浴室：約6%　・台所：約11%	・トイレ：約81%　・洗面：約91% ・浴室：約9%　・台所：約14%
提供するサービス内容に応じて次の職員を配置 ・生活相談員　・看護職員　・介護職員 ・機能訓練指導員　・栄養士　・調理員 ヘルパーステーションを併設して介護体制を整えている場合が多い。	・生活相談員（常勤）　・看護職員 ・介護職員　・機能訓練指導員 ・計画作成担当者　・栄養士　・調理員 看護・介護職員の合計数は利用者3人に対して1人以上（常勤）
利用権方式（約7割）※5 ついで、建物賃貸借方式	
0〜3,000万円程度 ※家賃相当額の全額や一部を入居時に一括して支払う。 ※「前払い（一時金方式）」を採用している場合は高額の前払金（入居一時金）が必要になる場合があり、高級な有料老人ホームになると初期費用だけで1億円以上するものもある。	
約23万円（居住費13万円＋食費5万円＋管理費5万円）※6 ※住宅型の場合は、管理費に基本サービス費が含まれる。	
都道府県知事への届出（審査＆受理）	都道府県知事・市区町村の指定

※5　公益社団法人全国有料老人ホーム協会「有料老人ホーム・サービス付き高齢者向け住宅に関する実態調査研究事業報告書（平成26年3月）」より。
※6　首都圏での大まかな金額。介護サービス利用料、医療費等は別途になる。
（満田将太ほか「高齢者向け住まい＆介護に備える」より）

5-18 高齢者住宅・施設の経営主体

POINT
- 特別養護老人ホーム等公的施設の多くは社会福祉法人が運営する
- 介護老人保健施設等の多くは、医療法人が運営する
- 営利法人が運営する民間施設はM&A等の業界再編の動きがある

❶ 社会福祉法人

　社会福祉法人は、社会福祉事業を行うことを目的として、社会福祉法の定めにより設立された公益法人です。公的な高齢者住宅・施設である特別養護老人ホーム（介護老人福祉施設）、ケアハウス等の多くは、地方自治体の委託を受けて社会福祉法人が運営しています。有料老人ホームやサービス付き高齢者向け住宅を運営しているケースもあります。

　営利を目的とせず社会福祉のために運営される法人という建前のため、後述する医療法人と同様、各種制度での補助金などが受けやすくなります。社会福祉事業から生ずる所得は法人税が非課税となるよう、法人税法上も優遇されています。一方、このように公的優遇措置も受けていることから、監督官庁が運営全般に対して積極的に助言、指導を行います。また、法人が経営する社会福祉事業についても、老人福祉法等の各法令で定めている基準等に沿って運営されているか、定期的に指導監査を受けます。

❷ 医療法人

　医療ニーズを満たすことが前提となっている介護老人保健施設や介護療養型医療施設は医療法人による経営が多いでしょう。

　社会福祉法人と同じく、公益性を旨としているため、医療保健業から生ずる所得は法人税が非課税となり、公的に大きく寄与する法人として、経営の安定化が図られています。

　有料老人ホームやサービス付き高齢者向け住宅を経営している医療法人もあり、医療連携に強いという特徴があります。

❸ 営利法人

　2000年の介護保険制度実施に伴い、日本の福祉制度に民間営利法人の参入が進んできました。現在、有料老人ホームやサービス付き高齢者向け住宅は、株式会社などの営利法人による経営が主流となっています。

　高齢者住宅・施設を経営している営利法人では、在宅介護サービスを提供していた事業者がそのサービスのノウハウを生かして参入しています。また、ハード面や環境整備の点でアドバンテージのある建築大手やデベロッパーなど建築をメインとする企業も高齢者住宅・施設の経営に進出しています。さらに教育や金融など異業種から参入した企業もあり、介護関連の上場企業も傘下を増やす傾向にあるなど、民間の介護業界は拡大傾向にあるといえるでしょう。

　高齢者住宅・施設を運営している中小の営利法人は、経営の安定強化のため、大手資本の上場企業の傘下に入るケースや、上場企業同士による大規模なＭ＆Ａ（企業買収）による業界再編の動きも見られます。

❹ NPO法人

　NPO法人（特定非営利活動法人）とは、定められた20分野（「保健、医療又は福祉の増進を図る活動」を含む）に該当する活動により、不特定かつ多数のものの利益に寄与することを目的とする法人です。社会的なニーズに対して団体で行動し、行政や営利法人等の供給が追いつかないニーズに対応するサービスを提供しています。

5-19 高齢者住宅・施設で利用する介護保険サービス

POINT
- **住宅系**では、**居宅サービス**が利用できる
- **施設系**では、**定額料金**の**包括的介護サービス**が利用できる
- **介護付有料老人ホーム**や**認知症高齢者グループホーム**は施設系である

❶ 住宅系住まいでは居宅サービス

住宅系の高齢者住宅・施設では、「在宅」と同様に、訪問介護や通所介護等の**居宅サービス**が受けられます。

ケアプランは、併設事務所のケアマネジャーが立てることもあれば、外部の居宅支援事業所のケアマネジャーに依頼する場合もあります。利用できる居宅サービスについては、一般の介護保険利用の場合と全く同じなので、第3章を参照してください。

❷ 施設系住まいでは包括的サービス

介護付有料老人ホーム、**認知症高齢者グループホーム**などの**施設系**の高齢者住宅・施設で提供されるサービスは、要介護度に応じて、1日または1ヵ月の定額料金が定められた、**包括的な介護サービス**です。

表5-19-1・5-19-2のほかに、看取り介護加算、夜間支援体制加算なども加算されることがあります。

| 表 5-19-1 | 特定施設入居者生活介護(一般型)の自己負担額の目安

介護付有料老人ホームに適用される。

要介護度	自己負担額（1日）※	自己負担額（30日）※
要支援1	180円	5,400円
要支援2	309円	9,270円
要介護1	534円	16,020円
要介護2	599円	17,970円
要介護3	664円	20,040円
要介護4	732円	21,960円
要介護5	800円	24,000円

※自己負担割合1割の場合。1単位10円として計算。要介護では短期利用も同額。入居費用・日常生活費（おむつ代など）等は、別途負担する必要がある。

| 表 5-19-2 | 認知症対応型共同生活介護の自己負担額の目安

認知症高齢者グループホームに適用される。

要介護度	自己負担額（1日）※	自己負担額（30日）※
要支援2	749〜789円	22,470〜23,670円
要介護1	753〜793円	22,590〜23,790円
要介護2	788〜829円	23,640〜24,870円
要介護3	812〜854円	24,360〜25,620円
要介護4	828〜870円	24,840〜26,100円
要介護5	845〜887円	25,350〜26,610円

※自己負担割合1割の場合。1単位10円として計算。要介護では短期利用も同額。入居費用・日常生活費（おむつ代など）等は、別途負担する必要がある。

5-20 夫婦部屋

POINT
- 夫婦部屋は単身向けの部屋と比べると圧倒的に少ない状況である
- 同じ施設で別々の部屋を探すという選択肢も考慮する必要がある
- 夫婦部屋使用には、メリット・デメリットがある

❶ 夫婦部屋を選択するかを検討する

　夫婦で高齢者住宅・施設に住むことを考える場合、一緒の施設、一緒の部屋を探すかどうかが悩みどころとなります　参照➡第4章11 章末資料表4-11-3・p162。夫婦一緒に入居できる夫婦部屋はもちろん存在しますが、単身向けの部屋と比べると圧倒的に少ない状況です。その分、選択の幅も狭くなります。個室2部屋分の料金よりは安価ですが、1部屋分の料金としては割高に感じられるかもしれません（表5-20-1）。

　また、夫婦で要介護度が異なる場合、同室であることで要介護度が軽い方が結局配偶者を介護してしまうことになりやすく、介護負担を軽減しようと高齢者住宅・施設を利用する意味が半減してしまいます。夫婦であっても、同じ施設の別の部屋に住むという選択肢も検討する必要があるかもしれません。

表5-20-1　夫婦部屋使用と個室2部屋使用のメリット・デメリット

	メリット	デメリット
夫婦部屋	・夫婦でいつでも一緒にいられる安心感があり、いままでと同じような環境で過ごせる。 ・ミニキッチン付きなど、設備がよい場合がある。 ・30～50㎡と、個室の1.5倍程度の広さの部屋が多い。 ・管理費等の月額利用料が個室2部屋分より安価になる場合が多い。	・身体状況が異なる夫婦の場合、同室内で気になってしまい、介護負担軽減という目的が薄れてしまうことがある。 ・夫婦部屋自体の数が少なく、費用や場所の選択肢が少ない場合が多い。 ・個室2部屋分よりは安価なものの、1部屋分としては割高な価格設定が多い。
個室を2部屋使用	・それぞれのペースで過ごせる。 ・夫婦部屋と比べると数が多く空室を見つけやすい。 ・価格帯も幅広いため選択肢が広い。 ・1部屋を寝室、1部屋をリビングとするなど、自由に利用できる可能性がある。	・身体状態によってフロアを分けている施設の場合、夫婦で別のフロアになってしまう場合がある。 ・入居一時金・月額費用ともに2部屋分の費用がかかる。

❷ 夫婦部屋を見つけやすい住まいとは

もし夫婦部屋を希望する場合、夫婦部屋提供の可能性が高いのはどの高齢者住宅・施設でしょうか。

（1）サービス付き高齢者向け住宅

サービス付き高齢者向け住宅は、夫婦部屋への高いニーズを受けて、居室面積の広い自立型の夫婦部屋から介護型の夫婦部屋など多様性に合わせた夫婦部屋があります。

高齢者住まい法により、2人部屋には「配偶者（事実上の夫婦関係にあるものを含む）」「60歳以上の親族」「60歳未満で要支援・要介護認定を受けている人」が同居してよいことになっています。供給数は今後も増える見込みなので、夫婦部屋を見つけやすい住まいといえるでしょう。

（2）有料老人ホーム

有料老人ホームも夫婦部屋を設置しているケースがあります。

（3）ケアハウス（軽費老人ホーム）

ケアハウスも夫婦部屋を設置しているケースがあります。ただし、ケアハウスの入居条件として自立した高齢者であることが前提となっているため、どちらかが介護が必要になってきた場合は要介護者あるいは2人とも退去しなくてはならなくなる可能性があります。

これとは逆に、特別養護老人ホーム（介護老人福祉施設。以下、特養）や介護老人保健施設（以下、老健）は夫婦部屋に入居できる可能性は低いといえます。特養は個人ごとに入居判定を行うので、そもそも夫婦といえども同時期に入居できるかどうかは未知数です[※]。老健は、病院から在宅への橋渡しを目的とした中間施設という建前上、夫婦で長期に住まうことを想定していません。

※2人部屋がある施設もあるので、そこに空きがあるときに配偶者の入居が決まるなど、タイミングが合えば全く不可能というわけではない。

5-21 認知症ケア

POINT

- 軽度認知障害・認知症の予防は、大切な取り組みの一つである
- 認知症高齢者の住まいは認知症高齢者グループホームに限らない
- 認知症の状態によっては、入居拒否・退去事由にもなる

❶ 高齢者住宅・施設の認知症予防・リハビリテーション

長く暮らすことになる高齢者住宅・施設では、軽度認知障害（MCI）や認知症の（進行）予防も大切な取組の一つです。各施設では予防に一定の効果があるといわれているさまざまな療法・リハビリテーションのプログラムを組んで行っています。

高齢者住宅・施設でどのような認知症予防プログラムを組んでいるか調べておくとよいでしょう。

> **コラム　リアリティー・オリエンテーションとは**
>
> 認知症の人は、「今日は何曜日？」「いまの季節は？」「いまいる場所はどこ？」といった見当識障害に陥りやすいものです。そのため、現実の認識を深めることを目的として、日常会話の中で季節や時間や日にちの質問を繰り返し、日常生活動作をともに行って残存能力に働きかけ認知症の進行を遅らせます。
>
> 例えば、朝食のおみそ汁を一緒に作りながら、「朝は忙しいね」「冬だから、寒いねえ」と声かけして、朝の時間、冬の季節を認識してもらう、などのように行います。さりげない働きかけですが、意識的に行われることで、認知症予防のリハビリテーションとなります。

❷ 認知症対応技術の確認を

認知症の症状は、周囲の人々の対応や環境によって好転・悪化する場合があることが知られています。スタッフが認知症の人をどのように思い、どのように対応するかも住まいの大切な要素です。

認知症の場合、一般的にはあまり環境を変えないことがよいとされていますが、もし自宅で多少の問題行動があっても、認知症高齢者グループホームなどで専門の介護職員に適切な対応を受けると症状が穏やかになっていく場合もあります。

逆に、施設に入居していて認知症の症状が問題となってくるようなら、本人にとってその施設の認知症ケアは問題行動を引き起こすような相性の合わないものである可能性があります。入居の際は、認知症についてその施設のスタッフ（主に施設管理者）がどのような考えと経験をもっているのかをよく確認し、具体的な認知症状がある場合は、それについてどのような方針で対応するのかを確認しておくとよいでしょう。

入居していて症状が悪化した場合は、すぐに退去や住み替えを検討するのではなく、まずは何が原因で問題行動が起こっているのか、施設のスタッフとともに本人の真意を探り、家族・スタッフ・支援者が協力して本人の問題行動を緩和する試みも大切です。

❸ 認知症高齢者の居場所

一方で、高齢者住宅・施設選びには、認知症が進行してしまった場合のことを考慮に入れておくことも重要です。認知症患者の増加については 参照➡ 第1章2・p6 で前述した通りで、認知症高齢者グループホームだけで対応できる数ではなく、ほかの住まいにも認知症の高齢者は入居しており、それぞれの施設の方針で認知症ケアを受けています。

認知症には中核症状のほかにBPSD（行動・心理症状）があり、その病態の表れ方も進行過程も人によってさまざまです。軽度であれば在宅や認知症高齢者グループホーム、中度〜重度になると特別養護老人ホーム（介護老人福祉施設）や有料老人ホームという傾向はありますが、一概に「この状態の認知症の人はこの施設に」と決まるわけではありません。

ただし有料老人ホームでは、認知症高齢者の入居受入について、サービス付き高齢者向け住宅よりも柔軟に対応できる傾向にあります。施設によっては、要介護度に応じてフロア分け（軽度者、重度者など）がされており、状況の変化に応じて施設内での部屋替えができます。そのため、認知症が重度になっても退去を余儀なくされるのではなく、フロアを替えるなど本人に負担がかかりにくい対応が可能な場合もあります。

それでも、BPSDにより問題行動の程度が甚だしくなり、共同生活するほかの人に危害を加えたり迷惑をかけてしまう恐れがある場合は、入居を拒まれる可能性もあります。既に入居していてそのような状態になった場合は、退去を求められることや精神医療施設などに一時入院を促されることもあります。

精神医療施設に入院すると、その後高齢者住宅・施設に戻りづらくなる傾向もあります。

> **ここも確認！**
>
> **認知症に関する医療連携**
> 提携医療機関や訪問診療医は内科が多いようですが、**精神科**、**神経科**、**神経内科**、**老年科**の専門医師等であれば認知症の診察についての専門的知見も深く、薬の調整や症状に応じた対応も適切で手厚い対応が可能となります。

5-22 サービス提供体制

> **POINT**
> - 各施設の職員配置は、各根拠法令に最低基準が定められている
> - 夜間の職員配置には明確な最低基準がなく、確認が必要である
> - 医療・看護体制やリハビリ対応は施設の種類によって様々である

❶ 職員配置基準

各施設の職員配置は、各根拠法令によりその最低基準が定められています。その内容は介護を主に行う施設かどうかによって大別されます。

（1）介護付有料老人ホーム

介護付有料老人ホームが前提とする介護保険の特定施設入居者生活介護給付を受けるためには、介護保険法で表5-22-1のような職員配置の最低基準が設けられています。

| 表5-22-1 | 介護付有料老人ホームの職員配置

職種	職員配置
看護職員 （看護師・准看護師）	●入居者30名まで　　1人以上 ●31〜80名　　　　　2人以上 ●81〜130名　　　　3人以上
介護職員	●常時1人以上配置 ●要支援2、要介護の人3人に対して1人以上（3：1） ●要支援1の人10人に対して介護職員と看護職員合わせて1名以上
機能訓練指導員※	1人以上
生活相談員	入居者100人に対して1人以上
ケアマネジャー	専従で1人以上

職員は全て常勤換算数　参照→ p237
※理学療法士、作業療法士、言語聴覚士、看護職員、柔道整復師、あん摩マッサージ指圧師の資格を有するもの、一定の実務経験を有するはり師やきゅう師。
（有料老人ホーム設置運営標準指導指針、特定施設入居者生活介護人員に関する基準より）

（2）介護保険施設

介護保険施設である特別養護老人ホーム（介護老人福祉施設。以下、特養）、介護老人保健施設（以下、老健）、介護医療院、介護療養型医療施設では、各施設の役割に応じて職員配置の内訳が異なります（表5-22-2）。介護の必要度が強い特養は介護

職員の配置を、医療の必要度が強い介護医療院では医師や看護職員の配置を、リハビリテーションを旨とする老健はリハビリ職員の配置を厚くしています。

表 5-22-2 | 介護保険施設の職員配置（入居者 100 人に対して）

職種	特別養護老人ホーム	介護老人保健施設	介護医療院
医師	必要数	1人以上	3人以上
看護職員	34人以上 （うち看護職員 3人以上）	34人以上 （うち看護職員 9～10人程度が標準）	17人以上
介護職員			17人以上
薬剤師	—	適当数	1人以上
栄養士	1人以上	1人以上	1人以上
機能訓練指導員※	1人以上	—	—
理学療法士	—	1人以上	適当数
作業療法士	—		適当数
生活相談員	1人以上（常勤）	1人以上	—
ケアマネジャー	1人以上（常勤）	1人以上（常勤）	1人以上（常勤）

職員は全て常勤換算数
※理学療法士、作業療法士、言語聴覚士、看護職員、柔道整復師、あん摩マッサージ指圧師の資格を有するもの、一定の実務経験を有するはり師やきゅう師。

（3）住宅型有料老人ホーム

ほかの介護事業所に介護を外部委託することを前提としているため、人員配置に関する具体的な基準はなく、提供するサービスに足りるだけの人員があればよいことになっています。

（4）サービス付き高齢者向け住宅

「ケアの専門家※が少なくとも日中に常駐し、安否確認サービスと生活相談サービスを提供する」ことになっているほかは、住宅型有料老人ホームと同様に、具体的な基準はありません。

※社会福祉法人・医療法人・指定居宅サービス事業所等の職員、医師、看護師、介護福祉士、社会福祉士、介護支援専門員、介護職員初任者研修または介護職員実務者研修の修了者。

法令により最低基準が定められていない高齢者住宅・施設でも、併設の病院や訪問看護事業所、訪問リハビリテーション事業所等と提携するなどして、専門職員を定期に派遣してもらうなど、安心してサービスを受けてもらえるような体制を整えている

ところがほとんどです。

> **ここも確認！**
>
> **職員の常勤換算計算方法**
> 「3：1」と示された職員配置は、入居者3名に対し常勤職員が1名であることを意味し、常勤ではない短時間勤務職員は、勤務する時間に応じて計算します。このように常勤・非常勤の職員を全て常勤に換算して計算する方法を「常勤換算」といいます。
> では、具体的に計算してみましょう。
> 　例：入居者60名（全て要介護）、介護職員が常勤職員18名・非常勤職員4名（週20時間勤務）の介護付有料老人ホーム
> 　1. 常勤職員は18名なので、常勤換算18
> 　　常勤職員の1日の勤務時間を8時間とし、週5日勤務で週40時間＝常勤換算1
> 　2. 非常勤職員4名常勤換算。
> 　　週20時間勤務のため、週20時間÷週40時間勤務＝常勤換算0.5　常勤換算0.5×非常勤職員4名＝常勤換算2
> 　3. 施設全体の介護職員では、常勤職員18名＋非常勤職員2名＝常勤換算20
> 　4. 入居者60名：常勤換算20＝3：1
>
> つまり、この事例は少なくとも介護職員については介護保険法の最低基準を満たしているということになります。
>
> **「常勤換算」の意味**
> 前述の常勤換算は、入居者3名に対し24時間常に1名の職員を配置するという意味ではありません。週の所定労働時間（40時間）を1名として換算した職員の人数であり、この人員で早番・日勤・遅番・夜勤とシフトを組んでサービス体制をとることになります。
> 多くの有料老人ホームでは、入浴や食事対応など人手を必要とする時間帯は多めにスタッフを配置する一方で、夜間は少人数対応するといった体制をとっています。
> 職員配置について不安がある場合は、事前に運営者等に確認するようにしましょう。

❷ 夜間のサービス体制

　高齢者住宅・施設では、どこでも何らかの夜間サービス体制をとっています。夜間のサービスのうち、「夜勤」とは寝ないで入居者のケアにあたることを指し、「宿直」とは同一の高齢者住宅・施設で専門職員が寝泊まりしていることを指します。

　ただし、どのような夜間サービスをすべきか、夜間に何人配置するか等については法令で明確な最低基準を設けておらず、入居時に確認が必要な点でもあります。

　サービス付き高齢者向け住宅における調査（2023年8月（社）高齢者住宅協会「サービス付き高齢者向け住宅の現状と分析」）では、回答のあったサービス付き高齢者向け住宅の75.8%で夜間の人員が配置されていました。人員配置がない場合でも、夜間緊急通報システムなど何らかの夜間対策がされていることが多いでしょう。

❸ 医療・看護のサービス体制

　既に示した職員配置によりわかるように、高齢者住宅・施設には医療体制の配置基準が設けられています。基準とは別にサービスの充実を図るため医療提携をしているところも多くあります（表5-22-3）。

　24時間医師が常駐している高齢者住宅・施設はほとんどありません。施設併設の系列病院や連携・提携している医療機関から医師が月2回程度訪問診療に来て、定期診察を受ける方式で医療機関と連携するパターンが多くなっています。優先的に入院できる病院を確保している場合もあります。

　訪問診療を実施している場合でも、必要な科（皮膚科、眼科、精神科等）を受診できるとは限りません。受け入れできない持病、処置は確認しておきましょう。また、施設と協力・提携をしている医療機関以外への通院の対応を行ってくれるかどうかも確認しておきましょう。

　看護師の常勤体制は、高齢者住宅・施設の種類、意向によりさまざまです。1日に複数回医療行為が必要な人は、日中のみしか看護師がいない高齢者住宅・施設では受入が難しいと思われます。なかでも特に多く相談を受けるのが、夜間痰の吸引が必要な人です。しかし、24時間看護師常駐の高齢者住宅・施設は、入居一時金が高額な場合を除き、かなり少数です。

　2012年4月「社会福祉士及び介護福祉士法」（昭和62年法律第30号）の一部改正により、介護福祉士および一定の研修を受けた介護職員等においては、医療や看護との連携による安全確保が図られていること等、一定の条件の下で「痰の吸引等」を

実施できることになりました。しかし、実態としては介護職員が痰の吸引等をしている高齢者住宅・施設は、まだごく少数です（表5-22-4）。

| 表5-22-3 | 高齢者住宅・施設における医療処置受入可否の目安 |

受入可能なホームが多い	ホームによって可否が分かれる	受入不可が多い
胃ろう 人工肛門（ストーマ） インスリン注射 バルーンカテーテル 褥瘡ケア 在宅酸素	点滴 経鼻経管栄養 痰の吸引（日中） 人工透析 終末期対応 問題行動のある認知症	人工呼吸器使用 気管切開 IVH（中心静脈栄養）※ 痰の吸引（夜間） 感染症 ALS（筋萎縮性側索硬化症）

各項目の詳細については 参照⇒ 第6章2 表6-2-2・p259
※中心静脈から血液に栄養を投与する栄養法

| 表5-22-4 | 施設ごとの看護師配置 |

施設名	看護師の配置
住宅型有料老人ホーム	なし
介護付有料老人ホーム	あり
サービス付き高齢者向け住宅	なし
ケアハウス（一般型）	なし
特別養護老人ホーム	あり
認知症高齢者グループホーム	なし

基本的に医師が随時訪問する「往診」は全ての施設に対して可能である。

❹ リハビリテーション体制

　高齢者住宅・施設を選ぶ条件として、リハビリテーションに重点をおく場合も多くあります。例えば、脳梗塞でマヒが残っているのでもう少し自由になるようにしたいとか、家にこもりがちで足腰が弱っているので歩行リハビリテーションをしてもらいたいなどさまざまです。

　しかし、リハビリテーションの専門家である理学療法士（PT）や作業療法士（OT）の配置は多くの高齢者住宅・施設で必須でなく、専門職が常勤しているのはごく少数です。

　看護師等がリハビリテーションの講習を受け「機能訓練指導員」等の役職名で従事しているケースがほとんどですが、特にリハビリテーションに力を入れ、表5-22-5のような有資格者を常勤雇用し、表5-22-6のような環境を整えて利用者の機能回復を特徴としている高齢者住宅・施設もあります。

多くの高齢者住宅・施設が何らかのリハビリテーションを行っていますが、その目的は高齢者の身体機能を大きく改善し取り戻す「機能回復」よりも、いまもっている機能をできるだけ長い時間低下させず現状を保持する「機能維持」がメインとなります（もちろん、リハビリテーションの結果、機能が回復することもあります）。

　積極的なリハビリテーションを利用したい場合は、老健やリハビリテーション病院を利用した方がよいでしょう。

| 表 5-22-5 | 機能訓練指導員が有する資格

①理学療法士（PT）
②作業療法士（OT）
③言語聴覚士（ST）
④看護師
⑤柔道整復師
⑥あん摩マッサージ指圧師
⑦一定の実務経験を有するはり師、きゅう師
※①〜④については 参照⇒ 第4章8 表4-8-1・p149。⑤⑥は以下を参照。

柔道整復師	事故や運動等で起きた損傷に対し、整復術やマッサージ等により回復させ、快適な生活を送れるようにサポートする。
あん摩マッサージ指圧師	肩こり、腰痛、頭痛などの症状を、最初に問診や検査を行い原因を特定して、徒手（あん摩・マッサージ・指圧）にて解消・軽減する。

| 表 5-22-6 | リハビリテーションに力を入れる住まいの例

- 充実した機能訓練室がある
- さまざまなトレーニング器具がある
- 理学療法士（PT）や作業療法士（OT）等が常勤
- 毎日の健康体操や定期的な口腔ケア教室を実施
- 定期的な訪問マッサージを実施　等

❺ 施設別の医療・リハビリテーションサービスの現状

(1) 有料老人ホーム

　有料老人ホームは住宅型・介護付ともに協力医療機関、もしくは提携医療機関を登録することが運営基準で義務付けられています。優先的に入院できる医療機関を用意している施設もあります。入居者が個別に提携医療機関と契約すると医師に月に2回の診察が受けられ、訪問診療と一緒に薬剤師による調剤を受け、その場で薬を受け取れるケースがほとんどです。

　看護体制について、介護付有料老人ホームは表5-22-4の通り日中の看護師の常駐が義務付けられているため、医師の管理下で一定程度の医療処置に対応可能です。酸素吸入、バルーン、ストーマ、インスリン注射、胃ろう、褥瘡、緩和ケア等 参照➡ 第6章2 表6-2-2・p259 は対応できることも多いでしょう。ただし、24時間看護職員が常駐する施設は全体でもかなり少なく、夜間に看護師が常駐している有料老人ホームは費用が割高になる傾向があります。

　住宅型有料老人ホームの場合は、看護師配置の義務がないため、看護師を配置していない施設、日中だけ配置している施設、24時間配置している施設とさまざまです。訪問看護サービスを利用するケースなども考えられます。

　リハビリテーションについては、住宅型有料老人ホームの場合、介護保険の訪問看護、訪問リハビリテーション、通所リハビリテーション（デイケア）を個々の状況に応じて選ぶことができます。

　注意しておきたいのは、介護付有料老人ホーム（一般型）の場合、別に訪問リハビリテーションやデイケアを介護保険内で利用することはできず、各ホームで用意されたリハビリメニューを受けることになるということです。メニューは施設によって多様で、1週間に2回作業療法士による個別リハビリテーションを行ったり、毎日健康体操やレクリエーションをしてリハビリをするホームもあります。

　介護付有料老人ホーム（一般型）の場合は、入居してからはリハビリテーションの内容を選ぶことができないため、あらかじめしっかりと確認することが大事です。

(2) サービス付き高齢者向け住宅

　一般的には看護師設置の義務規定はありませんが、約9割の施設が何らかの医療機関と連携しています。医療型のサ高住であれば、そもそも医療法人が運営していたり、もしくはクリニックが併設されているなど、医療体制は充実していて、終末期ケアも

可能としているところがあります。

　リハビリテーションについては、個々の状況に応じて外部の事業所による介護保険の訪問看護、訪問リハビリテーション、通所リハビリテーション（デイケア）を選ぶことができます。

（3）特別養護老人ホーム（介護老人福祉施設）

　看護師の配置基準はありますが医師の具体的配置数は基準がなく、常駐していないのが通常です。配置医の役割としては健康管理や定期健康診断の推奨を旨とした内容で、積極的な治療は行いません。

　風邪により体調を崩した場合など、治療のために介護職員による外来対応を行うことがあります。このため、常時医療処置が必要になってきた場合は、退去を求められるケースもあります。

（4）介護老人保健施設・介護療養病床・介護医療院

　病院に併設されたり、病院の一病棟である場合が多く、医療体制は充実しています。また、積極的なリハビリテーションにも対応できます。

コラム　「在宅老人ホーム」という取組

　介護施設を運営している民間企業の一部が、在宅で介護付有料老人ホームと同等のサービスが受けられる「在宅老人ホーム」というサービスを開始しました。スタッフが10分以内に到着できる地域内で訪問介護、訪問看護、生活支援、緊急時対応、食事対応のサービスを行います。事業所の半径1キロ圏内の人が、介護保険の自己負担額に加え定額料金でサービスを受けることができます。

　この取組は地域包括ケアの完成形のイメージと重なるところが多く、注目されています。

5-23 居住の権利のかたち

> **POINT**
> - 有料老人ホームは、主に利用権方式である
> - サービス付き高齢者向け住宅は、主に建物賃貸借契約である
> - 特別養護老人ホーム等は入所サービス利用契約である

　高齢者住宅・施設の契約に基づく居住権にはさまざまなものがあります（表5-23-1）。それぞれの契約形態により、居住する人の権利や義務が異なるため、注意が必要です。

| 表5-23-1 | 主な契約形態とその特徴

施設	主な契約形態
有料老人ホーム	利用権方式
サービス付き高齢者向け住宅	建物賃貸借契約（終身建物賃貸借契約）
シニア向け分譲マンション	所有権方式（売買契約）
特別養護老人ホーム	入所サービス利用契約
老人保健施設	入所サービス利用契約

❶ 利用権方式

　利用権方式は、居住部分と介護や生活支援等のサービス部分の契約が一体となっているものです。大半の有料老人ホームで採用されています。
　利用権方式はあくまで施設と入居者本人の契約であり、その権利は相対的なものです。入居者が死亡してしまうと、利用権は終了します。

❷ 所有権方式

　所有権方式は、シニア向け分譲マンションを購入する際にとられる方式です。
　通常の分譲マンションと同様に管理費や修繕費が必要となります。
　所有者は住む権利、賃貸に出せる権利、売却する権利があり、資産として相続の対象にもなります。固定資産税、都市計画税等もかかります。

❸ 建物賃貸借契約

サービス付き高齢者向け住宅では主に建物賃貸借契約が採用されています。住宅部分については建物賃貸借契約、安否確認サービスなどのサービス部分についてはサービス利用契約を別途結ぶことが多いでしょう。

建物賃貸借契約は、高齢者住宅・施設以外にも非常に多くの場面で使われる契約形式です。賃借料の支払いさえ滞らなければ、入院などによって賃貸人から一方的に退去を求めることはできないようになっています。

建物賃貸借契約には、「高齢者の居住の安定確保に関する法律」に基づく、終身建物賃貸借制度があります。これは、高齢者が死亡するまで終身にわたり居住することができ、死亡時に契約が終了する相続のない「一身専属」「一代限り」の契約です

参照⇒ 第6章章末資料図6-10-4・p309。

❹ 入所サービス利用契約

特別養護老人ホーム（介護老人福祉施設）や介護老人保健施設では入所サービス利用契約を結びます。これは、施設入所して介護・医療・リハビリなどのサービスを受け、利用料を支払うことを約束するものです。「住まい」としての権利を規定した賃貸借契約・利用権方式とは法的性質が異なります。

5-24 退去事由

> **POINT**
> - 退去事由には、利用料の滞納や長期入院等がある
> - 施設で対応できない医療行為が必要となった場合は退去事由となる
> - 認知症の重度化等で共同生活困難となった場合は退去事由となる

❶ 退去事由

各高齢者住宅・施設で固有の条件（健康・経済状態などの入居条件）に合致しなくなった場合は退去を求められることがあります。そのほか、以下の通り、高齢者住宅・施設に共通して退去を求められやすい場合があります。

（1）本人の死亡

シニア向け分譲マンションは所有権が相続人に移転するため退去を求められることはありませんが、その他の高齢者住宅・施設はほぼ一身専属権ですので相続・移転になじまず、本人の死亡により契約は終了し退去を求められます。

（2）入居時の虚偽申告など

入居時に施設に報告した本人や家族の状況に虚偽や重大な誤りがあると、契約の前提情報に錯誤があったとされ、契約自体が無効になる可能性もあります。

（3）利用料の滞納

貯金を切り崩して生活している場合、貯金が尽きてしまい、料金の支払いが滞ってしまうことがあります。また、介護保険の適用がある介護サービスも、身体状態によってはサービス費が区分支給限度基準額を超えてしまい、超過部分が全額自己負担になる場合もあり、経済的な負担が過大になることがあります。居住費、管理費、介護サービス費の支払いが滞ると、退去を求められることがあります。逆に本人や家族から、もっと安価に介護を受けられる別の場所を探したいという希望も出てきます。

（4）長期入院

利用者が長期入院した際、高齢者住宅・施設の側ではその間も居室を確保しておく

必要があります。待機者が多く確保が難しい**特別養護老人ホーム**（介護老人福祉施設。以下、特養）などでは主な退去要因となります。**有料老人ホーム**の入居契約（重要事項説明書）には「入院期間が〇ヵ月にわたる場合は退去」など設置者が契約を解除できる条件も定められていることがあるので、注意が必要です。一方、賃貸借契約の方式をとる**サービス付き高齢者向け住宅**では、月額家賃・管理費さえ払っていれば、長期入院で退去させられることはありません。

（5）身体状態の悪化
　　（施設で対応しきれない介護・医療ケアが必要になる場合）

　利用者が自立していることを前提としたサービス付き高齢者向け住宅やケアハウスなどでは、十分な介護サポートができないところもあります。そのため、身の回りのことができなくなったときに、外部の訪問介護サービスだけでは随時対応してもらえず不便を感じることがあります。

　身体状態がさらに悪化し、**医療行為**が必要になった場合は、外部サービスである訪問看護を利用することになりますが、継続的な対応が困難な場合や、対応できない疾患の場合は退去し、入院やより医療サービスが充実した高齢者住宅・施設への住み替えを提案されることもあります。

　介護付有料老人ホームには看護師に日中常駐が義務付けられているため、一定の医療処置であれば対応できます。しかし、24時間看護師が常駐しているホームは少なく、随時医療行為が必要となった場合には、やはり上記と同じ対応を求められることもあります。

（6）共同生活困難

　重度の認知症などにより、夜間の徘徊や暴言、暴力行為などの問題行動が起き、施設の方でも対処できず、ほかの入居者に迷惑がかかるなど共同生活が困難な場合は、退去を求められることがあります。そのような場合は、ほかの施設でも受け入れが難しい場合も多く、病院に入院するケースが多いようです。

（7）要介護度の変更による退去

　介護老人保健施設は、**要介護1以上**が入所対象のため、要介護度の再認定で要介護から要支援になった場合には退去しなければなりません。また、**特養**は原則的に**要介護3以上**の高齢者が入所対象であるため、身体状態が悪化して医療が必要になったと

きのみならず、状態が回復して要介護認定が要介護2以下になったときも、退去の理由となります。

5-25 クーリングオフ制度と前払金の返還

POINT
- クーリングオフ制度は老人福祉法で定められている
- クーリングオフ制度の期間は3ヵ月と明文化されている
- 償却想定期間を超えた場合も追加で前払金を納める必要はない

❶ クーリングオフ制度

　高齢者住宅・施設の場合は、実際に入居して初めて自分には合わないことがわかるということも決して少なくありません。しかし、お金を払ってしまったからと、自分に合わない住まいにそのまま我慢して住み続けるのは大きな苦痛です。

　そのため、有料老人ホームなど、利用権方式で前払金を支払うタイプの高齢者住宅・施設では、入居から3ヵ月までに利用者の方から退去を申し入れた場合、または死亡した場合、実際にかかった費用を差し引いて（実費徴収）全額が返還されることになっています。これをクーリングオフ制度といいます。

　以前はこのクーリングオフ制度は通称「90日ルール」などといわれ、明確に規定されてはいませんでした。しかし、2011年の老人福祉法改正の後、老人福祉法施行規則により前払金の返還金ルールが明確に規定されるとともに、クーリングオフ制度もその期間を「3ヵ月」として明文化されました。これをクーリングオフ期間といいます。

　実費徴収の基準も、

> 前払金で算定の根拠とした月額家賃÷30×入居日数

と、日割り家賃金額として明確化されています。

　クーリングオフ期間は入居者が実際にその施設で納得して住めるかどうかを試みる期間です。入居者の権利として、必要な場合は遠慮なく行使しましょう。

❷ 返還金の金額の算定方法（償却計算）

　平均寿命をもとに算出した想定居住期間内（例えば60ヵ月）を償却期間として設けている場合は、初期償却された後、60ヵ月間にわたり残額が均等に償却されます。
　償却想定期間を超えて入居を続けるとしても、追加で前払金を納める必要はありません。
　クーリングオフ期間後において、前払金の償却が終了する期間より前に退去したり、居住者が亡くなったりしてしまった場合は、前払金の一部が戻ってきます。
　返還額の計算方式は施設により異なりますが、例えば前払金300万円、初期償却率30％、償却期間60ヵ月（5年間）の場合、図5-25-1のようになります。

| 図5-25-1 | 前払金の償却の仕組みと返還金例

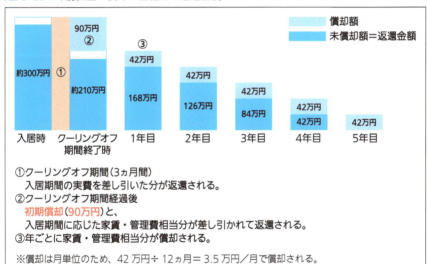

①クーリングオフ期間（3ヵ月間）
　入居期間の実費を差し引いた分が返還される。
②クーリングオフ期間経過後
　初期償却（90万円）と、
　入居期間に応じた家賃・管理費相当分が差し引かれて返還される。
③年ごとに家賃・管理費相当分が償却される。

※償却は月単位のため、42万円÷12ヵ月＝3.5万円／月で償却される。

> ここも確認！

退去の申入期間・申入方法

●申入期間

施設から退去を申し入れられる場合は、約 90 日前までに行うというところが多く、一方利用者から解約を申し出る場合は、契約により退去の 7 日～60 日前（平均約 30 日前）までに行うものとしているところがほとんどでした（(財)高齢者住宅財団「サービス付き高齢者向け住宅等の実態に関する調査」）。

●申入方法

契約で定めた場合を除き、特別な規定はありません。個別の契約で「文書による通知」で解約申入をする旨決まっていることがあります。

提出日付を入れた文書で、いつまでに退去したいという旨を明記して、コピーをとってから提出すると安心です。申出期間が「入居から 3 ヵ月間」と決まっているクーリングオフ制度を利用する場合は、申入日が後から問題になることがあります。

確認問題

Q1 サービス付き高齢者向け住宅の登録基準について、居間、食堂、台所など、他の共同部分が十分な面積を有する場合、各専用部分（居室）の床面積は何㎡以上となるでしょう。次の選択肢のうち、正しいものを1つ選びなさい。（第5回検定試験　類似問題出題）

1. 15㎡
2. 18㎡
3. 20㎡
4. 25㎡

Q2 認知症高齢者グループホームは、認知症の高齢者が共同生活をして、家庭的な環境のもとで、能力に応じて自立した日常生活を営めるようにする施設です。この認知症高齢者グループホームについて、次の選択肢のうち誤っているものを1つ選びなさい。（第8回検定試験　類似問題出題）

1. 1ユニット5人から9人の少人数で構成される。
2. 要支援2以上の人が入居できる。
3. 運営は自治体が行っている。
4. 施設と同じ自治体に住民票がある人のみ入居することができる。

Q3 契約形態で主に所有権方式がとられる高齢者住宅・施設について、次の選択肢のうち正しいものを選びなさい。（第9回検定試験　類似問題出題）

1. 有料老人ホーム
2. シニア向け分譲マンション
3. 特別養護老人ホーム（介護老人福祉施設）
4. サービス付き高齢者向け住宅

解答・解説

Q1 の解答・解説

答：**2**　参照⇒ 第5章3 表5-3-1・p184

　登録の基本条件は **25㎡以上** ですが、居間、食堂、台所などの共有面積を有する場合は **18㎡以上** となります。

Q2 の解答・解説

答：**3**　参照⇒ 第5章11・p208

　認知症高齢者グループホームは、営利法人・医療法人・社会福祉法人・NPO法人等の民間団体が運営しており、全国で約14,000ヵ所（利用者数約27万人）**※** の施設があります。

> ※施設数は2023年12月現在厚生労働省「介護給付等実態調査月報（令和5年12月審査分）」より。入所者数は、「令和4年度介護給付費等実態統計の概況（令和4年5月審査分～令和5年4月審査分）」より

Q3 の解答・解説

答：**2**　参照⇒ 第5章23・p243

　シニア向け分譲マンションは、バリアフリー設計のほか、食事や清掃等のサービスを備えた高齢者向けのマンションですが、契約形態は通常のマンションと同様に **所有権方式** となります。

第6章

高齢者住宅・施設の選び方とポイント

高齢者住宅・施設選びは、
住まいや施設の良し悪しを調べるだけでなく、
ご本人にとって何が最も大切か、
価値観を確認する機会でもあります。
多くの確認事項のうち大切なことから確認して、
終の住処となるかもしれない住まいを
慎重に選んでいきましょう。

6-1 高齢者住宅・施設の探し方・選び方

> **POINT**
> - 高齢者住宅・施設探しには、ある程度の準備が必要である
> - まずは現状把握、お金の確認、譲れないポイントの確認から行う
> - 情報収集し、資料と条件を突合し、実際に見学して内容を確認する

❶ 探し方・選び方のイメージをもつ

　高齢者住宅・施設探しは、「急ぐ必要がある」とよく確認せずに契約したり見学に行くのではなく、時間がなくてもある程度の準備が必要です。以下のように探し方・選び方の流れ（図6-1-1）に沿って行うと、本人に適した住まいが見つかりやすいでしょう。

（1）**現状把握とライフプラン等の確認**　参照⇒ 第6章2・p256

　要介護状態や日常生活動作における身体の現状などを把握し、希望（地域、転居時期など）について書き出します。

（2）**お金の確認＆シミュレーション**　参照⇒ 第6章3・p260、第2章12・p68

　現在の資産と将来の収入・支出から、住まいにかけられる予算を概算します。

（3）**「譲れないポイント」の確認**　参照⇒ 第6章4・p263

　予算を勘案したうえで、サービスや立地など、入居者にとっての「ここだけは譲れないポイント」を絞ります。

（4）**情報収集**　参照⇒ 第6章5・p266

　インターネット、公共サービス、紹介会社などを使って、基本事項や評判等の情報を収集します。パンフレット、重要事項説明書も取り寄せておきます。

（5）**資料と条件の突合**　参照⇒ 第6章6・p272

　集めた資料と条件を突き合わせて、候補の高齢者住宅・施設を絞り込みます。

（6）見学＆体験入居 参照➡ 第6章7・p274

可能であれば興味をもった高齢者住宅・施設に見学・体験入居して、気になる事項やチェックしておきたいポイントを確認します。

（7）契約＆入居 参照➡ 第6章8・p286

面談・健康診断書や保証人の手配など事務手続の準備と、候補の住まいの具体的支出額などを最終確認します。その後契約して入居します。

（8）入居後のフォロー 参照➡ 第6章9・p294

入居してからも、選択に間違いがないか、クーリングオフ制度利用を考慮などしながら見極めます。

| 図6-1-1 | 探し方・選び方のフローチャート

1 現状把握とライフプラン等の確認
現在の住まい、家族の状況、健康状態、ライフプランの確認

⬇

2 お金の確認＆シミュレーション
予算、収入の整理
お金のチェックシート作成

⬇

3 「譲れないポイント」の確認
「譲れないポイント」を抽出
「譲れないポイント」に順位をつける

⬇

4 情報収集
気になる住宅・施設の情報を収集
（インターネット／パンフレットなど）

⬇

5 資料と条件の突合
集めた情報を比較・検討
見学や体験入居したい施設の候補を抽出

⬇

6 見学＆体験入居
見学＆体験の申込と実施
現地で詳細を確認

⬇

7 契約＆入居
仮予約
面談
契約重要事項の確認
契約内容・情報、予算の再確認
事務手続の準備
契約
引越

⬇

8 入居後のフォロー
住まいの満足度を再確認
必要ならクーリングオフ制度利用を検討

6-2 現状把握とライフプラン等の確認

POINT

- 現状把握のために**サービス利用票**や診察時のメモなどを利用する
- 医療サービスについて**現在の病気**、**服薬状況**、**既往歴**を確認する
- 本人の**ライフプラン**や**ライフスタイル**を把握することが重要である

❶「現状」を聞き取る対象者

　高齢者住宅・施設の入居について相談してくる相談者は、高齢者本人（入居検討者）とは限らず、**配偶者**や**子ども**など本人の**家族**であることが多くあります。親が別に住んでいるなどの場合、子どもが本人の現状を必ずしも正確に把握しているとは限りません。後で本人と話をしてみると、情報が異なることもあります。また、相談者の感情が入り込むこともあり、何が事実なのか見えづらいこともあります。正しい情報が得られなかったり、希望があいまいな状態では、適切な住まいを見つけることは難しくなります。

　可能な範囲で相談者と本人の両方に話を聞き、現状を正確に把握することが必要です。さらに、ケアマネジャーが記入した**サービス利用票**や第三者である**医師の意見書**・**診察時のメモ書き**など、客観的な資料があるとよいでしょう。

> **ここも確認！**
> **サービス利用票とは**
> 毎月の居宅サービスの計画と実績を記入し、サービス利用の予定と実績の管理を行う帳票です。

❷ 入居検討者について把握する

　まずは、入居検討者の現状について把握します。

（1）暮らしぶりについて

　まずは、本人が現在どのような状況で生活をされているか大まかに把握します。表6-2-1の「**現状把握チェックシート**」を参考に、夫婦で住んでいるか、独居か、家族同居か、入院中か、日常の世話は誰がしているか（**キーパーソン**）などを確認してい

きます。

（2）健康状態について

▷ 介護状態について

もし既に介護保険の要介護（要支援）認定（以下、要介護認定）を受けていたら、**要介護度、利用中の介護サービス**を確認します。歩行、排泄等日常生活動作に不自由はないかなど、**より具体的な身体状況**についても把握します。**認知症の有無**も確認し、認知症がある場合には対応できる高齢者住宅・施設を選ばなければなりません。現状として総合的にどのような介護が必要なのかを把握しましょう。

障害者手帳をもっている場合、障害の状態、等級、必要なケア等を確認します。

▷ 医療サービスについて

現在と同じ水準の医療を受けられるかどうかも高齢者住宅・施設選びにおける**重要なポイント**です。

医療サービスのニーズの有無は、高齢者住宅・施設側から必ず確認される事項です。**現在かかっている病気**とその**服薬状況**、インスリン注射や人工透析、ストーマ処理など継続的に**必要な医療処置**（表6-2-2）をリストアップします。

既往歴も聞いておきましょう。

❸ ライフプラン・ライフスタイルのヒアリング

ライフプランとは、本人が描いている自分自身または家族の老後の暮らしについての長期的な行動計画のようなものです。例えば「80歳までは自宅にいてそれ以降は高齢者住宅・施設に移り住みたい」とか、「毎月夫婦で温泉に行きたい」「畑を耕し自給自足をしたい」などの、本人の人生の充足度を左右する大切なビジョンです。趣味や好きなもの、人生の目的、健康状態などから総合的に理解する必要があります。高齢者住宅・施設も、本人のライフプランをできるだけ叶えられるものがよいでしょう。

一方、**ライフスタイル**とは、それぞれの人固有の生活様式や、人生観・価値観・習慣等を含めた個人の生き方を指します。つまり、各人のものの見方や毎日の過ごし方・暮らしぶりのことです。静かに暮らしたい人もいれば、いろいろなところに行って活動的に過ごしたい人、本を読んでいたい人、話が好きな人など、人の志向は千差万別です。その人らしいライフスタイルを把握し、できるだけ適合する住まいの選択を支援することが、その人らしい人生を過ごすことの支援となります。

| 表6-2-1 | 現状把握チェックシート |

相談者氏名	
相談者連絡先	
入居検討者との続柄	□本人　□子ども（長男・長女・次男・次女　その他　　） □兄弟姉妹　□親戚　□その他（　　　　　　　　　）
入居検討者氏名	
入居検討者連絡先	
婚姻	□単身　□配偶者あり
子ども※1	□有（男　　人、女　　人）□無
生年月日（年齢）	□明治　□大正　□昭和　　年　　月　　日（満　　歳）
現在の状況※2	□独居　□夫婦のみ　□家族同居 □入院中（病院名：　　　　　　　　　　） □施設入居中（施設名：　　　　　　　　　　） □その他（　　　　　　　　　　）
キーパーソン※3	氏名：　　　　　　　　　（続柄・関係性　　　）
キーパーソン連絡先	
要介護状態※4	□自立　□要支援1　□要支援2　□要介護1　□要介護2 □要介護3　□要介護4　□要介護5
利用している介護サービス	
障害者手帳※5	□なし　□あり　等級：　級／ 障害名（　　　　　　　　　）
日常生活動作における身体の状況	屋外歩行※6：□自立（□独歩　□歩行補助具使用） 　　　　　　　□要一部介助　□車いす使用　□不可 屋内歩行※6：□自立（□独歩　□伝い歩き　□歩行補助具使用） 　　　　　　　□要一部介助　□車いす使用　□不可 食事※7：□自立（□箸自立　□フォーク等自立） 　　　　　□要一部介助　□要全介助 排泄※8：□自立（□おむつ使用　□ポータブルトイレ使用） 　　　　　□要一部介助　□要全介助 入浴※9：□自立　□要一部介助　□要全介助 更衣※9：□自立　□要一部介助　□要全介助
認知症の有無（症状）	□なし　□あり（症状：　　　　　　　　　　　　　）
これまでにかかったことのある病気	
現在かかっている病気と服薬状況	
必要な医療処置※10	□インスリン　□在宅酸素　□痰の吸引（日中・夜間） □胃ろう　□バルーン　□ストーマ　□人工透析 □その他（　　　　　　　　　　）

ライフプラン	
ライフスタイル	

※1　子どもの人数
※2　現在の本人の住まい
※3　現在の主な介護者・世話をしている人
※4　要介護認定を受けている場合の要介護度
※5　障害者手帳の交付をされているか。手帳がある場合は何の疾病で、等級は何級か。
※6　屋内／屋外を一人で歩けるか。その場合補助器具は必要か。介助があれば歩けるか。「伝い歩き」とは、手すりがあれば歩ける状態をさす。
※7　自分で食事ができるか。箸を使って自分で食事ができるか。スプーンやフォークでなら自分で食事ができるか。介助が必要か。
※8　自分でトイレに行って排泄ができるか。おむつを使用する必要があるか。ポータブルトイレがあれば排泄ができるか。一部介助すれば排泄ができるか。
※9　お風呂に自分で入れるか。着替えを自分でできるか。
※10　参照➡ 表6-2-2

| 表6-2-2 | 高齢者が必要となりやすい医療処置

医療処置	処置内容
インスリン	糖尿病患者が必要とするインスリンの注射処置
在宅酸素	呼吸器疾患患者が必要とする在宅酸素吸入療法の処置
痰の吸引	痰を機器で吸引する処置
胃ろう	経口摂食が困難な患者の栄養補給補助のための処置
バルーン	心臓病や腎臓病患者等が尿量を測るためにバルーンカテーテルを設置する処置
ストーマ	消化管疾患患者が便を排泄するために腹部に造設した人工肛門の排泄物処理等
人工透析	腎不全患者が尿毒症になるのを防止するために血液調整を行う処置

6-3 お金の確認＆シミュレーション

POINT
- 収入を超える支出がある場合、財産の処分や金銭援助を検討する
- 高齢者住宅・施設以外の支出についても考慮が必要である
- 収支のバランスを考え余裕ある資金計画を立てることが重要である

現状とライフプラン・ライフスタイルを把握したら、次は金銭面の確認です。まずは老後の大まかな収入を把握します。そこから住まい以外の支出を差し引き、どの価格までの高齢者住宅・施設を選択すべきかの判断材料にします。

❶ 収支の確認＆シミュレーション

第2章で見てきたように、高齢者住宅・施設の選択に関しては、現在の収入や貯蓄状況、資産などを含めてシミュレーションする必要があります。年金等老後の収入の範囲内で費用がまかなえるのであれば安心ですが、収入の範囲を超える支出が必要な場合は、財産の処分や家族からの金銭的援助も想定する必要があります。

(1) 予定される収入の把握

まずは、老後の収入を表6-3-1の1の項目ごとに調べ、できるだけ具体的な金額を把握します。

①公的年金や年金保険、家賃収入などの定期収入

公的年金の具体的金額は、ねんきん定期便や、ねんきんネット（基礎年金番号が必要）でできるだけ具体的に調べましょう 参照⇒ 第2章2～5・p28～49。

年金保険や確定拠出年金など定期的に給付される資金は、加入時の設計書や保険証書などを調べたり、保険会社、企業年金の事務所に問い合わせるなどして、具体的に毎月（もしくはいつのタイミングで）いくら給付金を受け取れるのかを確認しておきます 参照⇒ 第2章4・p40、第2章7・p52。

所有不動産等から生じる家賃収入などがあれば、それも定期収入として見込めます。

②預貯金、有価証券などの金融資産、不動産・動産売却代金などの一時収入

有価証券は換金しやすい資産ですが、不動産やその他の資産の処分は思った以上に時間がかかったり、損失が発生してしまうことがあります。老後の暮らしを支え

| 表 6-3-1 | 老後のお金チェックシート

1. 収入

項目		金額
定期収入	公的年金	円／月
	年金保険等	円／月
	不動産（賃貸）	円／月
	その他の定期収入	円／月
定期収入合計①		円／月
一時収入・資産	預貯金	円
	生命保険等	円
	有価証券	円
	不動産（売却）	円
	その他の資産	円
一時収入・資産合計		円

2. 高齢者住宅・施設以外の支出

項目	金額
所得税等※1	円／月
国民健康保険料・後期高齢者医療制度保険料	円／月
介護保険料	円／月
固定資産税等	円／月
ローン残高※2	円／月
移動費※3	円／月
食費	円／月
光熱費	円／月
被服費	円／月
高齢者住宅・施設以外の支出合計②	円／月
一時費用（予備費）	円
高齢者住宅・施設の月額予算概算（①−②）	円／月
生活保護受給の有無 　　□有（住宅扶助　　　　円／月） 　　□無	

※1　公的年金にかかる所得税等（参照⇒ 第 2 章 10・p61）
※2　住宅や車のローンなど、支払い予定の負債
※3　「元気なうちは外出したい」という人は、毎月の交通費が相当額になることがあるので注意が必要。それ以外にも、通院時の介護タクシー代など、移動にもお金がかかる。

る資金としてこれらの処分を考えている場合は計画的に行うことが必要です 参照➡ 第2章6・p50、第2章8・p55。

（2）高齢者住宅・施設以外にかかる支出

次に、高齢者住宅・施設以外にかかる支出を把握します。表6-3-1の2を参考にして、老後に必要となる具体的な支出を計算しましょう 参照➡ 第2章9～11・p57～63。

収入予定額と住まい以外の支出予定額の差額から、どのくらいの予算で高齢者住宅・施設を探せばよいかの概算を出します。

さらに、有料老人ホームなどの入居には、前払金が必要なことが多く、入居先によってはそれが高額になる場合もあります。現在手元にあるお金や処分可能な資産から、前払金の支払いが可能かを確認します。

生活保護を受けている場合は、そのうち月々の「住宅扶助」がいくら支給されているかを確認します。住まいの月額予算の目安になります。

❷ 収支のバランスの考え方

理想的な支払い方法は、前払金など一時の高額支払いを資産の範囲内で行い、月払いを年金や保険など月々の収入の範囲内で行うという方法でしょう。しかし、年金収入や家賃収入が相当に高額でなければ、月の費用を定期収入の範囲内で収めるのは難しいのが現実です。実際には不動産売却などの一時収入や預貯金を少しずつ取り崩しながら生活していくことになります。

その場合、高齢者住宅・施設で何年暮らすことになるのかということが重要になってきます。個人がどれだけ長く生きられるのかは誰にもわかりません。簡易生命表の 参照➡ 第6章10 章末資料図6-10-1・p299 平均余命をもとに、「このくらいは過ごすとして」という目安を作成し、プランを立てます。

6-4 「譲れないポイント」の確認

POINT
- 住まい探しでは満点の住まいを見つけることは不可能である
- 譲れないポイント、妥協できるポイントをしっかりと決める
- 各ポイントに優先順位をつけ、本人にとっての価値を見極める

❶「譲れないポイント」を抽出

　人それぞれ、「ここだけはこだわっている」というものがあるものです。一般的に素晴らしいと考えられている住まいであっても、本人が「どうしてもこうしたかったのに……」というポイントを外してしまっていては、その人の生活の質（QOL）を低下させてしまいます。高齢者住まいアドバイザーは本人が重視するポイントをしっかり整理して把握しましょう。それが本人のライフプラン・ライフスタイルに適した高齢者住まいを探すためのヒントになります。
　まずは、表6-4-1の「譲れないポイントチェックシート」をヒントにして聞き取りを行い、本人の大切なポイントを見つけましょう。

❷ 各ポイントに優先順位をつける

　住まい探しでは、本人の「譲れないポイント」を全て叶える100点満点の住まいを求めることは難しいものです。「譲れないポイント」があげられたら、「絶対実現したい」「できれば実現したい」「どちらでもよい」など分類して、妥協できるポイントをしっかりと決めましょう。これらの要点と住まいとの適合度を検証し、「本人にとっての価値」を見極めることが非常に大切です。
　例えば、「低料金」や「広い居室」が本人の「譲れないポイント」の高順位にあるならば、あえて都市部ではなく地方を探し、安価で広い居室に入居できる高齢者住宅・施設を選ぶという選択肢もあります。

| 表 6-4-1 | 譲れないポイントチェックシート |

チェックを入れたら、①②③…と優先順位を書き込みましょう。

	✓	順位	譲れないポイント
施設面	☐		広い居室で暮らしたい
	☐		浴室がしっかりしている
	☐		併設設備が充実している
	☐		駐車場があり車で来やすい
	☐		駅から近いなど利便性がよい
	☐		プライバシーが守られている
	☐		
サービス面	☐		スタッフの待遇がよい
	☐		介助対応がしっかりしている
	☐		食事が美味しい
	☐		介護を重視している
	☐		看護師が常駐している
	☐		すぐに医師に診てもらえる
	☐		夜間無人にならない
	☐		人員配置体制がしっかりしている
	☐		他施設との連携が整っている
	☐		しっかりしたリハビリテーションを受けたい
	☐		レクリエーションで毎日楽しみたい
	☐		人数の少ない小規模なところで暮らしたい
	☐		大規模な施設で暮らしたい
	☐		終の住処としたい
	☐		
その他の希望	☐		趣味を続けられる
	☐		お酒を飲みたい
	☐		タバコを吸いたい
	☐		ペットを飼いたい
	☐		賑やかな都市部で暮らしたい
	☐		騒音のない静かなところで暮らしたい
	☐		図書館や美術館など文化施設がそばにほしい
	☐		居室で自炊をしたい
	☐		地域住民と交流をしたい
	☐		自由に外出をしたい
	☐		なるべく早く引越したい
	☐		なるべく低料金がよい
	☐		

❸ 希望をまとめる

「譲れないポイントチェックシート」だけでは、具体的な施設の条件と突合しづらいので、本人の希望をとりまとめるとどのような施設を望んでいるのか、表6-4-2の「希望のまとめシート」に情報を集約し、実際の施設の情報と突合しやすくします。
参照➡ 第6章6・p272。

| 表6-4-2 | 希望のまとめシート |

居室の希望※1	広さ　　　　㎡以上 （□トイレ　□浴室　□洗濯スペース　□キッチン）
一人部屋 or 夫婦部屋の希望※2	□一人部屋　　□夫婦部屋
住みたいエリア	第1希望： 第2希望： 第3希望： 許容できるエリア・沿線：
転居希望時期	□すぐに　□3ヵ月以内　□半年以内　□1～2年以内 □期日まで（　年　月　日）□未定
入居検討者が重要視している項目	□立地（駅近・買い物等）　□部屋の広さ　□食事　□入浴 □プライバシー　□自由度（外出等）　□入居者同士の交流 □家族との交流　□レクリエーション　□手厚い介護サービス □看護師の常駐時間　□リハビリ　□医療連携 □その他（　　　　　）
入居検討者本人の「譲れないポイント」※3	①　　　　　　　　　②　　　　　　　　　③
その他確認事項※4	□終の住処として探したい　□一時的な利用を考えている □その他（　　　　　　　　　　　　　　　　　）
家族の希望	

※1　広さ、台所、浴室、洗濯スペース等の希望
※2　単身者用居室または夫婦用居室の希望
※3　「譲れないポイントチェックシート」の上位項目
※4　こだわりがある個人的なポイント

6-5 情報収集

> **POINT**
> - 情報収集は、インターネットや重要事項説明書等を活用する
> - 地域包括支援センターやケアマネジャー等からも情報は得られる
> - サービス種類・内容、介護保険サービス、職員配置等の情報も収集する

❶ 高齢者住宅・施設に関する情報収集の手段

いよいよ、具体的な高齢者住宅・施設を選ぶ手順に入りましょう。まずはどんな高齢者住宅・施設があるか、以下の方法などを使って情報を集めることから始めましょう。

（1）インターネット

最も簡単で安価に情報を入手できるのがインターネットです。自宅にいながら、高齢者住宅・施設の概要を把握することができます。自治体のホームページで地域にある高齢者住宅・施設の一覧や、名称、住所、部屋数、入居者数などを公表していることも少なくありません。

有料老人ホームやサービス付き高齢者向け住宅のホームページや動画サイトで提供している施設の動画もあり、出向かなくても雰囲気を把握できるようになっています。

一方で、インターネットは情報が多く、高齢者住宅・施設も多種多様にわたるため適切な検索ができないケースもあります。さらに、事業者側からの情報しかないなど情報の公平さが保証されなかったり、匿名でネガティブな情報が書き込まれていることもあり、信頼性に欠ける点もあります。

大枠の情報はインターネットで入手する一方で、サービスの品質などソフト面の正確な情報は、インターネットからだけで得ることは難しいことを理解しておきましょう。

（2）高齢者住宅・施設のパンフレット、重要事項説明書

直接依頼すると、ほとんどの民間の高齢者住宅・施設はパンフレットや料金表、重要事項説明書（有料老人ホームの場合）等を郵送してくれます。それらには、ホームページに公開していないことが書かれていることも多く（表6-5-1）、パンフレットの

雰囲気から、経営側がその施設を「どんなふうにアピールしたいか」も感じることができます。

重要事項説明書は、施設が入居者に対して契約書の内容をわかりやすく伝えるための書類です（参照➡ 第6章10 巻末資料図6-10-3・p302）。最新の重要事項説明書は直接事業者から入手したり、都道府県のホームページからも入手できることがあります。

有料老人ホームには、契約の際、重要事項説明書に基づいて説明することが義務付けられています。法令で記載項目が定められているため、有料老人ホーム相互の比較がしやすくなる資料です。

| 表6-5-1 | 重要事項説明書の記載項目例

- 施設の概要
- 従業員に関する事項（職員配置）
- サービスの内容
- 介護サービス等の一覧表
- サービス利用（料金）
- 入居者の状況　　　　　　等

（3）地域包括支援センター

地域における最も身近な介護の相談窓口が地域包括支援センター 参照➡ 第3章13・p113 です。高齢者住宅・施設では主に介護保険施設やケアハウス等の公的施設の情報を得られるうえ、地域内の民間施設の情報も地域包括支援センターに集まってきます。住まい探しの地域が特定されている場合は、その地域の地域包括支援センターに電話や訪問などで問い合わせれば、相談員が情報を提供してくれます。

また、住まいだけでなく、その地域の医療・介護サービス、地域支援事業、高齢者のための行政サービスなど、その地域のあらゆる高齢者施策について詳しいので、その点も相談にのってくれます。

（4）医療ソーシャルワーカー

地域医療支援病院以上の規模の病院では医療ソーシャルワーカー（MSW） 参照➡ 第4章8 表4-8-1・p149 が配置されていて、地域で介護するための相談を受け付けています。退院調整が業務の中核をなすMSWは、退院後の受け皿である高齢者住宅・施設の情報を多く保有しています。入居検討者が入院している場合は、その病院のMSWが退院後の高齢者住宅・施設を紹介してくれることもあります。

> **ここも確認！**
>
> **地域医療支援病院とは**
> かかりつけ医等との適切な役割分担と連携を行い、地域医療全体の充実を図ることを目的に、設備や診療機能等に一定の要件を満たした、地域の中核となる病院。都道府県知事により承認されます。

（5）ケアマネジャー

既に介護サービスを利用している場合は、担当ケアマネジャーが本人をよく把握しているため、在宅介護の状況からどのような高齢者住宅・施設がよいかアドバイスをくれます。

（6）高齢者住宅・施設の民間紹介会社

病院の医療相談室や地域包括支援センターなどには、高齢者住宅・施設の紹介会社のパンフレット等が置いてあります。高齢者住宅・施設の紹介会社は、有料老人ホームやサービス付き高齢者向け住宅の紹介を行い、入居が決まると事業者から報酬を得ているため、相談者は無料で相談できる場合が多いでしょう。本人や家族は、このようなところからも情報を入手することが可能です。

❷ 収集しておきたい情報

事業所の名称・施設類型・定員数など基本情報のほかに、下記の情報も集めましょう。

（1）サービスの種類・内容

基本サービス（安否確認、生活相談、介護、食事等）と**オプションサービス**（買い物代行、洗濯、掃除、健康管理、通院付き添い等）がどの程度あるのかをざっと確認しましょう。これらが充実している高齢者住宅・施設では、入居以降の状況（健康状態や生活スタイルなど）の変化にも適応できる可能性が高くなります。

（2）介護保険サービスの支払い方式

料金について、要介護度に応じて一定の**定額制**か、使った分に応じて料金が発生する**出来高制**か確認しましょう（表6-5-2）。

表6-5-2 主な介護保険サービスと利用料金の支払い方式

主な介護保険サービス	サービス提供者	主にこのサービスが行われている住まい	利用料金の支払い方式
訪問介護 訪問看護	外部の 介護サービス事業者	サービス付き高齢者向け住宅※	出来高制 利用した分だけ
通所介護 訪問リハビリテーション		住宅型 有料老人ホーム	
		シニア向け分譲マンション	
定期巡回・随時対応型 訪問介護看護		ケアハウス (一般型)	
特定施設入居者生活介護 (一般型)	入居している 高齢者住宅・施設	介護付 有料老人ホーム	定額制 要介護度に応じて 1日あたり 定額で利用
介護老人福祉施設		特別養護老人ホーム	
認知症対応型 共同生活介護		認知症高齢者 グループホーム	

※特定施設入居者生活介護(一般型)の事業者指定を受けているものを除く

(3) 職員配置

職員配置の体制(各種職員の数)、**夜間体制**を確認しましょう。各職種の**常勤換算数** 参照⇒ 第5章22・p237 をおさえておくと、サービスの充実度を比較する判断材料になります。

ただし、ベテラン(「経験5年以上」など)の介護職員や看護職員等の人員を基準より多く配置している高齢者住宅・施設では、その分費用が高くなる場合があります。

(4) 併設事業所

医療施設(クリニック等)や**介護事業所**(訪問介護事業所・居宅事務所等)など、高齢者住宅・施設に併設されている(あるいは近接、相互協力関係を結んでいる)関連事業所の確認も重要です。

(5) 事業所の所在地

高齢者住宅・施設へのアクセスを確認しましょう。家族の施設の訪れやすさや、本人の外出しやすさなどに影響するため、住まいの立地は重要です。最寄駅はどこか、駅まではバスを使う必要があるかなど、立地の大まかな部分を把握しておきましょう。

（6）経営主体の経営状況

　経営変更・倒産があると入居条件に大きな影響が生じることがあるため、運営・経営主体（企業やグループなど）の事業内容や経営状況は、とても大切な事項です。それをうけ、2024年改正で詳細な財務状況の報告が義務付けられました。医療法人や社会福祉法人は、民間法人ではありますが、経営主体の規模が大きい場合が多く、経営は比較的安定する傾向があります。経営主体が営利法人の場合、上場企業であれば公表されている会社情報、財務諸表、株価なども参考にして、経営が健全かどうかを確認しましょう。

> **ここも確認！**
>
> **経営リスクのチェック**
> 入居者にとって一番のリスクは、入居施設の経営主体が倒産することです。経営主体の財務諸表を手に入れても、それを読みとくにはある程度の知識が必要になります。以下のポイントを**重要事項説明書**でチェックしておくと経営が安定しているかどうかの目安になります。
> ● **空室率**が高い
> 高い空室率は経営主体の経営が芳しくないことを示している可能性があります。不人気の具体的な理由があるのかもしれません。
> ● 従業員の**離職率**が高い
> 従業員の離職が多い会社は経営に問題があったり、実態が高齢者住宅・施設の理念とかけ離れていたり、給与などの待遇面が悪すぎてスタッフが定着しないなどの可能性もあります。

❸ 高齢者住宅・施設の登録、届出、指定

　各根拠法で設立の届出が義務付けられている高齢者住宅・施設は、その指定を受け各住宅・施設の団体などに登録されていれば、法令で定められた一定の建築・人員・サービスの基準をクリアしているといえます。インターネットでも指定状況が確認できます（表6-5-3）。

| 表 6-5-3 | 指定状況が確認可能な高齢者住宅・施設のウェブサイト

ウェブサイト名	URL
サービス付き高齢者向け住宅情報提供システム	https://www.satsuki-jutaku.jp/
公益社団法人全国有料老人ホーム協会	https://www.yurokyo.or.jp/
介護サービス情報公表システム※	https://www.kaigokensaku.mhlw.go.jp/

※特別養護老人ホーム（介護老人福祉施設）以外にも、介護老人保健施設、介護療養型医療施設、認知症高齢者グループホームの確認ができる。

6-6 資料と条件の突合

> **POINT**
> - **初期費用や月々の費用**を資料を基に確認する
> - 介護費用が**出来高制**か**定額制**かも重要なポイントとなる
> - 資料を基に**譲れないポイント**と合致しているかを確認する

❶ 情報と条件との突合

様々な住まいの情報を集めても、実際に本人が入居するのは1つです。どの施設が入居者の条件や譲れないポイントに合うかをよく考慮しながら、候補を絞り込みましょう。

（1）住まいの費用が予算の範囲内か

第2章および第6章3の「老後の資産チェックシート」で算出した予算に、**初期費用（入居一時金や敷金等）**・**月々の費用**が十分に収まるかどうかを確認します　参照➡第2章12・p68。

以下のような場合は、将来的に当初想定した予算と大きく変わる可能性もあるので注意します。それぞれ、費用と利用頻度のイメージをもっておきましょう。

① 介護保険が**出来高制**で介護保険限度額を超える場合
② オプションサービス（表6-6-1）を利用する場合

|表6-6-1| 高齢者住宅・施設のオプションサービスの例

- 通院の付き添い
- 買い物代行
- 飲食店等外出の付き添い
- 通常回数以上の入浴介助
- 財産管理
- レクリエーション参加費

※施設により無料で提供している場合もある。

（2）支払い方式・一時金額は許容範囲内か

費用の内訳、支払いの方式（**全額前払い方式**、**一部前払い・一部月払い方式**、**月払い方式**、**選択方式**）、解約時の返還額（条件や算定方法含む）についても確認し、他候補と比較してみましょう。

(3) 居室・建物が本人の求めている希望を満たしているか

居室の設置場所（階・隣部屋の有無）、面積、収納、内装、日当たり、浴室やキッチン（専用・共用）、食堂、備え付け設備、築年数、耐震強度、非常時対策設備等、ハード面については、具体的に得られた情報が本人の許容範囲かどうかを「希望のまとめシート」 参照⇒ 第6章4 表6-4-2・p265 で確認しましょう。実際に見るまではわからないこともありますが、この時点で「この条件は無理」と思う住まいを排除しておくことで無駄なく住まいを探せます。

(4)「譲れないポイント」が叶えられるか

本人にとって大切な「譲れないポイント」 参照⇒ 第6章4 表6-4-1・p264 が確保されたライフプランやライフスタイルを実現できる住まいかどうかを確認します。場所、食事、健康、趣味や買い物などの日常的なことから、交通の便、家族・友人などとの距離も含めて、本人が重視しているポイントがどれだけ充足しそうかをざっと確認しておき、実際に見学する際のヒントにしましょう。

(5) 必要な医療体制があるか

現在医療処置を利用している人は、候補となる高齢者住宅・施設がその処置に対応しているかどうかを確認しましょう。提携医療機関先や看護師の24時間対応があるかどうかなども、重要な確認事項です。

ここも確認！

情報はオープンか

高齢者住宅・施設を探している人の気持ちに十分に配慮した情報提供がなされているかどうかも、経営主体の姿勢がうかがえます。公開している情報の質と量を、ほかの候補の資料と比較してみましょう。

6-7 見学＆体験入居

> **POINT**
> - 見学では、施設管理者に話を聞けるように設定する
> - 見学時は設備面だけでなくスタッフについてもよく確認する
> - サービスは、食事、入浴、レクリエーション等も確認する

　見てみたい高齢者住宅・施設が絞り込めたらアポイントをとり、高齢者住宅・施設を見学しましょう。見学や体験入居時は、パンフレットに載っていないような項目を質問したり、五感をフル活用して施設を見定めることが大切です。可能な限り多くの高齢者住宅・施設を見ることで、比較ができるようになり、より本人に適した施設に近づけます。

　また、記録をとっておくことも重要です。何度も通うと、上記のような第一印象や五感で得た情報は薄れてしまうものです。「感覚」で得た情報もしっかりメモに残しておきましょう。

　特別養護老人ホーム（介護老人福祉施設。以下、特養）や軽費老人ホームも見学はできますが、入居予定者が入居を選択することは難しい場合が多く、見学して比較検討、選択できるのは有料老人ホームやサービス付き高齢者向け住宅が主体となります。このテキストでは、見学・体験入居の項を、有料老人ホーム・サービス付き高齢者向け住宅の2類型の高齢者住宅・施設を中心に解説します。

❶ 見学設定時の留意点

（1）複数人で訪問し多角的に評価

　見学は、入居を考えている本人だけでなく、複数人で行った方がより多くの情報を得られます。本人のほかに、入居をともに検討するキーパーソンや、施設選びに詳しい第三者と一緒に見学し、多角的に判断しましょう。

（2）「素顔」を見るならお昼時

　高齢者住宅・施設の見学時はお昼時や午後のレクリエーションの時間帯がお勧めです。入居者の顔がよく見えますし、スタッフや住まいの素の雰囲気が伝わってくるというメリットがあります。

　お昼時に見学を設定すると、食事の試食ができる場合もあります。通常1週間程度

前に予約が必要ですが、せっかくですから試食をして、提供される食事の味を確認しましょう。

（3）施設管理者の話を聞く

その高齢者住宅・施設全体の理念を確認するには、住まいのトップである施設管理者（施設長）に直接会って話を聞くとよい情報を得られるでしょう。経営主体の広報担当者などが見学の案内をしてくれる場合でも、施設管理者と会える時間を手配してもらうとよいでしょう。

❷ 見学時の留意点

（1）聞きたいことはとことん聞く

高齢者住宅・施設を選ぶ過程で、確認・点検しておきたい事項は多岐にわたります。些細なことと思っても、気になることはとことん聞きましょう。

（2）「五感」をフル活用

実際に本人や家族が見学や体験入居してみると、事前に抱いていたイメージと違っていることがたくさんあるでしょう。後述する設備、サービス、費用などの客観的ポイントの確認はもちろんですが、匂い、音、空気（表6-7-1）など五感による情報は、現場でしか得られません。それらもしっかり記憶しておき、判断材料の一つにしましょう。

表6-7-1 五感でチェック

視覚	雰囲気は明るいか。住んで心地よさそうか。入居している人の様子はどうか。施設の掲示物（イベント情報、入居者の作品、写真等）から読み取れる施設の日常の雰囲気や、パンフレットに記載のない情報もしっかり確認。
聴覚	入居者が話している様子やスタッフの接し方、あいさつの様子はどうか。居室からの声や雑音、外からの騒音などはうるさくないか。
嗅覚	廊下、トイレ、浴室、食堂などはどのような匂いがするか。屋外の周辺で嫌な匂いがしないか。
味覚	食事は好みの味か。食べやすいか。
触覚	転んでも怪我をしにくい床素材か。手すりは使いやすいか。床や壁がベトベトするなど、清潔感はどうか。

（3）「第一印象」も大切に

本人が「直感的によさそうな施設だと感じた」「なんとなく嫌な感じがした」など感じる場合は、そのときは何がよいのか、悪いのかはわからなくても、無意識に何かを感じ取っているのかもしれません。本人や家族が高齢者住宅・施設に入ったときに感じた「第一印象」も大切にすべき情報の一つです。

（4）サービスの質の確認

サービスのレベルを確認することは非常に重要ですが、なかなか見えにくいものです。実際にサービス提供をしているケアスタッフの言動をしっかり見て、感じておきましょう。

（5）最終候補が複数の場合は体験入居を

見学をして最終候補がいくつかに絞られ、さらにサービスを確認したい場合は「体験入居」を利用しましょう。1週間以上利用した方がさまざまな場面を見ることができるのでよりよいですが、体験入居の場合も本入居と同様に健康診断書の提出が必要なケースが多いので、利用したいと思ってもすぐに体験入居ができない場合もあります。

> **ここも確認！**
>
> **体験入居に関する注意点**
> - 介護保険施設（特養、老健など）は体験入居ができません。
> - 体験入居は料金が発生します。（1泊3,000〜15,000円程度）
> - サービス付き高齢者向け住宅は体験入居できないことが多くあります。
> - 入居者が高齢者住宅・施設入居に前向きでない場合は、体験入居がより強い入居拒否につながる恐れがあります。
> - 体験入居のシステムがない場合でも、前払金がないプランで一度入居してみたり、前払金があってもクーリングオフ制度の期間（3ヵ月）を利用して入居してみるなど、体験入居と同様の効果が得られる方法もあります。

ここからは、見学では実際にどんなところに気をつけて確認すればよいのか具体的なチェックポイントをおさえましょう。巻末資料表 6-10-2・p300 の「見学＆体験入居のチェックポイントリスト」も活用してください。

❸ 設備面のチェックポイント
　施設の設備や立地、といった住まい周りの物理的な環境についてチェックします。前述したように、五感をフルに活用してチェックしましょう。

（1）立地
　事前の情報よりさらに具体的な施設の立地を確かめます。本当に家族は施設に訪れやすいでしょうか。本人は買い物に行きやすいでしょうか。バスなどの本数は現地に行かないとわからないこともあります。家族が来たときに車を停められる駐車場があるかなども確認しておきましょう。

（2）周辺環境
　施設周辺の環境も重要です。本人に外出する希望があるなら、買い物、郵便局、銀行など生活に必要な施設の場所がどれくらい近くにあるかも把握しておきましょう。図書館や映画館、美術館など文化的な施設が近くにあると生活の質も高まります。散歩が好きなら、徒歩圏内に公園や緑はあるか、散歩ができるような道があるか、坂や階段が多くないかなど、周辺地域を散策して確認しておくとよいでしょう。

（3）清潔さ
　清潔な環境は、入居者への配慮を常に心がけているかどうかの表れともいえます。玄関前のアプローチ、入口、ドア、廊下、窓ガラス、壁、エレベーター、共用トイレ、共用浴室などの清掃が行き届いているかチェックしてみましょう。
　見た目はきれいそうでも、手で触ってみてベタついていたり、ホコリが積もっているようなことがないか確認してみましょう。特に近年は、新型コロナウイルスのまん延による感染予防対策が多くの施設で実施されています。どのような対策を講じているのかについても、必ず確認しましょう。

（4）設備・機器・用具
　機械浴槽や介護ベッド、リハビリ機器など、介護やリハビリテーションに必要な設

備・機器・用具が充実していれば、その高齢者住宅・施設が介護やリハビリにどのくらい重点をおいているかわかります。

(5) 施設の建物・手入れの状況

建物の老朽化は進んでいないか、古い建物であれば耐震工事・補強工事は済んでいるか、防火設備は整っているか、しっかりチェックします。

建物は好みの雰囲気（アットホーム感、インテリアの趣味）と合致しているでしょうか。観葉植物や植木の手入れはされているでしょうか。

(6) 共用スペース

施設の共用スペースの広さは十分で、雰囲気はよいでしょうか。居室から共用スペースまでは手すりが設置され、段差はなく、高齢者が一人でも安全にアプローチできるでしょうか。図6-7-2を細部まで見てみましょう。

| 図6-7-2 | 介護付有料老人ホームの間取り例

1階健康管理室には看護師が常駐している。

大浴室や趣味のスペース、レクリエーションを楽しめる施設等があれば、実際に見学して広さや設備の状態を確認します。写真や動画で見たのとは印象が違うかもしれません。サークル活動がある場合は、この機会に何のサークルがあり、どのような活動を行っているか聞いておくとよいでしょう。

余裕があれば共用スペースの掲示物も確認しておきましょう。過剰な禁止事項や警告が書かれていないでしょうか。

（7）共用浴室

浴室は、高齢者住宅・施設の中でも転倒等の事故リスクが非常に高いところです。自立や要支援のため一人で入浴できる人でも見守りが必須というような場合も多くあります。

高齢者住宅・施設の共用浴室にも、一度に数名が同時に利用できる大浴場、家庭にある浴室と同じ個別浴室、寝たきりの方でも入れる機械浴室など種類があります。集団の入浴が苦手という方は、個別浴室の利用ができるかどうかの確認をしましょう。

（8）居室

本人が「住み心地がよさそう」と感じることができるかが最重要な場所です。部屋の広さは、数字だけではなかなか実感がわからないものです。実際に居室に入ってみて、広さは十分か、圧迫感がないか、感じ取りましょう。

個室にトイレや浴室があればその設備も確認しましょう。日当たりが気になる場合は、窓の向きや大きさ、どれだけ窓が開けられるかも確認します。

（9）収納

居室内の収納も確認しておきましょう。本人が日常生活に必要とする物品を収納できる十分なスペースはあるでしょうか。特に自宅を整理する場合、収納が少ないと所有物を整理・処分しなければならないかもしれません。

一方で、ホームの備え付けの備品がある可能性もあります。自分で持ち込まなくてもよいもの、逆に部屋への持ち込みが禁止されているものがないかも確認しておきましょう。

（10）緊急通報の手段

いざというときにボタンを押せば対応してくれるナースコールや緊急通報装置、リ

ズムセンサー※の有無、設置場所も確認しておきましょう。会話ができるコールボタンや手持ちのタイプなど、高齢者住宅・施設によって機器の種類が異なります。

> ※一人暮らしの高齢者などの、安否確認緊急通報システムの一つ。一定時間室内に動きがない状態の場合、生活挙動がないものとしてスタッフが居室を訪れ、本人の安否状態を確認する。

(11) 騒音

音についての確認も大切です。大きい道路に面しているなど、外の騒音が不快だったり、隣室の日常生活音が聞こえてくるなど、騒音でトラブルが起きる可能性もあります。外壁および居室間の壁の防音対策がどれだけされているかを確認して不安を解消しておく必要があります。

また、見学だけでは気にならなかった音も、体験入居などをしてみると時間によって外の音が変わり騒音となる可能性があります。昼間は静かでも夜間騒がしい場所、またその逆もあり得ます。観光客の多い土地では、平日と土日、季節や時期で街の騒音や混雑状況も全く変わってきます。

❹ スタッフのチェックポイント

入居する本人がスタッフに心配りと安心を感じ、「この人たちとなら一緒にいてもいい」と感じることができるかどうかが大切なポイントです。

(1) 施設管理者（施設長）・ケアマネジャーの印象

施設管理者（施設長）とケアマネジャーは、その住まい全体の「質」を表しているといえます。人柄はもちろん、入居者を「大切なお客様」として接しているかもチェックしましょう。複数施設を運営している大規模な運営母体の有料老人ホームの場合は、定期的異動で施設管理者が変わるケースもあります。

(2) スタッフ全員の対応

スタッフ全員の対応におもてなしの心遣いを感じるでしょうか。本人の感じ方にもよりますが、接遇がよければ、その住まいに「受け入れられている」と感じ、安心と居心地のよさにつながります。スタッフ全員の接遇マナーが、その施設の理念に叶ったものであれば、教育が行き届いているということであり、施設管理者（施設長）のマネジメント・レベルが高い水準にあることを示します。

（3）案内者の説明

　高齢者住宅・施設見学時において、設備やサービスを丁寧に説明してくれることはもちろん、相談者の悩みや希望などをしっかりと聞き出して、親身になって相談にのってくれたでしょうか。

　施設の見学は、このような相談も含めると通常は 1 時間以上 かかります。

> **コラム　こんな対応は「信頼できる」かも?!**
>
> 　以下のような、入居希望者の立場や家族の立場に立って親身かつ公正な姿勢で対応するスタッフがいる施設は、信頼できるかもしれません。
> - 「ほかの住まいも見て、じっくり検討してください」といってくれる。
> - その住まいの改善点などもしっかり話してくれる。
> - 入居検討者を知ることに努め、いろいろと聞いてくれる。
> - 「うちよりもむしろ〇△ホームの方が合っているのでは」と理由ある推薦をしてくれる。

❺ サービスのチェックポイント

食事、医療、介護、認知症、リハビリ などサービス面のチェックをします。

（1）食事

①食事内容

　食事の献立、味、量、メニュー選択の有無を確認します。献立は毎食変更されるでしょうか。数週間〜数ヵ月に1度のサイクルで同じメニューになる場合もあります。

　アレルギーや嫌いなものに対応したメニューにしてもらえるでしょうか。特に持病や飲み込みの困難さを抱えている場合は、必要な 特別食、カロリー制限、ミキサー食、きざみ食、塩分制限 などの対応がどこまでできるかを確認します。

　食事の調理を行うのは誰でしょうか。調理場をもっている場合は、その場で作られたものを提供してもらえます。ご飯だけそこで炊き、おかずは 配食サービス を使ったり、温めて盛り付けるだけの チルド食 の場合もあります。

②提供場所・タイミング

　食事が提供される場所はどこでしょうか。食堂等の共用スペースが多いですが、

食堂がある場合は食堂の雰囲気も確認しておきましょう。また、居室までの配膳・下膳もしてもらえるかチェックしましょう。

食事の提供回数は、サ高住だと昼、夜2回の場合もあります。有料老人ホームでは、時間帯を前後にずらして2部制にしている場合もあります。

提供時間は、自立型のサ高住だと決められた時間帯で自由に食事がとれるケースもあります。有料老人ホームでは、食事場所や時間が固定されている場合が多いでしょう。本人の生活リズムと合うでしょうか。

③食事の手配

食事の金額も確認が必要です。1食約500〜1,000円（約4〜6万円／月）が多いでしょう（胃ろうの場合は、食費は不要）。

食事の予約の有無も確認しておきましょう。食事が必要な場合に予約する、または逆に食事不要の場合に申告するシステムの施設もあります。キャンセルは4日前くらいに設定している場合が多いようです（キャンセルすると食事代が差し引かれる）。

自炊はできるでしょうか。サ高住など居室にキッチンがある場合は、自炊がメインで、食堂での食事は補助的になります。お酒については有料老人ホームなどだとお部屋で飲んでもらうというケースが多いようです。

（2）入浴時間

入浴設備を確認するタイミングで、どのような入浴サービスが、どの時間帯に、週に何回受けられるのかを確認しておきましょう。規定の回数以上に入りたい場合の追加料金の金額も確認しましょう。

（3）外出

外出のルールは施設の種類や経営主体の方針によってさまざまです。

自立度の高い高齢者住宅・施設（サ高住・一般型ケアハウス等）では自由な外出を認めている場合が多いでしょう。ただし、自立度の高い高齢者住宅・施設（サ高住・一般型ケアハウス等）でも、外出時には目的地や帰宅時間などをスタッフに伝えてから外出するようなルールを定めているところもあります。

一方、介護を前提とした高齢者住宅・施設（介護付有料老人ホーム・特養等）では自由な外出はできないことが多くあります。ごく近所の外出でもルールが決まっていたり、原則1人での外出は認められず、買い物は職員に依頼したり、定期的に訪れる

業者から購入したりする場合もあります。

なお、近年では、新型コロナウイルスのまん延による感染予防対策の一環として、原則外出禁止や家族との面会を禁止・制限するなどの対応をしている施設が少なくないようです。施設によって対応が異なるので、その点も確認してみましょう。

（4）レクリエーション

日中、レクリエーションサービスを提供している高齢者住宅・施設は多くあります。レクリエーションには筋力低下や認知症予防などのリハビリテーションの効果も期待されているためです。例えば体操、映画鑑賞、コンサート、アート系、ヨガ、フラダンス、連想ゲームなどがあります。認知症予防や昼夜逆転生活を防ぐために、朝の運動など生活のリズムを整えるレクリエーションを実施している施設もあります。

また、家族に参加してもらい一緒に時間を過ごす機会を作る新年会、七夕会、盆踊り、クリスマス会といった季節イベントも実施されています。どんなレクリエーションをどれだけ行っているのか、全員参加なのか、希望者のみなのか、費用はかかるのかなども聞きましょう。

（5）医療サポート体制

医療のサポート体制が整っているかどうかは重要です。表 6-7-3 のポイントを中心に、医師、看護師、介護士、理学療法士などの医療スタッフが常勤・常時連携しているかどうか、その人数も確認しておきましょう 参照⇒ 第5章22・p235。

| 表 6-7-3 | 医療体制のチェックポイント

- 医療処置が必要な場合、その処置が確実に行えるか。
- どのような専門職が、何人体制で医療サポートにあたっているか。
- 提携医療機関はどこか。何科と何科に連携しているか。訪問医の専門科目は何か。
- 認知症に対する専門的医療体制はあるか※。 参照⇒第5章21・p232
- 看護対応や訪問診療は、医療保険・介護保険どちらで利用し、およそどのくらいの自己負担が生じるか。
- 急変が起きた場合は、どのような処置を行うことになっているか。
- 通院体制はどうなっているか。介助がつくか。送迎は有料か。
- 看護師の常駐体制はあるか。
- 1日に複数回医療処置が必要な場合、日中のみしか看護師がいない高齢者住宅・施設でも受け入れてもらえるか。

※提携医療機関の訪問医が認知症専門医のため、他施設で対応ができず退所した症状の人でも受け入れができる施設もある。

（6）認知症高齢者の受入体制とリハビリテーション

　認知症高齢者の受入体制を確認しておきましょう。認知症がどのような状態なら受入可能でしょうか。介護付有料老人ホームでは、認知症専門フロアを設けている場合も増えています。

　適切なリハビリテーションやレクリエーションに参加することで認知症の進行を遅らせることも可能といわれています。そのようなプログラムを積極的に推進しているかどうか、職員の認知症対応に対する考え方も確認しておきたいところです。特定のリハビリテーションや療法を提供している場合は、それが本人に受け入れやすいかどうかも確認します。 参照➡ 第5章21・p233

（7）介護・リハビリテーション対応

　現在は必要なくても、介護やリハビリテーションを受けることになった場合に備えて、介護スタッフやリハビリテーションスタッフの体制・職員配置についてチェックします 参照➡ 第5章22・p235。

　介護スタッフは、単に人数だけでなく、研修体制やスタッフの資格の有無（旧ホームヘルパー2級、介護職員初任者研修、介護福祉士等）など、スタッフの質に関係する点も確認したいところです。

　リハビリテーションは、リハビリテーションの専門職の種類によって得手不得手があります 参照➡ 第5章22 表5-22-5・p240。どの専門家が何人かかわっているのかを確認しておきましょう。

（8）緊急通報への対応

　緊急通報の場合の対応についても確認しておきましょう。特に、夜間スタッフが常駐していないサ高住などでは、夜間は契約業者が緊急通報に対応する場合もあります。

　許される使用頻度やボタンを押してから到着までの平均所要時間（日中／夜間）、対応してくれるのは誰なのか、契約業者がいる場合はどういう業者か、それぞれどのような対応が可能なのかなど確認しておきましょう。

（9）要介護状態が進んだ際の住み替えの必要性

　自立型のサ高住などでは、要介護度が高くなることで住み替えが必要となる場合もあります。要介護状態がどの程度進んだら退去を念頭におくのか、直接確認しておくと安心できます。

また、認知症状の悪化に伴う住まい側の対応と、退去の条件についても確認しておきます。介護付有料老人ホームの場合でも認知症の問題行動や暴力行為などで退去する可能性があります。過去にどのような退去事例があったかも聞いておきましょう。

参照➡ 第5章 24・p245

（10）家族・友人の訪問時間

家族や友人が高齢者住宅・施設に訪問できる時間も確認しましょう。特に夜間の時間帯はスタッフの数も少なく、事前に連絡をしなければならないケースもあります。

（11）家族・友人の宿泊

家族・友人が訪問した際に、宿泊できるようになっている高齢者住宅・施設も多くあります。賃貸借契約のサ高住では入居者の居室に自由に泊まれるケースも多く、有料老人ホーム（介護付・住宅型）ではゲストルームが用意され家族・友人が泊まれるようになっていることもあります。訪問者宿泊時の予約方法なども確認しておきましょう。

（12）看取りの実績

看取り対応をしているという施設であれば、これまでにどれだけ、どのような事例があるか確認しておきましょう。

❻ その他の環境のチェック

（1）入居者の要介護度、平均年齢

入居者の平均的な要介護度や平均年齢について確認します。要介護度がどの程度上がっても入居していられるのかは実績でわかります。

また、周りの入居者と大きな年齢差がないかどうかもチェックしておくと本人が安心できます。

（2）近隣・地域住民とのトラブル事例はないか

施設と近隣住民とのトラブルはないでしょうか、住まいと地域住民との交流行事はあるでしょうか。住まいが地域に受け入れられているか確認しておきましょう。

6-8 契約＆入居

POINT
- 入居までには仮予約、面談、契約準備、入居契約等の過程がある
- 入居契約にあたり重要事項説明書で契約内容の確認を行う
- 入居契約には、住民票や健康診断書等の書類が必要となる

入居したい住まいが絞り込めたところで、収集した情報や見学・体験入居時に確認した情報をもとに、図6-8-1の流れに基づき契約に臨みましょう（探し方・選び方～入居の全手順は 参照⇒ 第6章1 図6-1-1・p255）。

❶ 仮予約・面談

有料老人ホームなどでは、見学に行ったときに部屋の仮予約を勧められるケースが多くあります。部屋の仮予約では、居室を1週間程度無料で確保することができる場合があります。少しでも気に入った場合は仮予約をして、期間中に比較したい施設の見学をするようにしましょう。

❷ 面談

仮予約後、入居申込の意思表示をしたら、次は入居する本人の面談となります。
本人が見学をした場合はそのまま面談を兼ねることもあります。
入居予定者が入院している場合は施設の担当者（主に施設管理者やケアマネジャー）が病院まで行き、直接本人と面談し、必要に応じて看護師などに聞き込みをします。この面談により施設で受入可能かを判断します。

|図6-8-1| 契約・入居のフローチャート

1　最終確認＆契約準備
- 仮予約
- 面談
- 契約重要事項の確認
  希望どおりの施設か確認
  契約形態・退去条件・併設施設　等
  料金体系・前払金の返還条件　等
- 契約内容・情報・予算の再確認
  情報の誤解、マネープランに漏れがないか再確認
- 契約手続に必要な条件の準備
  身元引受人の準備（家族等へ依頼／NPO法人・公的機関へ依頼）
  健康診断書の取り寄せ

⬇

2　入居契約
前払金納入
入居契約

⬇

3　引越準備
持参するものを分類
保管しておくものを整理
不要なものを処分
引越の見積

⬇

4　引越＆入居

❸ 重要事項説明書等での契約内容の確認

（1）重要事項説明書の確認

　事前の情報収集や見学時に住まいから直接もらえる重要事項説明書は、契約に含まれる主要な内容が記された、施設を判断するための重要な資料です。施設の概要や職員体制、サービス内容、料金、定員や職員の数、入居者の人数、男女比、直近に退去した人の数など、パンフレットだけではわからない重要な情報が載っています。サービス付き高齢者向け住宅では重要事項説明書と賃貸借契約書が一体となっていることもあります。

　契約をする前に、重要事項説明書や契約書などの書面に基づいて、本人および家族はもちろん、高齢者住宅・施設側のスタッフ（できれば施設管理者）も同席のうえで、契約の主要な部分を確認しましょう（参照⇒ 第6章10 章末資料図6-10-3～6・p302～319）。事前収集した情報や、見学・体験入居時に得た情報と違いはないでしょうか。特に以下の点は確認を怠りがちなので、確認しましょう。

①併設施設

　併設施設の有無だけでなく、入居を検討している施設との連携がどれくらいとれているのか、具体的な連携状況も確認しましょう。また、併設施設以外の施設も気軽に利用することができるのか、チェックしておく必要があります。

②部屋替えの条件

　入居者同士のトラブルによって退去を考えることもあるかもしれません。隣人トラブルが発生した場合にフロアや部屋の位置の変更が認められているか、そのような事例が過去にあったかどうか確認しておくとよいでしょう。

③退去の条件

　特に、施設から退去を求められる場合を再度確認しておきます。認知症で問題行動が生じた場合や要介護度が上がったことによる退去勧告があるか、いままでにどのような退去事例があり、その理由はどのようなものだったのか確認しましょう
参照⇒ 第5章24・p245。

（2）契約・料金関係の確認

　重要事項説明書等内に明記されていることも多いですが、表記の有無を確認するだけでなく、具体的な支払い方式について説明を受けましょう。

①居住の権利形態

施設の種類によって居住の権利のかたちは異なります 参照➡ 第5章23・p243。退去条件にも密接に関係しているため、しっかりと確認しましょう。

②支払い方式

支払いの詳細について、表6-8-2 のポイントを参考により具体的な金額の情報を入手します。

③途中退去した場合の返還金

第5章9で述べた通り、有料老人ホームでの前払金は初期償却を経た後に家賃の前払いとして扱われるため、償却期間に退去した場合、一部金額が戻ってきます。何年償却で、いつまでならどれくらい戻ってくるのかも、理解しておくべき重要な事項です 参照➡ 第5章9・p202。

④前払金の保全制度

経営主体の経営状態（倒産など）によって退去を余儀なくされる場合でも、入居金が保全されている必要があります。そのための前払金の保全措置制度 参照➡ 第5章9・p203 が準備されているか、重要事項説明書で確認しておく必要があります。

表6-8-2 入居時に再確認したい住まいの費用のポイント

住まいの支出項目	確認事項
初期費用 （前払金、一括前払い家賃、敷金など）	●どのような性質の金銭か ●いくらかかるのか
月払い費用 （家賃、管理費、サービス費、食費、光熱費など）	●管理やサービス、食事の曜日や時間帯など、どこからどこまでを含むのか ●いくらかかるのか
介護保険利用自己負担額の概算	●現状の要介護度での自己負担額 ●その住居で許される上限の要介護度での自己負担額
利用したいオプションサービス	●どんな種類のサービスがあるのか ●それぞれいくらかかるのか

❹ マネープランの最終確認

住み替えにかかる引越費用も見積もり、住み替え時の初期費用の一部に組み入れましょう。

高齢者住宅・施設から聞き取った費用の範囲は、予算を考えたときの費用項目と同じでしょうか。特に、食費、光熱費、介護費、オプション代などが組み込まれているかどうかは要注意です。最後に再確認しましょう。

❺ 契約に必要な条件・書類の手配

（1）書類の手配

契約の際に必要になる書類として、表 6-8-3 があげられます。証明書類などは原則として発行 3 ヵ月以内としているケースが多いようです。

特に注意すべきなのが健康診断書です。健康診断書はどの施設でも必要になるうえ、主治医により作成されるため、日数がかかることがあります。早めに準備しておきましょう。施設で所定の書類があるかどうか、見学時にあらかじめ確認します。健康診断の料金は約 5,000 ～ 10,000 円の場合が多いようです。

表 6-8-3　契約時に必要な書類・物品

高齢者住宅・施設側で用意されるもの	入居者が用意しておくもの
入居契約書 重要事項説明書 （介護）サービス契約書 管理規約 　　　　　　　　　　　など	住民票 戸籍抄本 健康診断書 印鑑証明書（身元保証人のものも） 実印（身元保証人のものも） 健康保険証 介護保険被保険者証 銀行通帳（料金引落口座のもの） 口座届出印 　　　　　　　　　　　など

（2）身元引受人・連帯保証人等

①身元引受人の役割

高齢者住宅・施設に入居する場合、UR の賃貸住宅以外はほぼ全ての住まいで身元引受人が必要です。

身元引受人の具体的な役割には、緊急時連絡先、退去時の引受、入院の付き添い、延命措置の可否判断、ご遺体の引き取り、葬儀の手配、遺品の処分など、役割は多岐にわたります。

子どもや配偶者がいない場合は、親族で身元引受人になってくれる人を探す必要があるでしょう。

②身元引受代行サービス

身元引受を依頼できる人がいないときには、NPO 法人や行政書士・司法書士が組織する社団法人など、有料で引き受ける組織もあります。

身元引受人を必要としない高齢者住宅・施設も増えつつあり、地域によっては行政が引き受ける場合もあります。行政や地域包括支援センターで情報収集をしてみましょう。

③連帯保証人の役割
家賃・施設利用料の滞納、病院での不払いなどがあった場合、その債務を負います。民間の家賃保証会社・連帯保証会社もあります。上記の身元引受人が連帯保証人の役割を負うのかどうか、確認が必要です。

（3）成年後見人

身元引受人を立てられない場合、成年後見制度利用で対応している高齢者住宅・施設もあります。成年後見人は身元引受人・連帯保証人になることはできませんが、入居希望者の財産を管理する代理権を有する「法定代理人」です。成年後見人を選任することを条件として、身元引受人なしでも入居を可能としている高齢者住宅・施設もあります 参照⇒ 第2章13・p70。

> **ここも確認！**
>
> **身元引受人・身元保証人・連帯保証人**
> 身元引受人は、高齢者住宅・施設によっては身元保証人とも呼ばれ、さらに連帯保証人という意味も含まれることがあります。つまり、3つの言葉が混在して使用されているので注意が必要です。
> 有料老人ホームの場合には重要事項説明書で身元引受人の条件・義務が記載されていますので、身元引受人の責任が具体的にどのようなことなのかを確認しましょう。
> サービス付き高齢者向け住宅などの賃貸借契約の場合は、「連帯保証人」とのみ書かれ、身元引受人についての内容が明記されていないことがありますので、あらかじめ確認しておきましょう。

❻ 引越準備

現在の住まいから転居する準備をします。

(1) 転居先の広さを考慮する

　高齢者住宅・施設の部屋の広さは表6-8-4の通りで、何十年も暮らしてきた方の持ち物を収納するスペースとして十分に広いとはいえません。有料老人ホームやサ高住に入居を検討されている人にとっては、この「部屋の広さが変わること」が大きなハードルになることが多いのです。

　もともと大きな家に住んでいる人にとっては、18㎡の一部屋に移り住むということ自体が考えづらいといわれます。単身の場合でも夫婦向けの広い部屋 参照➡ 第5章20・p230を希望される人が多いものの、2人で住めるような大きな部屋自体、数が少ないのが高齢者住宅・施設の現状です。

表6-8-4 高齢者住宅・施設の部屋の広さ

高齢者住宅・施設は下表のように居室面積の要件が決まっており、最低要件で作っている施設が多い。

有料老人ホーム	サ高住	グループホーム	ケアハウス
13㎡以上	18㎡以上※	7.43㎡以上	21.6㎡以上

介護療養型施設	老人保健施設・介護医療院	特別養護老人ホーム
10.65㎡以上	8.0㎡以上	10.65㎡以上

※共用部分に十分な面積がある場合。

(2) 保管場所の確保

　自宅を処分しない場合は自宅に物を置いておくことも可能ですが、自宅を処分する場合で転居先に持ち込めないほどの品物を保管しておきたい場合は、レンタルボックス・レンタル収納スペースを借りておくこともできます。

(3) 不要なものの処分・廃棄

　自宅を処分したり、ほかに保管場所をもたない場合は、転居先の施設の広さを考慮すると、今後必要のないものの処分をする必要があるでしょう。高齢者住宅・施設に入居が決まったら、具体的に何を整理し、何を処分することが必要かを確認します。主な処分の方法は、以下の方法があります。

①粗大ごみに出す

　自治体で行っている粗大ごみに出す方法です。最も安価にすむ一方、粗大ごみの場合は所定の場所まで運ばなくてはならないでしょう。

②業者に依頼する

　上の方法よりも費用がかかりますが、処分業者に依頼してまとめて処分してもらうのが時間的にも早く、楽です。リサイクルショップなどの業者の場合、値がつくものは買い取ってもらうことができ、処分費と相殺されて費用が安くなることもあります。業者の見積もりは無料の場合が多いので、具体的に見積もってもらう方がよいでしょう。

❼ 引越費用の見積もり

　処分が適切にできれば、夫婦部屋など大きな部屋の場合を除き、入居のために運び込む物品はそれほど多くないと思われます。

　引越業者に頼む場合、引越料金は「荷物量×移動距離」で決まります。運ぶ荷物の量を減らすことで利用できる安価なプランもあるようです。

　引越業者は見積無料というところが多いため、具体的な金額を見積もってもらう方がよいでしょう。

❽ 住所地特例

（1）住所地特例とは

　介護保険制度は、市区町村が保険者となり制度が運営されています。そのため住所を異動した場合、通常は異動に伴い保険者が変更されます。

　しかし、高齢者住宅・施設へ入所・入居により住所を異動した場合、保険者を継続することがあります。これを住所地特例といいます。

（2）住所地特例が設けられた理由

　介護保険制度は、原則として居住している市区町村を保険者として介護保険に加入する仕組みになっています。

　しかし、介護保険の施設入所者を一律に施設所在地の市区町村の被保険者としてしまうと、介護保険施設等が集中して建設されている市区町村の介護保険給付が増加し、財政上の不均衡が生じます。

　こういった状態を解消するために設けられたのが、住所地特例の制度です。

（3）住所地特例の対象となる施設

表6-8-5の施設へ入居時に居住する自治体が変更になる場合は、保険者を継続することがあります。**グループホーム**などの**地域密着型サービス施設**は住所地特例の対象外です（表6-8-6）。

| 表6-8-5 | 住所地特例対象施設 |

- 養護老人ホーム
- 有料老人ホーム※
- 軽費老人ホーム（ケアハウス）
- サービス付き高齢者向け住宅※
- 介護老人福祉施設（特別養護老人ホーム）
- 介護老人保健施設
- 介護医療院
- 介護療養型医療施設

※特定施設入居者生活介護の指定を受けている施設 参照→ 第3章10・p104 および有料老人ホームに該当するサービス 参照→ 第5章9・p198 を提供する施設が対象。安否確認、生活相談サービスのみを提供する施設および地域密着型特定施設は対象外。

| 図6-8-6 | 住所地特例の対象となるサービス付き高齢者向け住宅

サービス付き高齢者向け住宅（高齢者住まい法第5条）

有料老人ホーム非該当	(1)契約形態が賃貸借方式	(2)契約形態が利用権方式	(3)特定施設入居者生活介護の指定を受けている施設	(4)地域密着型特定施設
「食事・入浴・洗濯・掃除等の家事・健康の維持増進」のいずれのサービスも行わない施設				介護専用型特定施設のうち入居定員が29人以下の施設

■ 住所地特例対象施設
■ 住所地特例対象外施設

有料老人ホーム（老人福祉法第29条）に該当するサービス付き高齢者向け住宅

コラム　シニアの地方移住

関東地方の有料老人ホームやサービス付き高齢者向け住宅は全国的に見るとかなり高価格です。食事代込みの月額費用は、関東地方では16〜25万円の価格帯が多く、前払金も高額な施設が多い一方で、地方では10万円以下という施設も存在します。都市部で予算が足りないと思われる人は、地方移住を検討するとライフプランニングに余裕が出る可能性があります。

さらにそれを見越して、退職時などライフステージの早い段階で住みやすそうな地方を探し、移住を含めて老後に備えておくのも一手です。

6-9 入居後のフォロー

> **POINT**
> - 入居後の**家族のサポート**は入居者の快適な生活のために重要である
> - **フォローの方法**には**面会**や**サービス担当者会議**への参加等がある
> - 必要に応じて**クーリングオフ制度**の利用も視野に入れる

❶ 入居後の家族によるサポート

　入居後は入居者の生活環境が大きく変わりストレスを受けるかもしれません。入居者が高齢者住宅・施設で快適に暮らしていけるようにするためには**家族のサポート**が必要です。

（1）家族の面会

　入居者にとって家族との面会は大きな楽しみです。高齢者住宅・施設での生活や人間関係に慣れるまでは家族がこまめに会いに行きサポートした方がよいでしょう。面会時には体調を崩していないか、認知症の症状が進んでいないかなどを観察しましょう。

　面会は、家族や親戚で話し合い、いつ誰が行くかなど決めておくとよいでしょう。時間がある人が行くといったルールにしてしまうと、皆誰かが行ってるだろうと思い、誰も行かないということもあり得ます。

　ただし、もし認知症の症状がある場合などは、家族が入居直後に頻繁に会いに行くと、本人が「迎えに来てくれた。家に帰れる」と思ってしまい、ホームの生活になじめないことがあります。このような特別な配慮が必要な場合は、ホームの施設管理者やケアマネジャーとも相談して、はじめはあまり行かないようにするなどの対策が必要なこともあります。

（2）施設との連絡窓口

　家族側で、緊急時の連絡等を受ける人を決めておく必要があります。本人が急に体調を崩したので病院へ付き添いを依頼したいなど、身の回りの急な連絡をしたい場合の窓口となる人です。身元引受人とは別の人でも問題ありませんが、**家族の中でも連絡がつきやすく、時間に余裕のある人**が望ましいでしょう。

(3) 金銭の管理等

　入居者自身が全て計算できるほど意識が明晰である場合を除いては、金銭の管理は家族や成年後見人等がすることになります。入居者がお金をもちたがる場合は、しっかりと話し合いをして、どのくらいを個人管理でもっていてもらうかを施設・家族・本人の合意で決めましょう。

　ティッシュ、トイレットペーパー、紙おむつなどの消耗品は、家族が用意するケースもあれば、ホーム側で用意して後で決まった料金を請求するケースもあります。あらかじめ確認しておきましょう。

(4) 入居者の要望や不満を聞く

　入居者の要望や不満を聞くのも家族の大切な役割の一つです。本人の不満などを聞いた際には、まずは早めに高齢者住宅・施設側に伝えることが大切です。

　ただし、高齢者住宅・施設はあくまで共同生活の場なので、個人の要望が全て叶えられるとは限りません。要望を伝える前に、内容が正当であるかよく判断して、あくまで「相談したい」という立場で伝えましょう。

　普段から家族がしっかり見ていることは、スタッフにとってもありがたいことです。スタッフも第三者の目を意識し、サービスの向上にもつながります。

(5) サービス担当者会議や懇談会等への参加

　ケアマネジャーがケアプラン原案を作成後、サービスを提供する事業所や関係者を集めてケアの内容を検討するために開く会議を「サービス担当者会議」といいます。

　高齢者住宅・施設で介護保険サービスを受ける場合、高齢者住宅・施設のケアマネジャーが本人のケアプランを作成し、サービス担当者会議を開くことが多いでしょう。本人が伝えられないときは、入居者がどのような生活を望んでいるかなどを本人に代わってケアマネジャー等に伝えることは、家族の重要な役割です。

　また、家族参加の懇談会や納涼祭などに参加することで、ホームと自然なかたちで意見交換できます。ほかの入居者の家族とも情報交換ができる貴重な機会でもあります。

❷ クーリングオフ制度

　有料老人ホームの場合、入居後3ヵ月まではクーリングオフ制度を利用して、前払金を全額返金（居住していた間の実費は差し引かれる）してもらって退去することが

できます 参照⇒ 第5章9・p203、第5章25・p248。

　入居後どうしてもその有料老人ホームに住み続けたくないという場合は、この制度が利用できる3ヵ月以内に、日付入りの文書で有料老人ホームに解約を申し出ましょう。

❸ 住み替えの備え

　自立型の高齢者住宅・施設に入居した場合は、将来介護サービスが必要になったときに再度住み替えを検討する必要があります。家族は高齢者住宅・施設のスタッフとも連携して状況を把握しておくことが大切です。

　民間の高齢者住宅・施設を継続利用するのは経済的に負担が大きいという場合は、要介護3になったら特別養護老人ホーム（介護老人福祉施設）の入所申込を行ったうえで「待機」も検討しましょう。

6-10 感染症防止に向けた施設の取組

POINT
- 新型コロナウイルスのまん延により、感染症防止対策は強化された
- 入所者・施設職員両方に感染症拡大防止の取組が実施されている
- 家族との面会を原則禁止、または予約制としている施設も少なくない

❶ 施設等における取組

　入所や入居をする施設等では、生活の場が施設になることから、感染症の集団感染のリスクがあります。そのため施設では、利用者のみならず職員に対しても、感染症を予防するための措置がとられています。

　その方法として、利用者に対しては、感染の疑いについてより早期に把握できるよう、日頃から健康状態や変化の有無等に留意し、積極的疫学調査への円滑な協力が可能となるよう、症状出現後の接触者リスト、ケア記録、勤務表、施設内に出入りした者の記録等を準備しています。

　また、施設の管理者は、日頃から職員の健康管理に留意するとともに、職員が職場で体調不良を申し出やすい環境づくりに努める必要があります。さらに、職員間での情報共有を密にし、感染防止に向けた取組を職員が連携して推進していくことが求められています。

　介護老人福祉施設等の介護保険施設では、感染症・食中毒の予防及びまん延の防止のための対策を検討する委員会を概ね3か月に1回以上開催することになっています。

　なお、2021年現在、新型コロナウイルスによる感染拡大を防止するため、家族との面会や利用者の外出を原則禁止としている施設も少なくないようです。

❷ 施設職員の取組

　新型コロナウイルスの発生後、感染症対策の再徹底を図るため、職員は、厚生労働省より出されている「高齢者介護施設における感染対策マニュアル改訂版」「介護現場における感染対策の手引き」等を参照の上、マスクの着用を含む咳エチケットや手洗い、アルコール消毒等を徹底しています。さらに、出勤前に体温を計測し、発熱等の症状が認められる場合には出勤を行わないことを徹底させているところも多くみられます。

施設では、新型コロナウイルスへの感染が疑われる場合には、厚生労働省「新型コロナウイルス 感染症についての相談・受診の目安」をふまえて適切に対応するように指導しています。さらに、職場外でも感染拡大を防ぐための取組が重要という観点から、換気が悪く、人が密に集まって過ごすような空間に集団で集まることを避ける等の対応を徹底するよう、職員に指導・周知している施設が多くみられます。

❸ リハビリテーション等の実施の際の留意点

厚生労働省の「社会福祉施設等における感染拡大防止のための留意点について」によると、ADL維持等の観点からリハビリテーション等の実施は重要である一方、感染拡大防止の観点から、「3つの密」(「換気が悪い密閉空間」「多数が集まる密集場所」及び「間近で会話や発声をする密接場面」)を避ける必要があるということが示されています。

可能な限り、同じ時間帯・同じ場所での実施人数の縮小、定期的な換気、互いに手を伸ばして手が届く範囲以上の距離の確保、声を出す機会の最小化、声を出す機会が多い場合のマスク着用、清掃の徹底、共有物の消毒の徹底、手指衛生の励行の徹底が求められています。

リハビリテーションを実施する際には、利用者が触れたベッドや平行棒などの器具を使用するたびに消毒を実施するほか、利用者同士が接触しないよう、プログラムも配慮しなければなりません。

見学・体験入所をする際には、こうした感染拡大防止に向けた取組や対応の状況を確認するとよいでしょう。

| 表 6-10-1 | 章末資料：簡易生命表

高齢者住宅・施設の支出を計算するときに使います 参照⇒ 第6章3・p261。

現在の年齢（歳）	平均余命（歳） 男性	平均余命（歳） 女性	現在の年齢（歳）	平均余命（歳） 男性	平均余命（歳） 女性	現在の年齢（歳）	平均余命（歳） 男性	平均余命（歳） 女性
65	19.83	24.63	79	9.80	12.77	93	3.47	4.39
66	19.03	23.73	80	9.18	12.01	94	3.19	4.00
67	18.24	22.84	81	8.59	11.26	95	2.94	3.64
68	17.47	21.96	82	8.02	10.54	96	2.70	3.31
69	16.71	21.08	83	7.48	9.84	97	2.47	3.02
70	15.96	20.21	84	6.95	9.16	98	2.26	2.75
71	15.23	19.35	85	6.46	8.51	99	2.07	2.51
72	14.51	18.49	86	5.99	7.89	100	1.89	2.29
73	13.79	17.64	87	5.55	7.30	101	1.73	2.09
74	13.09	16.80	88	5.14	6.73	102	1.58	1.90
75	12.41	15.97	89	4.76	6.21	103	1.44	1.74
76	11.73	15.15	90	4.41	5.71	104	1.31	1.58
77	11.08	14.34	91	4.08	5.24	105	1.19	1.19
78	10.43	13.55	92	3.76	4.80			

（2019年　厚生労働省　簡易生命表より）

| 表6-10-2 | 章末資料：見学〜入居のチェックポイント

見学から入居に至るまでの一連の事項について、チェックすべき主要なポイントをまとめました。

立地			
アクセス			□よい　□悪い　（　　　　　駅より、徒歩・バス・自動車　　　分）
騒音	日中		□ある（　　　　　の音）　□ない
	夜間		□ある（　　　　　の音）　□ない
	平日		□ある（　　　　　の音）　□ない
	休日		□ある（　　　　　の音）　□ない
近隣施設			□コンビニ　□スーパー　□公園　□郵便局　□銀行　□図書館　□映画館　□美術館
介護設備			□機械浴槽　□介護ベッド　□介護ロボット　□リハビリロボット　□その他
建物			
耐震性			□ある（　　　　　年補強工事）　□ない
老朽化			□している　□していない
防火設備			□ある（□適正　　　　　　　　）□不適正）　□ない
インテリア			□気に入った　□気に入らない
共用スペース			
共同の居室			□ある　□ない
段差			□ある　□ない
手すり			□ある　□ない
清潔			□清潔　□清潔ではない（どんなところが　　　　　）
趣味のスペース			□ある（こんな設備がある　　　　　　　）　□ない
レクリエーションホール			□ある　□ない
掲示物妥当性			□はい　□いいえ
匂い			□嫌な臭い　□気にならない
雰囲気			□よい　□悪い
共同浴場			□清潔　□清潔ではない（どんなところが　　　　　）
共同トイレ			□清潔　□清潔ではない（どんなところが　　　　　）
個室環境			
広さ			□十分　□我慢できる　□狭い
トイレ			□ある　□ない
浴室			□ある　□ない
窓			□大きい　□小さい
日当たり			□よい　□悪い
風通し			□よい　□悪い
清潔			□清潔　□清潔ではない（どんなところが　　　　　）
匂い			□嫌な臭い　□気にならない
雰囲気			□よい　□悪い
収納の有無			
			□十分　□まあまあ　□少ない
緊急通報			
緊急通報装置			□ある（対応者：　　　　対応時間：　　　　）　□ない
火災報知機			□ある（対応者：　　　　対応時間：　　　　）　□ない
リズムセンサー			□ある（対応者：　　　　対応時間：　　　　）　□ない
スタッフの対応			
スタッフの印象			□よい　□まあまあ　□悪い
ホスピタリティ			□よい　□まあまあ　□悪い
説明のわかりやすさ			□よい　□まあまあ　□悪い

食事		
	食事の献立	□よい □まあまあ □悪い
	味	□よい □まあまあ □悪い
	量	□多い □まあまあ □少ない
	メニュー選択	□ある □ない
	食事の時間帯	□適当 □不適当
	アレルギー対応	□ある □ない
	特別食	□ある □ない
	治療食	□ある □ない
	配膳	□ある □ない
	下膳	□ある □ない
	食器	□メラミン樹脂 □陶器
入浴時間		
	□妥当 □短い	
リハビリテーション		
	□ある □ない	
レクリエーション		
	□ある □ない	
サポート体制		
	医師（　　　） 看護師（　　　） 介護士（　　　） リハビリ職（専門職種：理学療法士・作業療法士・言語聴覚士　その他　　　）	
医療関係対応		
	医師および医療機関と の連携	□ある □ない 病院名（　　　　　　　　）診療科目（　　　　）
	看取り	□ある □ない
	看護体制	□ある　対応可能処置（　　　　　　　　　　）□ない
認知症高齢者受け入れ		
	□ある □ない	
外出・外泊		
	□自由に外出・外泊できる　□許可が必要（　　　日前までに　　　による）	
家族の宿泊		
	□居室　□ゲストルーム　□不可	
契約形態		
	□利用権　□短期賃貸借　□終身賃貸借	
支払い方式		
	初期費用	□入居一時金（初期償却　　　円、その後　　　年で償却） □前払金（　　　　　年間の家賃として償却） □敷金（　　　ヵ月分。退去時、特別な使用により発生した原状回復が必要な費用部分に充当）
	月払い	□家賃 □管理費（　　　・　　　・　　　・　　　を含む） □食費（　　　円／回・日・月） □電気水道光熱費 （□電気：　　　円／月　□水道：　　　円／月　□ガス：　　　円／月 □まとめて：　　　円／月）
固有の退去理由		
	住まい固有の退去理由： 過去の住まい側申し入れ退去件数 　　年で　　件（具体的なケース：　　　　　　　　　　）	
退去時の入居一時金返還		
	初期償却　　　円 償却年数	

| 図 6-10-3 | 章末資料：**重要事項説明書例（有料老人ホーム）**

有料老人ホームで提供される重要事項説明書の記載例と確認すべきポイントです。
重要事項説明書の様式は、都道府県・政令指定都市・中核市がそれぞれの自治体の指針で定めているため、自治体をまたいで比較検討する場合は記載箇所に注意が必要ですが、おおむね記載されている内容は類似しています。サービス付き高齢者向け住宅でも類似した形式で提供されますので、何が書かれているかをしっかりおさえておき、住まいの比較のための情報として活用しましょう。

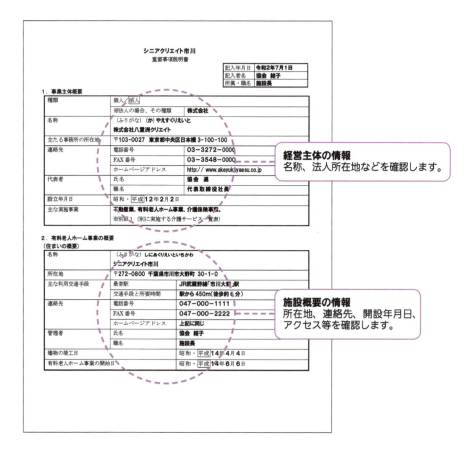

> **建物・設備の情報**
> 敷地・建物面積、居室の広さ、数、共用設備等を確認します。

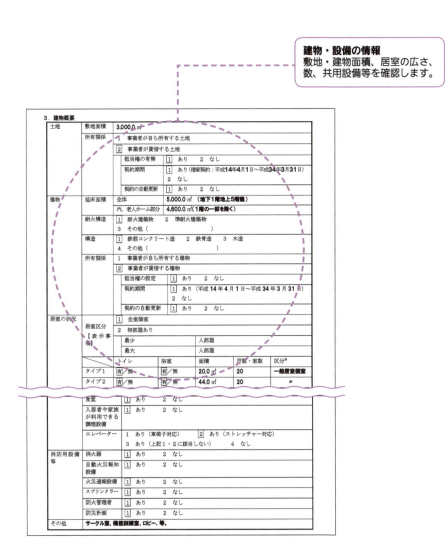

		サービス提供体制強化加算	(Ⅰ)ロ	1 あり	2 なし
			(Ⅱ)	1 あり	2 なし
			(Ⅲ)	1 あり	2 なし
人員配置が手厚い介護サービスの実施の有無		1 あり	(介護・看護職員の配置率)	2:1以上	
		2 なし			

(医療連携の内容)

医療支援 ※複数選択可		1 救急車の手配	2 入退院の付き添い		
		3 通院介助	4 その他 (訪問診療医の確保)		
協力医療機関	1	名称	市川大野東病院(ホームから300m)		
		住所	千葉県市川市西大野町 111-111		
		診療科目	内科、外科、整形外科、眼科、等		
		協力内容	内科医の訪問診療、年2回の健康診断実施。(医療費その他の費用は入居者の自己負担。以下同。)		
	2	名称			
		住所			
		診療科目			
		協力内容			
協力歯科医療機関		名称	市川大野東歯科医院		
		住所	千葉県市川市北大野町 222-222(ホームから200m)		
		協力内容	訪問歯科診療		

医療機関との連係情報
提携医療機関の名称、協力内容を確認します。
診療科目や緊急時対応の可否も確認しましょう。

5 職員体制

※有料老人ホームの職員について記載すること(同一法人が運営する他の事業所の職員については記載する必要はありません)。

(職種別の職員数)

	職員数(実人数)			常勤換算人数※1※2
	合計	常勤	非常勤	
管理者	1	1		1
生活相談員	1	1		1
直接処遇職員	23	8	15	20
介護職員	20	6	14	17.5(内、自立者対応1名)
看護職員	3	2	1	2.5
機能訓練指導員	1	1		1
計画作成担当者	1	1		1
栄養士	1		1	1(委託)
調理員	5		5	5(委託)
事務員	3	3		3
その他職員	1	1		1
1週間のうち、常勤の従業者が勤務すべき時間数※2				38時間

※1　常勤換算人数とは、当該事業所の従業者の勤務延時間数を当該事業所において常勤の従業者が勤務すべき時間数で除することにより、当該事業所の従業者の人数を常勤の従業者の人数に換算した人数をいう。
※2　特定施設入居者生活介護等を提供しない場合は、記入不要。

職員配置の情報
職種ごとの職員数、保有資格等を確認します。
常勤換算数も忘れずに確認します。

(資格を有している介護職員の人数)

	合計	常勤	非常勤
社会福祉士	1	1	
介護福祉士	10	4	6
実務者研修の修了者	1	1	
初任者研修の修了者	12	4	8

(夜勤を行う看護・介護職員の人数)

夜勤帯の設定時間(19時〜7時)		
	平均人数	最少時人数(休憩者等を除く)
看護職員	0人	0人
介護職員	3人	2人

夜間職員配置の情報
夜間の職員体制を確認します。
医療処置が必要な場合、特に看護職員の24時間体制を確認します。

(特定施設入居者生活介護等の提供体制)

特定施設入居者生活介護の利用者に対する看護・介護職員の割合	契約上の職員配置比率※ 【表示事項】	a 1.5:1以上　b 2:1以上 c 2.5:1以上　d 3:1以上
(一般型特定施設以外の場合、本欄は省略可能)	実際の配置比率 (記入日時点での利用者数:常勤換算職員数)	1.8:1

※広告、パンフレット等における記載内容に合致するものを選択

外部サービス利用型特定施設である有料老人ホームの介護サービス提供体制 (外部サービス利用型特定施設以外の場合、本欄は省略可能)	ホームの職員数	人
	訪問介護事業所の名称	
	訪問看護事業所の名称	
	通所介護事業所の名称	

(職員の状況)

	他の職務との兼務	1 あり (特定施設の管理者)	2 なし
管理者	業務に係る資格等	1 あり	
		資格等の名称	社会福祉士
		2 なし	

6. 利用料金
(利用料金の支払い方法)

居住の権利形態【表示事項】	1 利用権方式　2 建物賃貸借方式　3 終身建物賃貸借方式		
利用料金の支払い方式【表示事項】	1	全額前払い方式	
	2	一部前払い・一部月払い方式	
	3	月払い方式	
	4	選択方式	1 全額前払い方式
		※該当する方式を全て選択	2 一部前払い・一部月払い方式
			3 月払い方式
年齢に応じた金額設定	1 あり　2 なし		
要介護状態に応じた金額設定	1 あり　2 なし		
入院等による不在時における利用料金（月払い）の取扱い	1 減額なし　2 日割り計算で減額　3 不在期間が　日以上の場合に限り、日割り計算で減額		
利用料金の改定	条件	物価変動、人件費上昇により、2年に1回改定する場合がある。	
	手続き	運営懇談会の意見を聴く。	

利用料金の情報
初期費用、月額費用、それぞれの算定根拠等を確認します。
特に、初期費用は何の対価として支払うのか十分確認します。

(利用料金のプラン【代表的なプランを2例】)　　　　　　　　　　(税込)

		プラン1	プラン2
入居者の状況	要介護度	自立	要介護
	年齢	75 歳以上	75 歳以上
居室の状況	床面積	20.0 ㎡	18.0 ㎡
	便所	1 有　2 無	1 有　2 無
	浴室	1 有　2 無	1 有　2 無
	台所	1 有　2 無	1 有　2 無
入居時点で必要な費用	前払金	3,600,000 円	1,944,000 円
	敷金	0 円	0 円
月費用の合計		170,000 円	211,000 円
	家賃	40,000 円	40,000 円
サービス費用	特定施設入居者生活介護※1 の費用	0 円	(要介護 3) 26,000 円
介護保険外※2	食費	60,000 円	60,000 円
	管理費	60,000 円	60,000 円
	介護費用	(介護度) 10,000 円	(上乗せ介護度) 25,000 円
	光熱水費	実費	実費
	その他	都度払いサービス有	都度払いサービス有

※1　介護予防・地域密着型の場合を含む。
※2　有料老人ホーム事業として受領する費用（訪問介護などの介護保険サービスに関わる介護費用は、同一法人により提供される介護サービスであっても、本欄には記入していない）

介護保険自己負担額の情報
介護付有料老人ホームの場合、要介護度に応じた介護保険自己負担額の目安を確認します。
施設の所在地や加算の有無によって金額が変動することがあります。

(利用料金の算定根拠)

費目	算定根拠
家賃	建物の賃借料、設備備品費、借入利息、等を基礎として、1室あたりの家賃を算出した。
敷金	
介護費用	・(自立)介護費：自立者に対する一時的介護費用 ・(要支援・要介護)上乗せ介護費：長期推計に基づき、要介護者等2人に対し週 38 時間換算で介護・看護職員を1人以上配置するための費用として、介護保険給付及び利用者負担によって…

(前払金の受領)　※前払金を受領していない場合は省略可能

算定根拠		老人福祉法令等に基づき、全国有料老人ホーム協会の試算プログラムにより算定。
想定居住期間（償却年月数）		自立 120 ヶ月／要支援・要介護 60 ヶ月
償却の開始日		入居日の翌日
想定居住期間を超えて契約が継続する場合に備えて受領する額（初期償却額）		自立 360,000 円／要支援・要介護 360,000 円
初期償却率		自立 10%／要支援・要介護 20%
返還金の算定方法	入居後3月以内の契約終了	・(入居一時金 － 初期償却額) ÷ 想定居住月数 × 30 ×(入居日から契約終了日までの日数) ・初期償却費用については無利息で全額返還する。 ※月額利用料については日割計算で受領します。
	入居後3月を超えた契約終了	・(入居一時金 － 初期償却額) ×(契約終了日から想定居住期間満了日までの日数) ÷ (入居日の翌日から想定居住期間満了日までの日数)
前払金の保全先	1	連帯保証を行う銀行等の名称
	2	信託契約を行う信託会社等の名称
	3	保証保険を行う保険会社の名称
	4	全国有料老人ホーム協会
	5	その他（名称：　　　　）

入居一時金返還についての情報
入居一時金（前払金）のうち返還対象とならない額や返還金の算定式を確認します。

短期解約特例・保全措置の情報
3ヵ月以内に退去した場合（クーリングオフ制度利用）の返還金の算定方式や、初期費用の保全措置方法等を確認します。

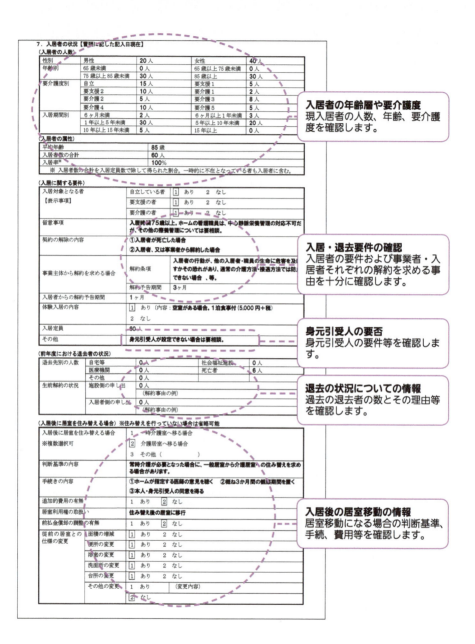

8．苦情・事故等に関する体制
（利用者からの苦情に対応する窓口等の状況）※複数の窓口がある場合は欄を増やして記入すること。

窓口の名称		千葉県高齢福祉課	千葉県国民健康保険団体連合会
電話番号		047-000-0000	047-000-0000
対応している時間	平日	00:00-00:00	00:00-00:00
	土曜	－	－
	日曜・祝日	－	－
定休日		土日祝祭日	土日祝祭日

（サービスの提供により賠償すべき事故が発生したときの対応）

損害賠償責任保険の加入状況	1 あり	（その内容）全国有料老人ホーム協会の「有料老人ホーム賠償責任保険制度」
	2 なし	
介護サービスの提供により賠償すべき事故が発生したときの対応	1 あり	（その内容）事故対応マニュアルに基づく
	2 なし	
事故対応及びその予防のための指針	1 あり　2 なし	

（利用者等の意見を把握する体制、第三者による評価の実施状況等）

利用者アンケート調査、意見箱等利用者の意見等を把握する取組の状況	1 あり	実施日	平成26年5月20日
		結果の開示	1 あり（館内掲示）　2 なし
	2 なし		
第三者による評価の実施状況	1 あり	実施日	平成27年1月20日
		評価機関名	全国有料老人ホーム協会サービス第三者評価
		結果の開示	1 あり（HPで公表）　2 なし
	2 なし		

添付書類：別添1（別に実施する介護サービス一覧表）
　　　　　別添2（個別選択による介護サービス一覧表）

※＿＿＿＿＿＿＿＿＿＿＿様

説明年月日　令和　　年　　月　　日

説明者署名＿＿＿＿＿＿＿＿＿＿

※契約を前提として説明を行った場合は、説明を受けた者の署名を求める。

署名・捺印
入居契約の前に、説明者と説明を受けた者の署名を行うことが義務付けられています。

サービス全体の確認
当該施設で提供されているサービスを確認しておきます。
自己負担額もよく見ておきましょう。

別添2　　有料老人ホーム・サービス付き高齢者向け住宅が提供するサービスの一覧表

（表：特定施設入居者生活介護（地域密着型・介護予防を含む）の指定の有無　介護サービス、生活サービス、健康管理サービス、入退院時・入院中のサービス等の項目と、料金・備考欄を含む一覧）

※1：利用者の所得等に応じて負担割合が変わる（1割又は2割の利用者負担）。
※2：「あり」を記入したときは、各種サービスの費用が、月額の介護費用に包含されている場合と、サービス利用の都度払いによる場合に応じて、いずれかの欄にを記入する。
※3：都度払いの場合、1回あたりの金額など、単位を明確にして記入する。

（公益社団法人全国有料老人ホーム協会「有料老人ホーム重要事項説明書記入例」および東京都福祉保健局「あんしん　なっとく　有料老人ホームの選び方」をもとに作成）

第6章　高齢者住宅・施設の選び方とポイント

図6-10-4 章末資料：建物賃貸借契約書例

サービス付き高齢者向け住宅では、建物賃貸借と安否確認等生活支援サービスで別の契約書を作成していることが多いでしょう。そのうち、建物賃貸借契約書は貸主と借主の双方が合意していることを示す書類です。納得いくまでよく読み理解したうえで署名・捺印することが大切です。
図6-10-4は、千葉県のホームページで配布されている、一般的なサービス付き高齢者向け住宅の建物賃貸借契約書ひな形を例にしています。

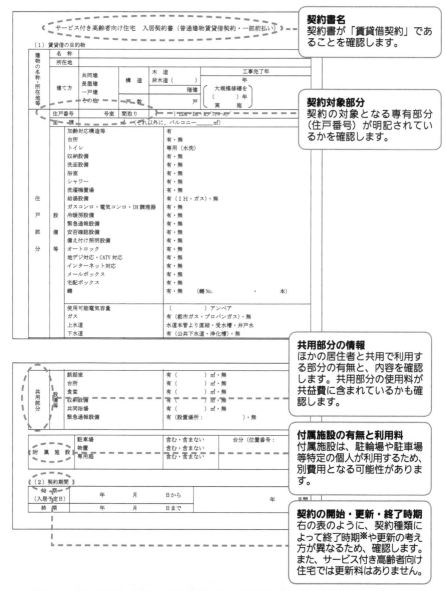

※契約の終了時期とは別に、施設側・入居者側それぞれの退去条件・解約条件も確認しよう。

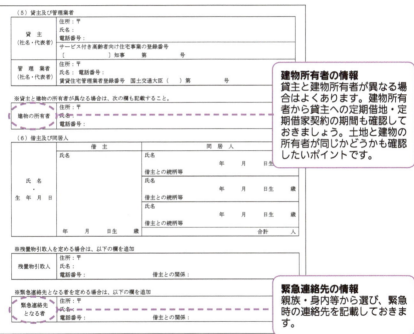

賃料・共益費（管理費）の支払い方式
毎月払いが原則ですが、家賃の一部または全部を前払いする場合もあるので確認します。共益費の内訳、金額、算定根拠も確認しましょう。

建物所有者の情報
貸主と建物所有者が異なる場合はよくあります。建物所有者から貸主への定期借地・定期借家契約の期間も確認しておきましょう。土地と建物の所有者が同じかどうかも確認したいポイントです。

緊急連絡先の情報
親族・身内等から選び、緊急時の連絡先を記載しておきます。

建物賃貸借契約の種類と契約の考え方

建物賃貸借契約には、法律上主に3種類がある。

契約の種類	契約の性質	更新方法
普通賃貸借契約	一般的な従来型の賃貸借契約	自動更新
定期賃貸借契約	契約で定めた期間の終了により賃貸借が終了する賃貸借契約	原則更新なし。継続の場合は再度新規契約を締結する。
終身建物賃貸借契約	賃借人が生きている限り契約が存続し、死亡したときに終了する。	死亡まで住み続けることができるが、東京都では契約締結前に都知事の認可が必要。

（契約の締結）
第1条 貸主 （以下「甲」という。）及び借主（以下「乙」という。）は、頭書（1）に記載する賃貸借の目的物（以下「本物件」という。）及び頭書（4）に記載する状況把握・生活相談サービスの内容について、以下の条項により、高齢者の居住の安定確保に関する法律（以下「法」という。）第5条第1項に規定するサービス付き高齢者向け住宅で状況把握・生活相談サービスが提供されるものに係る賃貸借契約（以下「本契約」という。）を締結した。
2 建物の賃貸借が終了した場合には、状況把握・生活相談サービスの提供も終了するものとする。
3 状況把握・生活相談サービスの提供が終了した場合には、建物の賃貸借も終了するものとする。ただし、甲の責によらない事由により状況把握・生活相談サービスの提供が終了した場合には、乙は、建物の賃貸借の継続又は終了のいずれかを選択することができる。

（契約期間、更新等）
第2条 契約期間は、頭書（2）に記載するとおりとする。
2 乙は、本物件が完成しているなど、入居可能な状態になっていることを前提として、契約期間の始期（入居予定日）に入居することとする。ただし、契約締結後における乙の急な入院等やむを得ない理由があるときは、甲の同意を得て契約期間の始期（入居予定日）を延期することができる。
3 甲及び乙は、協議の上、本契約を更新することができる。その際、建物の賃貸借契約を更新した場合には、状況把握・生活相談サービスの提供契約も更新することとする。

（使用目的）
第3条 乙は、居住のみを目的として本物件を使用しなければならない。

（賃料）
第4条 乙は、頭書（3）の記載に従い、賃料を甲に支払わなければならない。
2 1か月に満たない期間の賃料は、1か月を30日として日割計算した額とする。
3 甲及び乙は、次の各号のいずれかに該当する場合には、協議の上、賃料を改定することができる。
 一 土地又は建物に対する租税その他の負担の増減により賃料が不相当となった場合
 二 土地又は建物の価格の上昇又は低下その他の経済事情の変動により賃料が不相当となった場合
 三 近傍同種の建物の賃料に比較して賃料が不相当となった場合
4 頭書（3）の前払いに係る賃料は、契約期間にわたる家賃の一部として次の算式により算定して得た額とする。
 1か月分の賃料の一部 円×契約期間月数
5 甲は、前項に規定する契約期間月数が経過するまでの間に、乙が死亡し、乙の相続人との間でも契約が解除したとき又は本契約の解除若しくは解約の申入れがあったときは、遅滞なく、次の算式により算定して得た額を乙に返還するものとする。
 1か月分の
 ただし、
 は本物件の
 しなかった
 前項の規
 が死亡し
6 甲は、法

（共益費）
第5条 乙は、階段、廊下等の共用部分の維持管理に必要な光熱費、上下水道使用料等（以下、この条において「維持管理費」という。）に充てるため、共益費を甲に支払うものとする。
2 前項の共益費は、頭書（3）の記載に従い、支払わなければならない。
3 1か月に満たない期間の共益費は、1か月を30日として日割計算した額とする。
4 甲及び乙は、維持管理費の増減により共益費が不相当となったときは、協議の上、

（敷金）
第6条 乙は、本契約から生じる債務の担保として、頭書（3）に記載する敷金を甲に
2 乙は、本物件を明け渡すまでの間、敷金をもって賃料、共益費その他の債務と相
3 甲は、本物件の明渡があったときは、運滞なく、敷金の全額を無利息で乙に返還ただし、本物件の明渡し時に、賃料及び共益費の滞納、第15条に規定する原状回その他の本契約（建物の賃貸借契約に係る部分に限る。）から生じる乙の債務の不履行の債務の額を敷金から差し引くことができる。
4 前項ただし書の場合には、甲は、敷金から差し引く債務の内訳を乙に明示しな

（状況把握・生活相談サービスの内容、料金等）
第7条 甲は、乙に対し、乙が安全かつ安心して主体的に生活できる住まいの充実を図るため、状況把握・生活相談サービスを提供し、乙は、状況把握・生活相談サービスの提供の対価として、状況把握・生活相談サービス料金を甲に支払うこととする。
2 甲は、乙に以下の状況把握・生活相談サービスを提供する。
3 乙は、頭書（4）の記載に従い、状況把握・生活相談サービス料金を甲に支払わな
4 1か月分の状況把握・生活相談サービス料金は、1か月を30日として
5 甲及び乙は、消費者物価指数、雇用情勢その他の経済事情の変動により状況把握・不相当となった場合には、協議の上、状況把握・生活相談サービス料金を変更する
6 頭書（4）の前払いに係る状況把握・生活相談サービス料金は、契約期間にわたるビス料金の一部として次の算式により算定して得た額とする。
 1か月分の状況把握・生活相談サービス料金の一部 円×契約期間月数
7 甲は、前項に規定する契約期間月数が経過するまでの間に、乙の死亡があったときは解約の申入れがあったときは、遅滞なく、次の算式により算定して得た額を乙に返還
 1か月分の状況把握・生活相談サービス料金の一部 円÷30日×（契約期間月数ただし、乙の入居3月が経過するまでの間に、乙の死亡があったとき又は本契約の解除若しくは解約の申入れがあったときは、遅滞なく、次の算式により算定して得た額を乙に返還しなければならない。
 前項の規定により受領した前払いに係る状況把握・生活相談サービス料金－（1か月分の状況把握・生活相談サービス料金の一部 円÷30日×乙の入居日から乙の死亡又は本契約の解除若しくは解約までの期間）
8 甲は、法第7条第1項第8号の規定に基づき、状況把握・生活相談サービス料金の返還債務を負うこととなる場合に備えて以下の保全措置を講じなければならない。

（具体的な保全措置）
9 甲及び乙並びに状況把握・生活相談サービスを提供する者は、状況把握・生活相談サービスを提供する上で知り得た乙及びその家族等に関する秘密及び個人情報については、個人情報保護法を遵守してその保護に努め、甲又は第三者の生命、身体等に危険のある場合その他の正当な理由がある場合又は乙の事前の同意がある場合を除いて、契約中及び契約終了後において、第三者に漏らさないこととする。
10 甲は、状況把握・生活相談サービスの提供に伴って、甲の責めに帰すべき事由により乙の生命、身体又は

条文内の契約形式の明記
条文内に賃貸借契約を行う旨が明記されていることを確認します。

契約期間・更新等
サービス付き高齢者向け住宅の賃貸借契約形態は原則普通建物賃貸借契約または終身建物賃貸借契約です（前ページ参照）。賃貸借契約の類型から、契約期間と更新のタイミングを確認します。

賃料の範囲
賃貸借契約と生活支援サービス等は通常別契約です。この契約書は賃貸借契約のものなので、生活支援サービスの費用が含まれていないことを確認します。
また、貸主側の事情で一方的に賃料改定できるようになっていないかも確認します。

共益費の範囲
一般的には共用部分の維持管理にあてる費用をさしますが、サービス付き高齢者向け住宅では、入居者が共同で利用する浴室・食堂等の設備維持管理費が含まれていることがあります。具体的に、どのような費用が含まれているのかを確認します。

敷金の性質
敷金は、賃貸借契約から生じる借主の債務を担保するために貸主（または住宅事業者）に預け入れる金銭です。明渡時、借主の賃料不払、原状回復費用、その他の債務がない場合は、本来貸主は全額を借主に返還すべきものとなっています。そのような内容になっているかどうかを確認します。

財産に損害を及ぼした場合は、乙に対してその損害を賠償する。
11 甲は、状況把握・生活相談サービスの提供に係る乙の苦情等に対し、誠実かつ迅速に対応するものとする。

（禁止又は制限される行為）
第9条 乙は、本物件の全部又は一部につき、賃借権を譲渡し、又は転貸してはならない。
2 乙は、甲の書面による承諾を得ることなく、本物件の増築、改築、改造若しくは模様替又は本物件の敷地内における工作物の設置を行ってはならない。
3 乙は、本物件の使用に当たり、別表第1に掲げる行為を行ってはならない。
4 乙は、本物件の使用に当たり、甲の書面による承諾を得ることなく、別表第2に掲げる行為を行ってはならない。
5 乙は、本物件の使用に当たり、別表第3に掲げる行為を行う場合には、甲に通知しなければならない。

（契約期間中の修繕）
第10条 甲は、乙が本物件を使用するために必要な修繕を行わなければならない。この場合において、乙の故意又は過失により必要となった修繕に要する費用は、乙が負担しなければならない。
2 前項の規定に基づき甲が修繕を行う場合には、甲は、あらかじめ、その旨を乙に通知しなければならない。この場合においては、乙は、正当な理由がある場合を除き、当該修繕の実施を拒否することができない。
3 乙は、甲の承諾を得ることなく、別表第4に掲げる修繕を自らの負担において行うことができる。

（契約の解除）
第11条 甲は、乙が次に掲げる義務に違反した場合において、甲が相当の期間を定めて当該義務の履行を催告したにもかかわらず、その期間内に当該義務が履行されないときは、本契約を解除することができる。
一 第4条第1項に規定する賃料支払義務
二 第5条第2項に規定する共益費支払義務
三 第7条第3項に規定する状況把握・生活相談サービス料金支払義務
四 前条第1項後段に規定する費用負担義務
2 甲は、乙が次に掲げる義務に違反した場合において、甲が相当の期間を定めて当該義務の履行を催告したにもかかわらず、その期間内に当該義務が履行されずに当該義務違反により本契約を継続することが困難であると認められるに至ったときは、本契約を解除することができる。
一 第3条に規定する本物件の使用目的遵守義務
二 第9条各項に規定する義務（同条第3項に規定する義務のうち、別表第1第六号から第八号までに掲げる行為に係るものを除く。）

3 甲は、乙が年齢を偽って入居資格を有すると誤認させるなどの不正の行為によって本物件に入居したときは、本契約を解除することができる。
4 甲又は乙の一方について、次のいずれかに該当した場合には、その相手方は、何らの催告も要せずして、本契約を解除することができる。
一 第8条各号の確約に反する事実が判明した場合
二 契約締結後に自ら又は自らの役員が反社会的勢力に該当することとなった場合
5 甲は、乙が別表第1第六号から第八号までに掲げる行為を行った場合には、何らの催告も要せずして、本契約を解除することができる。

（乙からの解約）
第12条 乙は、甲に対して少なくとも30日前に解約の申入れを行うことにより、本契約を解約することができる。
2 前項の規定にかかわらず、乙は、解約申入れの日から30日分の賃料及び状況把握・生活相談サービス料金相当額（本契約の解約後の賃料相当額及び状況把握・生活相談サービス料金相当額を含む。）を甲に支払うことにより、解約申入れの日から起算して30日を経過する日までの間、随時に本契約を解約することができる。

（契約の消滅）
第13条 本契約は、天災、地変、火災その他甲乙双方の責めに帰さない事由により本物件が滅失したときは、当然に消滅する。

（明渡し）
第14条 乙は、本契約が終了する日までに（第11条の規定に基づき本契約が解除された場合にあっては、直ちに）本物件を明け渡さなければならない。
2 乙は、前項の明渡しをするときには、明渡し日を事前に甲に通知しなければならない。

（明渡し時の原状回復）
第15条 乙は、通常の使用に伴い生じた本物件の損耗を除き、本物件を原状回復しなければならない。
2 甲及び乙は、本物件の明渡し時において、契約時に特約を定めた場合は当該特約を踏まえ、かつ、本条に基づき乙が行う原状回復の内容及び方法について協議するものとする。

（残置物の処理等）
第16条 乙は、本契約が終了した場合において乙が残置物を引き取ることができないことに備えて、あらかじめ、当該残置物の引取人（以下この条において「残置物引取人」という。）を定めることができる。
2 残置物引取人に支障が生じた場合にあっては、乙は、甲に対し、直ちにその旨を通知する。この場合において、乙は、甲の承認を得て、新たな残置物引取人を定めることができる。
3 第1項の規定により残置物引取人を定めた場合にあっては、乙は、本契約が終了したときは、残置物引取人に本契約が終了した旨を連絡するものとする。
4 乙又は残置物引取人は、本契約の終了から1月を経過する日までに、当該残置物を引き取るものとする。
5 甲は、乙又は残置物引取人が、本契約の終了から1月を経過する日までに当該残置物を引き取らなかった場合にあっては、当該残置物を乙又は残置物引取人に引き渡すことができるものとする。引渡しの費用を敷金から差し引くことができる。
6 甲は、甲の責めに帰すべき事由によらないで前項の残置物の引渡しをなし得ない場合において、公告の手続を経て、残置物を処分することができる。

住居損耗の修繕
入居期間中の必要な住居修繕費用は、貸主側が行うことが原則とされています。
退去時でも、通常の使用の範囲内で住居が損耗した場合の復旧は、貸主側が行うべきものとされています。
そのような内容になっているかどうかを確認します。

貸主からの解除条件
特に退去条件・退去催告期間等について、借主に大きな不利益になる内容になっていないかを確認します。

退去時の明渡
退去時は原状回復が必要ですが、契約締結時と全く同じ状態に回復するということではないとされています。借主の故意・過失や使用方法に反する使用により生じた住居の損耗・傷等を復旧することをさします。その復旧費用は借主が負担するのが原則とされています。このような内容になっているかどうかを確認します。

残置物の処理方法
契約終了時は速やかに住居内の物品の引取、処分を行って住居を明け渡します。入居者が死亡した場合は、残置物は相続の対象となりますが、貸主側が対象者を探し出すことが困難なため、あらかじめ残置物引取人を定めておくこともあります。おおむねこのような内容で、借主側に大きな負担を強いる内容ではないかどうかを確認します。

第6章 高齢者住宅・施設の選び方とポイント

人が当該残置物を受領しない場合若しくは受領し得ない場合には、乙又は残置物引取人が当該残置物の所有権を放棄したものとみなし、当該残置物を処分することができるものとする。この場合においては、当該処分の費用を敷金から差し引くことができる。
7 甲が、乙が残置物引取人を定めない場合にあっては、本契約の終了から1月を経過したときは、乙が当該残置物の所有権を放棄したものとみなし、当該残置物を処分することができるものとする。この場合においては、当該処分の費用を敷金から差し引くことができる。

（立入り）
第17条 甲は、本物件の防火、本物件の構造の保全その他の本物件の管理上必要があるときは、あらかじめ乙の承諾を得て、本物件内に立ち入ることができる。
2 乙は、正当な理由がある場合を除き、前項の規定に基づく甲の立入りを拒否することはできない。
3 本契約終了後において本物件を賃借しようとする者又は本物件を譲り受けようとする者が下見をするときは、甲及び下見をする者は、あらかじめ乙の承諾を得て、本物件内に立ち入ることができる。
4 甲は、火災による延焼を防止する必要がある場合、災害その他により乙若しくは第三者の生命又は財産に損害が生じるおそれがある場合その他の緊急の必要がある場合においては、あらかじめ乙の承諾を得ることなく、本物件内に立ち入ることができる。この場合において、甲は乙の不在時に立ち入ったときは、立ち入った旨を乙に通知しなければならない。

（債務の保証）
第18条 連帯保証人は、乙と連帯して、本契約から生じる乙の債務を負担するものとする。

連帯保証条項
賃料等の債務を担保するための連帯保証人を立てる条項が入るのが一般的です。民間保証会社や一般財団法人高齢者住宅財団などを利用することもあります。この場合は、賃貸借契約とは別に、債務保証契約を事業者と結ぶ必要があります。

（緊急連絡先の指定）
第19条 乙は、乙の病気、死亡等に備えて、甲からの連絡、相談等に応じ、適切な対応を行う者として、緊急連絡先となる者を定めることができる。
2 緊急連絡先となる者に支障が生じた場合にあっては、乙は、甲に対し、直ちにその旨を通知しなければならない。この場合においては、乙は、甲の承認を得て、新たな緊急連絡先となる者を定めることができる。

（協議）
第20条 甲及び乙は、本契約書に定めがない事項及び本契約書の条項の解釈について疑義が生じた場合には、民法、借地借家法その他の法令及び慣行に従い、誠意をもって協議し、解決するものとする。

特約条項
特約が設けられている場合は、その内容について説明を受け、十分確認しましょう。

（特約条項）
第21条 第1条から第20条までの規定以外に、本契約の特約については、下記のとおりとする。

別表第1（第9条第3項関係）

一 銃砲、刀剣類又は爆発性、発火性を有する危険な物品等を製造又は保管すること。

二 大型の金庫その他の重量の大きな物品等を搬入し、又は備え付けること。

三 排水管を腐食させるおそれのある液体を流すこと。

四 大音量でテレビ、ステレオ等の操作、ピアノ等の演奏を行うこと。

五 猛獣、毒蛇等の明らかに近隣に迷惑をかける動物を飼育すること。

六 本物件を、反社会的勢力の事務所その他の活動の拠点に供すること。

七 本物件又は本物件の周辺において、著しく粗野若しくは乱暴な言動を行い、又は威勢を示すことにより、付近の住民又は通行人に不安を覚えさせること。

八 本物件に反社会的勢力を居住させ、又は反復継続して反社会的勢力を出入りさせること。

九 上記のほか、騒音、振動、不潔行為等により、近隣又は他の入居者に迷惑をかけること。

別表第2（第9条第4項関係）

一 階段、廊下等の共用部分に物品を置くこと。

二 階段、廊下等の共用部分に看板、ポスター等の広告物を掲示すること。

三 観賞用の小鳥、魚等であって明らかに近隣に迷惑をかけるおそれのない動物以外の犬、猫等の動物（別表第1第五号に掲げる動物を除く。）を飼育すること。

四 頭書（6）に記載する同居人に新たな同居人を追加すること（別表第3第一号又は第二号に規定する場合を除く。）。

別表第3（第9条第5項関係）

一 頭書（6）に記載する同居人に新たな同居人として介護者を追加すること。

二 頭書（6）に記載する同居人に出生により新たな同居人を追加すること。

三 1か月以上継続して本物件を留守にすること。

別表第4（第10条第3項関係）

畳表の取替え、裏返し	ヒューズの取替え
障子紙の張替え	給水栓の取替え
ふすま紙の張替え	排水栓の取替え
電球、蛍光灯、LED照明の取替え	その他費用が軽微な修繕

別表第5（第15条関係）

【原状回復の条件について】

本物件の原状回復は、下記Ⅱの「例外としての特約」による以外は、賃貸住宅の原状回復に関する費用負担の一般原則の考え方によります。すなわち、
- 賃借人の故意・過失、善管注意義務違反、その他通常の使用方法を超えるような使用による損耗等については、賃借人が負担すべき費用となる。
- 建物・設備等の自然的な劣化・損耗等（経年変化）及び賃借人の通常の使用により生ずる損耗等（通常損耗）については、賃貸人が負担すべき費用となる

ものとします。

その具体的内容は、国土交通省の「原状回復をめぐるトラブルとガイドライン（再改訂版）」において定められた別表1及び別表2のとおりですが、その概要は、下記Ⅰのとおりです。

Ⅰ 本物件の原状回復条件

（ただし、民法90条及び消費者契約法8条・9条・10条に反しない内容に関して、下記Ⅱの「例外としての特約」の合意がある場合は、その内容によります。）

1 賃貸人・賃借人の修繕分担表

賃貸人の負担となるもの	賃借人の負担となるもの
【床（畳・フローリング・カーペットなど）】	
1. 畳の裏返し、表替え（特に破損してないが、次の入居者確保のために行うもの） 2. フローリングのワックスがけ 3. 家具の設置による床、カーペットのへこみ、設置跡 4. 畳の変色、フローリングの色落ち（日照、建物構造欠陥による雨漏りなどで発生したもの）	1. カーペットに飲み物等をこぼしたことによるシミ、カビ（こぼした後の手入れ不足等の場合） 2. 冷蔵庫下のサビ跡（サビを放置し、床に汚損等の損害を与えた場合） 3. 引越作業等で生じた引っかきキズ 4. フローリングの色落ち（賃借人の不注意で雨が吹き込んだことなどによるもの）
【壁、天井（クロスなど）】	
1. テレビ、冷蔵庫等の後部壁面の黒ずみ（いわゆる電気ヤケ） 2. 壁に貼ったポスターや絵画の跡 3. 壁等の画鋲、ピン等の穴（下地ボードの張替えは不要な程度のもの） 4. エアコン（賃借人所有）設置による壁のビス穴、跡 5. クロスの変色（日照などの自然現象によるもの）	1. 賃借人が日常の清掃を怠ったための台所の油汚れ（使用後の手入れが悪い場合） 2. 賃借人が結露を放置したことで拡大したカビ、シミ（賃貸人通知もせず、かつ、拭き取るなどの手入れを怠り、壁を腐食させた場合） 3. クーラーから水漏れし、賃借人が放置したため壁が腐食 4. タバコのヤニ、臭い（喫煙等によりクロス等が変色したり、臭いが付着している場合） 5. 壁等のくぎ穴、ネジ穴（重量物をかけるためにあけたもので、下地ボードの張替えが必要な程度のもの） 6. 落書き等の故意による毀損 7. 賃借人が天井に直接付けた照明器具の跡
【建具等、柱】	
1. 網戸の張替え（特に破損はしてないが、入居者確保のために行うもの） 2. 地震で破損したガラス 3. 網入りガラスの亀裂（構造により自然に発生したもの）	
【設備、その他】	
1. 専門業者による全体のハウスクリーニング（賃借人が通常の清掃を実施している場合） 2. エアコンの内部洗浄（喫煙等の臭いなどが付着していない場合） 3. 消毒（台所・トイレ） 4. 浴槽、風呂釜等の取替え（破損等はしていないが、次の入居者確保のために行うもの） 5. 鍵の取替え（破損、鍵紛失のない場合） 6. 設備機器の故障、使用不能（機器の寿命によるもの）	

2 賃借人の負担単位

負担内容		賃借人の負担単位	経過年数等の考慮
床	毀損部分の補修	畳	原則一枚単位 毀損部分が複数枚の場合はその枚数分（裏返しか表替えかは、毀損の程度による）	（畳表） 経過年数は考慮しない。
		カーペット クッションフロア	毀損等が複数箇所の場合は、居室全体	（畳床・カーペット・クッションフロア） 6年で残存価値1円となるような負担割合を算定する。
		フローリング	原則㎡単位 毀損等が複数箇所の場合は、居室全体	（フローリング） 補修は経過年数を考慮しない （フローリング全体にわたる毀損があり、張り替える場合は、当該建物の耐用年数で残存価値1円となるような負担割合を算定する。）
壁・天井（クロス）	毀損部分の補修	壁（クロス）	㎡単位が望ましいが、借主が毀損した箇所を含む一面までは張替え費用を賃借人負担としてもやむをえないとする。	（壁（クロス）） 6年で残存価値1円となるような負担割合を算定する。
		タバコ等のヤニ、臭い	喫煙等により当該居室全体においてクロスがヤニで変色したり臭いが付着した場合のみ、居室全体のクリーニング又は張替費用を賃借人負担とすることが妥当と考えられる。	
建具、柱	毀損部分の補修	襖	1枚単位	（襖紙、障子紙） 経過年数は考慮しない。
		柱	1枚単位	（襖、障子などの建具部分、柱） 経過年数は考慮しない。
設備・その他	設備の補修	設備機器	補修部分、交換相当費用	（設備機器） 耐用年数経過時点で残存価値1円となるような直線（又は曲線）を想定し、負担割合を算定する。
	鍵の返却	鍵	補修部分 紛失の場合は、シリンダーの交換も含む。	鍵の紛失の場合は、経過年数は考慮しない。交換費用相当分を借主負担とする。
	通常の清掃費	クリーニング	部位ごと、又は住戸全体 来退去時の清掃や退去時の清掃を怠った場合のみ	経過年数は考慮しない。借主負担となるのは、通常の清掃を実施していない場合で、部位もしくは、住戸全体の清掃費相当分を借主負担とする。

設備等の経過年数と賃借人負担割合（耐用年数6年及び8年、定額法の場合）

賃借人負担割合（原状回復義務がある場合）

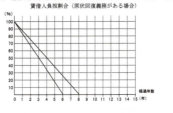

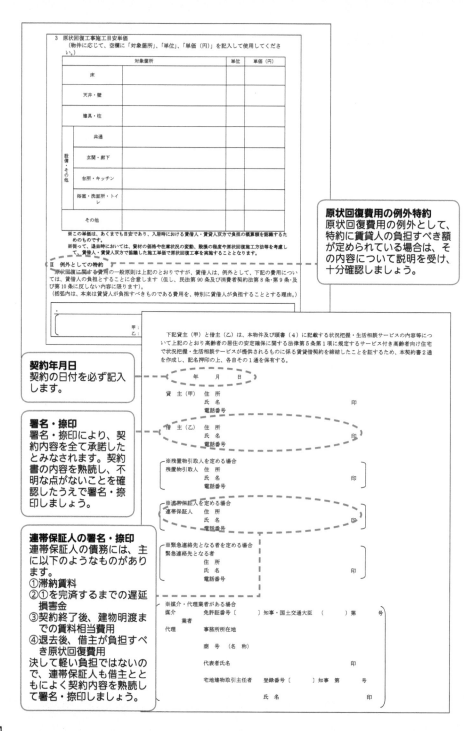

図6-10-5 章末資料：サービス付き高齢者向け住宅生活支援サービス契約書例

生活支援サービスの内容、その金額、金額の算定根拠、提供方法等は事業者によってさまざまです。以下のポイントを中心によく確認しましょう。図6-10-5は、千葉県のホームページで配布されている、一般的なサービス付き高齢者向け住宅の生活支援サービス契約書ひな形を例にしています。

生活支援サービス契約書

○○○○[登録事業者]（以下「甲」という）と□□□□[契約者氏名]（以下「乙」という）とは、賃貸借の目的である建物「△△△△[住宅名(所在地)]」（サービス付き高齢者向け住宅）における乙に提供する生活支援サービスについて、次のとおり契約を締結します。

第1条（契約の目的）
　甲は、乙が安全かつ安心して主体的に生活を継続できるよう、乙に対し、サービス付き高齢者向け住宅における基本サービス（必須サービス）を提供するとともに、乙の希望に応じて、その他のサービス（選択サービス）を提供することを約し、乙は、その対価として第4条に定めるサービス料金を甲に支払うことを約します。

第2条（生活支援サービスの内容）
　甲が乙に提供する生活支援サービスの内容の詳細は、生活支援サービス重要事項説明書（以下「重要事項説明書」という）に記載します。

第3条（サービス提供の記録）
　1　甲は、乙の希望により提供する選択サービスについては、月毎にその提供の実績を、翌月○日ま…
　2　甲は、…関する…
　3　乙は、…

第4条（サービス料金等）
　1　基本サービス（状況把握（安否確認）、生活相談、緊急時対応）の料金は、月額…（税込）とし、1か月に満たない期間のサービス料金については、1か月を30日として日割計算した額とします。
　2　選択サービスの料金については、重要事項説明書に記載した料金を基に月単…す。

第5条（サービス料金の変更）
　甲は、消費者物価指数、雇用情勢、その他の経済事情の変動により利用料金が不相当になった場合には、甲乙協議の上で、利用料金を変更することができます。

第6条（サービス料金の支払）
　1　第4条第1項に定める基本サービスの料金について、甲は請求書に明細を付…までに乙に請求し、乙は、翌月○日までに甲へ○○○の方法で支払います。
　2　第4条第2項に定める選択サービスの料金について、甲は請求書に明細を付し…でに乙に請求し、乙は、翌月○日までに甲へ○○○の方法で支払います。
　3　乙が月途中で本契約を解除した場合、1か月を30日として日割り計算の方法により甲が精算します。
　4　甲は、乙から料金の支払を受けたときは、乙に領収書を発行します。

第7条（有効期間）
　1　本契約の有効期間は、本契約成立の日から○年とします。ただし、事由の如何を問わず△△△[住宅名(所在地)]における賃貸借契約が終了したとき及び乙が死亡したときは、本契約も終了します。
　2　契約期間満了日の30日前までに、乙または乙の代理人から書面による契約解除の申し出がない場合、本契約は自動更新され、更新後の契約期間は2年とします。

生活支援サービスの内容・提供者
提供されるサービスの種類が、章末資料図6-10-6のとおりになっているかどうか、サービスは誰によってどのように提供されるかを確認します。

生活支援サービスの費用関連情報
生活支援サービスの算定根拠、加算のルール、支払方法を確認します。月途中に解約した場合の算定方法も確認します。予想以上に費用が高額になることもあるため、月額費用を必ず試算しましょう。

料金変更
生活支援サービスの料金が変更になる場合の理由や変更手順、連絡期間などを確認します。

第8条(事業者からの契約解除)
1 甲は、乙の行動が他の入居者の生命に危害を及ぼす恐れがあり、かつ通常の生活支援方法では、これを防止することができず、本契約を将来にわたって継続することが社会通念上著しく困難であると考えられる場合に、本契約を解除することができます。
2 前項の場合、事業者は次の手続を行います。
　①一定の観察期間をおくこと。
　②主治医及び生活支援サービス提供スタッフ等の意見を聴くこと。
　③契約解除の通告について30日の予告期間をおくこと。
　④前号の通告に先立ち、入居者本人の意思を確認すること。
3 甲は、乙が正当な理由なく甲に支払うべきサービス利用料を3か月以上滞納した場合において、乙に対し、相当の期間を定めて催告したにもかかわらず、なお期間内に滞納額の全額の支払いがないときは、この契約を解除することがあります。

第9条(利用者からの中途解約)
　乙は、甲に対して、30日の予告期間をおいて文書で通知することにより、本契約を解約することができます。

第10条(秘密保持)
1 甲及びその従業者は、生活支援サービスを提供する上で知り得た乙及びその家族等に関する秘密を第三者に漏らしません。
2 前項の定めに関わらず、乙の個(...)意を得るものとします。
3 入居者及びその家族等の個人情報(...)法律(平成15年法律第57号)及び(...)を遵守します。

第11条(緊急時の対応等)
　甲は、生活支援サービスを利用して(...)た場合は、緊急時マニュアルに応じて(...)

第12条(賠償責任)
　甲は、生活支援サービスの提供に伴って、甲の責めに帰するべき事由により乙の生命、身体又は財産に損害を及ぼした場合は、乙に対してその損害を賠(...)

第13条(相談・苦情対応)
　甲は窓口を設置し、乙の相談、生活支援サービス事業(...)速に対応します。

第14条(重要事項説明確認)
　契約の締結に当たり、甲は乙に対し、別に作成する重要事項説明書に基づき重要な事項の説明を行い、乙はその内容を了承したものとします。

第15条(本契約に定めのない事項)
1 甲及び乙は、信義誠実をもってこの契約を履行するものとします。
2 この契約に定めのない事項については、甲及び乙が誠意を持って協議のうえ定めます。

第16条(合意管轄)
　本契約に関して訴訟の必要が生じたときは、△△△△地方裁判所を第一審管轄裁判所とします。

前記の契約を証するため、本書2通を作成し、甲及び乙(...)のとします。

　　　年　　月　　日

甲(登録事業者)
＜住所＞
＜氏名＞　　　　　　　　　　印

乙(契約者)
＜住所＞
＜氏名＞　　　　　　　　　　印

事業者側からの契約解除条件
事業者側からの解除条件を十分に確認します。また、解除の申入がある場合は、いつまでに連絡があるのか、その理由は書面で交付されるのかを確認します。

賠償責任
生活支援サービスの提供による事故等により損害が生じた場合の、具体的な補償内容について確認します。

相談・苦情窓口
生活支援サービスに関する要望・苦情を伝えられる先を確認します。

緊急時対応
急病の場合や、安否確認が取れないときには、事業者がどのような対応をするのか確認します。

署名・捺印
登録事業者は、生活支援サービス契約を締結する場合は事前にその詳細を利用者に説明することが求められています。説明を受け、疑問が全て解消されてから契約書に署名・捺印しましょう。

| 図 6-10-6 | 章末資料：サービス付き高齢者向け住宅生活支援サービス重要事項説明書例

事業者によっては「入居のしおり」など名称が異なることもありますが、生活支援サービスの詳細を説明するために、サービス付き高齢者向け住宅の事業者には生活支援サービスの重要事項説明書等の作成も求められています。図6-10-6は、千葉県のホームページで配布されている、一般的なサービス付き高齢者向け住宅の生活支援サービス重要事項説明書ひな形を例にしています。

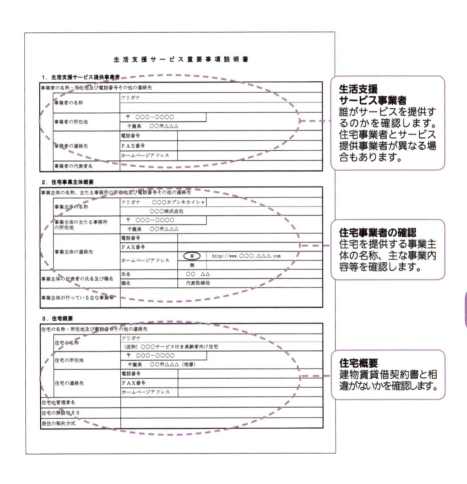

生活支援サービスの内容
認知症の問題行動が起こったり、要介護度が上がってもサービスを利用し居住し続けられるのか、具体的に確認します。
住宅・サービス事業者の協力体制についても確認します。
事業者が変更する場合の対応についても確認します。

生活支援サービスの料金（単価の目安）
基本サービスは住宅によってさまざまです。月々の固定費となる部分ですので、その内容（回数の上限）や費用の算定根拠を慎重に確認します。
希望するサービス・回数で毎月の費用がどのくらいになるのかも確認します。

生活支援サービス職員体制
生活支援サービスを提供する事業主体の名称、主な事業内容、サービス提供担当職員の人数等を確認します。

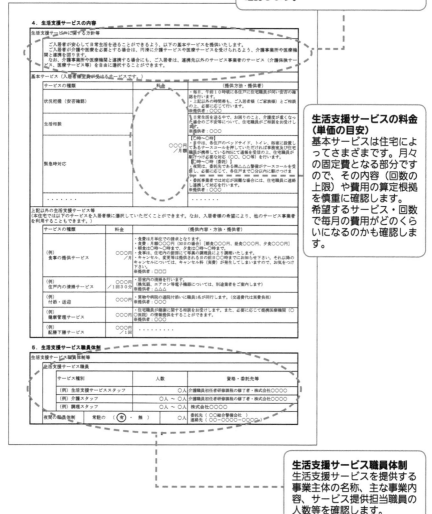

6. 月額利用料の請求及び支払方法

請求方法
毎月○○日に請求書を発行し、入居者様に送付します。振り込み手数料は○○負担となります。(生活支援サービス契約書第○条参照)
・基本サービス・・・・
・選択サービス・・・・

支払方法
毎月○○日に実際請求分を○○の方法でお支払いただきます(生活支援サービス契約書第○条参照)。

料金の支払方法
毎月の料金がどのように請求されるのか、どのように支払うのかを確認します。利用開始にあたり、一時金が必要な場合もあります。

7. 生活支援サービスへの苦情に対応する窓口等

苦情に対応する窓口等の状況

窓口の名称						
電話番号						
対応している時間	平日	時	分	～	時	分
	土曜	時	分	～	時	分
	日曜	時	分	～	時	分
	祝日	時	分	～	時	分
定休日						

サービスの提供により賠償すべき事故が発生したときの対応

| 具体的な対応 | 本契約に基づき、生活支援サービス等を入居者に提供した場合に、万一、事故が発生し、入居者の生命・身体等に損害が生じた場合は、速やかに必要な対応及び措置(ご家族への連絡、救急車の呼び出し等)を行います。 |

苦情対応窓口
住宅内での生活支援サービスの苦情対応窓口を確認します。

8. 生活支援サービス利用に当たっての留意事項

外出・帰宅・訪問等
外出・帰宅及びご家族様等の来訪等の時間制限はありません。なお、夜間の外出の際や外泊時は、事前に住宅職員へご連絡下さい。

共同施設の利用について

| (例) 浴室 | 共同浴室をご使用される場合は、使用時間を事前にお知らせ下さい。 |
| (例) 共用キッチン | 共用キッチンの利用希望については、予約表に記載下さい。 |

利用ルール
浴室、洗濯機、キッチン等共同利用設備のルールを確認します。

9. 契約の解除内容等

入居者からの解除
入居者は事業者に対して、解約の30日前までに文書にて解約の申し出を下記連絡先に通知することで、本契約を解約することができます。(生活支援サービス契約書第○条参照)。

| 契約解約時の連絡先 | 名称 |
| | 電話番号 |

事業者からの解除
事業者は、生活支援サービス契約書第○条の規定に基づき、以下の場合には本契約を解除することができます。
①他の入居者の生命の危害を及ぼす恐れがある場合
②本契約を継続することが社会通念上、著しく困難な場合
③入居者が正当な理由なく支払うべきサービス利用料を3か月以上滞納し、相当の期間を定めて催告したにもかかわらず、なお期間内に滞納相当の金額の支払いがない場合

契約解除条件
入居者からの解約、事業者からの解除それぞれについて、条件および連絡が必要な期間を確認します。

10. 損害賠償責任保険の内容

損害賠償責任保険の加入状況
 有 ・ 無 （○○○総合保険会社 ）

説明年月日　　　令和　　年　　月　　日

□□□□〔入居者氏名〕様に対して、賃貸借契約書、生活支援サービス契約書及び生活支援サービス重要事項説明書に基づいて、重要な事項を説明しました。

登録事業者名　○○株式会社
所在地　　　　千葉県○○市△△△
代表者名　　　○○　△△　　　　㊞
説明者氏名　　□□　　　　　　　㊞

私は上記事業者から、賃貸借契約書、生活支援サービス契約書及び生活支援サービス重要事項説明書に基づいて、重要な事項の説明を受けました。

署名　　　　　　　　　　　　　　㊞

確認問題

Q1 高齢者住宅・施設を探す際に重要なことについて、次の選択肢のうち、誤っているものを1つ選びなさい。(第9回検定試験 類似問題出題)

1 利用している医療サービスがあれば、入居先でも同様のサービスが利用可能なのか確認が必要である。
2 現在の貯蓄や将来にわたる収入を確認したうえで、予算を概算する必要がある。
3 見学や体験入居は、本人が疲れるため、できれば避けた方がよい。
4 可能であれば、重要事項説明書を事前に取り寄せ、契約前に内容を十分に確認した方がよい。

Q2 有料老人ホームの重要事項説明書の記載事項について、次の選択肢のうち、誤っているものを1つ選びなさい。(第9回検定試験 類似問題出題)

1 経営者の職歴
2 職員の保有資格
3 身元引受人の要件
4 入居者の年齢層や要介護度

Q3 高齢者住宅・施設の居室の広さの要件について、1〜4の選択肢のうち正しい組み合わせを1つ選びなさい。(第9回検定試験 類似問題出題)

有料老人ホーム	サ高住	グループホーム	ケアハウス
ア	イ※	ウ	エ

※共用部分に十分な面積がある場合

1　ア 18㎡以上　イ 13㎡以上　ウ 7.43㎡以上　エ 21.6㎡以上
2　ア 13㎡以上　イ 18㎡以上　ウ 21.6㎡以上　エ 7.43㎡以上
3　ア 25㎡以上　イ 13㎡以上　ウ 13㎡以上　エ 25㎡以上
4　ア 13㎡以上　イ 18㎡以上　ウ 7.43㎡以上　エ 21.6㎡以上

解答・解説

Q1 の解答・解説

答：**3**　参照⇒ 第6章7・p274

体調などの状況にもよりますが、見学や体験入居は、実際に現場を訪れてみないとわからない情報を入手できたり、雰囲気を感じられるため、できる範囲で実施した方がよいでしょう。

Q2 の解答・解説

答：**1**　参照⇒ 第6章5 表6-5-1・p267、第6章10・図6-10-3 章末資料・p302

経営者の職歴は、重要事項説明書には記載されていません。

Q3 の解答・解説

答：**4**　参照⇒ 第6章8・p291

高齢者住宅・施設は下表のように居室面積の要件が決まっており、最低要件で作っている施設が多くあります。

有料老人ホーム	サ高住	グループホーム	ケアハウス
13㎡以上	18㎡以上※	7.43㎡以上	21.6㎡以上

介護療養型施設	老人保健施設・介護医療院	特別養護老人ホーム
10.65㎡以上	8.0㎡以上	10.65㎡以上

※共用部分が十分な面積がある場合。

索　引

英数字

3割負担	7, 9, 81, 82
ADL	131, 149, 171
BPSD	134, 136, 233
iDeCo	41
QOL	131, 263
UR都市機構の住まい	178, 192

あ行

アルツハイマー型認知症	6, 134
あん摩マッサージ指圧師	199, 235, 236, 240
育児・介護休業法	159, 160, 171
医師	84, 93, 147, 150, 153, 211, 214, 217, 218, 219, 234, 236, 238, 241, 256, 283
遺族基礎年金	42, 48
遺族厚生年金	43, 48
遺族年金	26, 42, 45, 48
一般介護予防事業	126, 128
一般型（介護付有料老人ホーム）	104, 182, 198, 200, 225, 229, 241, 269
移動介護従事者	149
医療行為	200, 212, 238, 246
医療ソーシャルワーカー	149, 169, 215, 221, 267
医療法人	15, 198, 206, 208, 214, 218, 226, 241, 270
医療保険	57, 64, 80, 93, 146, 156
医療連携	226, 234, 304
上乗せ年金	29, 40
運動器の機能向上	95
栄養改善	95
遠距離介護	139, 141, 164
お泊りデイサービス	109
オレンジリング	138

か行

介護医療院	108, 179, 182, 218, 220, 236, 242
介護うつ	155
介護休業給付	160
介護給付	5, 80, 89, 90
介護サービス	84
介護サービス費	69, 187
介護支援専門員（ケアマネジャー）	87, 148, 236
介護付有料老人ホーム	107, 179, 182, 199, 225, 228, 235, 241, 246, 278, 284
介護認定審査会	84
介護費	58, 288
介護福祉士	149, 236, 284
介護保険・高齢者住まいサポーター	13
介護保険制度	9, 10, 78, 80
介護保険被保険者証	84, 289
介護保険法	9, 12, 18, 78, 108, 208, 214, 220, 235
介護予防・日常生活支援総合事業	89, 126
介護予防サービス	80, 85, 89
介護予防サービス計画書	87
介護予防支援	80, 87, 126
介護予防支援事業者	88
介護離職	3, 21, 158
介護療養型医療施設	109, 179, 182, 220, 226
介護老人福祉施設	2, 14, 21, 108, 116, 152, 179, 182, 211, 226, 231, 233, 235, 242, 244, 246, 274, 296
介護老人保健施設	95, 108, 116, 179, 182, 214, 226, 235, 242, 244, 246
改修費	15, 65
外部サービス利用型	105, 183, 198
加給年金	35, 47
確定給付年金	41
確定拠出年金	30, 41, 260
家族信託	73
寡婦年金	42, 48
看護師	93, 104, 109, 111, 113, 147, 150, 153, 200, 217, 220, 225, 235, 238, 241, 246, 273, 283
看護小規模多機能型居宅介護	111
管理栄養士	93, 150
緩和ケア	154, 241

緩和ケア病棟	154	公助	11
企業型確定拠出年金	41	厚生年金	28
機能訓練指導員	104, 199, 235, 239	厚生年金基金	40
基本チェックリスト	126, 128	行動・心理症状（BPSD）	136, 233
虐待	155, 212, 222	高齢化率	4, 9
教育資金贈与	66	高齢期の健康で快適な暮らしのための	
共助	11	住まいの改修ガイドライン	142
行政監督	19	高齢者虐待防止法	19
虚偽申告	245	高齢者住宅・施設	
居宅介護支援	80, 87, 116	2, 7, 10, 12, 14, 17, 19, 21, 68, 157, 162, 174,	
居宅介護支援事業所（者）	84, 87, 88, 114, 148	176, 222, 226, 228, 232, 254, 266, 270	
居宅サービス	89, 119	高齢者住宅・施設の民間紹介会社	114, 268
居宅療養管理指導	93, 146	高齢者住まい	2, 14, 78
クーリングオフ制度	198, 203, 248, 295	高齢者住まいアドバイザー	
区分支給限度基準額	82, 115, 201	2, 7, 13, 14, 23, 26, 31, 114, 169, 175, 263	
グリーンリング	13	高齢者住まい法	9, 15, 18, 24, 231, 293
（認知症高齢者）グループホーム　14, 111,		高齢者特有の機能変化	131, 139
116, 179, 182, 208, 228, 232, 239, 251, 293		高齢者福祉施策	9
ケアハウス　68, 178, 180, 205, 226, 231, 246,		国民健康保険料	26, 63, 76, 261
267, 282		国民年金	16, 28, 32, 40, 42, 48
ケアプラン	87, 119, 148, 193, 228	国民年金基金	30, 40
ケアマネジャー	87, 104, 114, 148, 153,	国民年金の保険料	28, 32
193, 199, 228, 235, 256, 268, 280, 286, 295		互助	11
経営主体		個人型確定拠出年金	30, 41
	198, 203, 226, 270, 275, 282, 288, 302	個人年金保険	52
経済的虐待	155	固定資産税	15, 61, 194, 243
軽費老人ホーム　14, 18, 104, 205, 222, 231, 274		孤立死（孤独死）	122, 174

さ　行

契約内容の確認	287	サービス担当者会議	295
結婚・子育て贈与	66	サービス付き高齢者向け住宅	
健康型有料老人ホーム	199	9, 15, 21, 23, 68, 105, 178, 180, 184, 223, 224,	
健康寿命	5, 125	226, 231, 236, 238, 241, 243, 246, 251, 274,	
言語聴覚士	149, 199, 235, 240	276, 287, 290, 302, 308, 315	
限度額適用認定証	57	サービス提供体制	235
高額介護合算療養費制度		サービスのチェックポイント	281
（高額医療・高額介護合算制度）	59	サービス利用票	256
高額介護サービス費制度	52, 58	在職老齢年金制度	36
高額療養費制度	57	在宅医療・介護連携推進事業	125, 129
後期高齢者医療制度	57, 63	在宅高齢者	122
口腔ケア	95	在宅療養支援診療所	146
後見（人）	70, 72, 290, 295		

在宅老人ホーム	242
作業療法士	149, 199, 235, 236, 239, 240
歯科医師	93, 150
歯科衛生士	93, 150
支給開始年齢	33
支給要件	32, 33, 44
自己負担割合	7, 57, 80
資産管理	70
自助	3, 11
施設管理者	233, 275, 280, 286, 287, 294
施設サービス	11, 21, 81, 89, 108, 116
シニア向け分譲マンション	18, 68, 178, 180, 193, 243, 245
支払い方式	202, 268, 272, 288
市民後見制度	72
社会的入院	8, 220
社会福祉協議会	15, 18, 55, 71, 114
社会福祉士	70, 113, 120, 150, 236
社会福祉法	18, 226
社会福祉法人	18, 198, 205, 208, 214, 218, 226, 270
社会福祉六法	14, 15, 16
社会保険給付	26
社会保険料	26, 63
住所地特例	292
住宅改修	58, 65, 81, 99, 139
住宅型有料老人ホーム	107, 178, 180, 199, 201, 225, 236, 239, 241
住宅取得資金贈与	66
住宅扶助	17, 222
住宅ローン	65
柔道整復師	199, 235, 236, 240
終末期ケア	153, 180, 182, 186, 220, 241
住民税	26, 53, 61, 76
重要事項説明書	246, 254, 266, 270, 287, 290, 302, 317
受給開始時期の選択肢	38
出生率	4
主任介護支援専門員	113
小規模多機能型居宅介護	11, 111, 127
償却期間	202, 249, 288
状況把握（安否確認）サービス	185, 224
常勤換算	237, 269
ショートステイ	97
職員配置	206, 209, 212, 224, 235, 267, 269, 284, 304
所得税	26, 61, 76, 261
所有権方式	243, 251
シルバーハウジング（シルバーピア）	18, 178, 180, 190, 192
人員基準	104
身上監護	70, 72
身体介護	92, 110, 116, 118, 149
身体的虐待	155
心理的虐待	155
住み替え	185, 186, 246, 284, 288, 296
生活援助	92, 110, 117, 149, 205
生活支援サービス	12, 126, 178, 185, 201, 206, 315, 317
生活支援サービス契約書	315
生活支援体制整備事業	125, 129
生活相談員	104, 148, 150, 185, 199, 225, 235, 236
生活相談サービス	185, 224, 236
生活の質	131, 200, 263, 277
生活扶助	17, 222, 262
生活保護者向け介護施設	222
生活保護法	8, 15, 16
精神保健福祉士	151
成年後見制度	70, 290
設備基準	104
設備面のチェックポイント	277
セーフティネット住宅	18, 178, 180, 195
選択的サービス	96
措置入所	109

た　行

ターミナルケア	153, 219
第１号被保険者（介護保険）	21, 80
第１号被保険者（国民年金）	28, 40
第２号被保険者（介護保険）	80

項目	ページ
第2号被保険者（国民年金）	28, 40
退去事由	245
退去の申入	250
体験入居	163, 255, 274, 276, 280, 300
建物賃貸借契約	243, 244, 309
建物賃貸借契約書	308
建物賃貸借方式	224, 244
短期入所生活介護	97, 116
短期入所療養介護	97, 218
地域ケア会議	125, 129
地域支援事業	125, 267
地域包括ケアシステム	8, 11, 21, 23, 78, 123, 158
地域包括支援センター	84, 87, 113, 119, 123, 129, 207, 215, 221, 267, 290
地域密着型介護予防サービス	80, 89, 127
地域密着型介護老人福祉施設入所者生活介護	182
地域密着型サービス	78, 81, 89, 110, 116, 120, 208, 293
地域密着型通所介護	111
地域密着型特定施設入居者生活介護	91
地域優良賃貸住宅	178, 180, 188
地域優良賃貸住宅制度	188
地方移住	293
中核症状	136, 233
中高齢寡婦加算	44
超高齢社会	3, 4, 78
通所介護（デイサービス）	89, 95, 115, 116, 269
通所型サービス	89, 117, 126
通所リハビリテーション（デイケア）	95, 116, 224, 241
定期巡回・随時対応型訪問介護看護	11, 110, 120, 224, 269
低所得高齢者	14
同居介護	141, 166
登録取消事由	20
特定施設入居者生活介護	104, 116, 179, 181, 183, 199, 205, 224, 229, 235, 269, 293
特定疾病	80
特定福祉用具販売	99, 102, 139
特別加算額	35
特別養護老人ホーム	9, 10, 14, 18, 21, 69, 108, 116, 152, 179, 182, 211, 222, 226, 231, 233, 235, 239, 242, 243, 244, 274, 296
都市型軽費老人ホーム	205

な 行

項目	ページ
日常生活動作	131
入居一時金	68, 198, 202, 203, 206, 210, 225, 238, 272, 301, 305
入所サービス利用契約	243, 244
任意後見制度	70
任意事業	125, 126, 129
認知症	6, 50, 53, 71, 86, 132, 134, 156, 208, 220, 232, 246, 257, 284, 287, 294
認知症高齢者グループホーム	18, 21, 179, 182, 208, 228, 232, 239, 251
認知症サポーター	138
認知症総合支援事業	125, 129
認知症対応型通所介護	111
認定調査員	84, 86
認定通知	85
ネグレクト	155
ねんきん定期便	29, 30, 61, 260
ねんきんネット	31, 260
脳血管性認知症	6, 135

は 行

項目	ページ
罰則規定	19
バリアフリー	105, 142, 168, 180, 182, 184, 190, 192, 193, 252
引きこもり	156
一人暮らし高齢者	123, 126, 130
夫婦部屋	163, 230
付加年金	40
福祉用具専門相談員	149
福祉用具貸与	99, 100, 139
不服申立	85
併給	45
平均寿命	5, 8, 249

平均標準報酬額	34, 44
平均余命	262, 299
返還金	204, 249, 288, 305
包括的サービス	228
包括的支援事業	125, 126, 129
報酬比例部分	34
法定後見制度	70
訪問介護	8, 89, 92, 115, 116, 117, 176, 224, 228, 242, 269
訪問介護員（ホームヘルパー）	92, 110, 149
訪問型サービス	89, 125, 126
訪問看護	93, 111, 115, 116, 118, 146, 153, 224, 241, 242, 246, 269
訪問診療	146, 238, 241, 283
訪問入浴介護	93, 116, 118
訪問リハビリテーション	93, 116, 146, 224, 241, 242, 269
保健師	8, 113, 120, 150
保険料納付済期間	32, 40, 42, 47
保険料免除期間	32, 42, 75
保佐	70
補助	70
ホスピス	154

ま行

マイホーム借上げ制度	55
前払金の保全措置	198, 203, 288
看取り	147, 152, 176, 180, 182, 206, 218, 220, 228, 285
身元引受代行サービス	289
身元引受人	289, 306
身元保証人	289, 290
民間保険	26, 52, 64
民生委員	120, 123, 124, 150
無届老人ホーム	19, 222

や行

夜間対応型訪問介護	110
薬剤師	93, 150, 236, 241
有料老人ホーム	14, 18, 19, 22, 104, 116, 178, 198, 222, 223, 225, 226, 228, 231, 233, 241, 243, 248, 262, 266, 274, 280, 282, 288, 290, 295, 302, 321
譲れないポイント	254, 263, 272
ユマニチュード	138
要介護度	69, 82, 84, 162, 166, 176, 180, 182, 223, 230, 246, 257, 285, 287, 306
要介護度の変更	246
要介護認定	6, 21, 80, 84, 92, 113, 184, 231, 257
要介護認定申請	84
要介護認定の有効期間	86
養護老人ホーム	14, 104
横出しサービス	130
予防給付	80, 89, 125, 126

ら行

ライフサポートアドバイザー	178, 190
リアリティー・オリエンテーション	232
理学療法士	149, 199, 235, 236, 239, 283
リースバック	56
リバースモーゲージ	55
リハビリテーション	72, 94, 95, 108, 128, 156, 214, 232, 236, 239, 241, 277, 284, 298
利用権方式	68, 202, 224, 243, 248
療養病床	220, 242
臨床心理士	151
暦年贈与	66
レクリエーション	15, 95, 117, 193, 209, 241, 274, 279, 283
レスパイト	155, 156
レビー小体型認知症	6, 134, 135, 136
連帯保証人	197, 289, 312, 314
老人介護支援センター	14
老人福祉センター	14, 15
老人福祉法	8, 14, 18, 108, 198, 203, 205, 208, 226, 248
老人保健法	9
老齢基礎年金	17, 29, 32
老齢給付平均額	35
老齢厚生年金	29, 33, 45
老齢年金	26, 32, 75
老老介護	139, 141, 157, 162

● 監修
内閣府認可　一般財団法人　職業技能振興会
1948年6月、個人の自立・自活による国内経済の回復を図るため、当時の労働省（現厚生労働省）の認可団体として設立された。現在、社会・経済・労働など多様化する環境の変化に機敏に対応し、社会的ニーズの大きい健康・福祉・介護・教育分野をはじめ、時代に即応した技術者および資格者の育成に事業活動の分野を展開している。

● 著
一般社団法人　高齢者住まいアドバイザー協会
高齢者の住まいに関する正しい知識の普及を通じ、高齢者とその家族の生活の安定および質の向上を促進することを目的とする。高齢者の住まい選択に必要な専門知識をもった「高齢者住まいアドバイザー」を育成するとともに、高齢者住まいに関する最新情報の発信や、専門家によるセミナー、一般への知識普及、介護離職の予防を目的とするアドバイザーによるセミナーの開催を行い、高齢者の住まいに関する正しい知識を啓発する。また、地域（自宅）で過ごされる高齢者のコミュニティづくり・生活支援等の実践にも取り組んでいる。

　　代表理事　　公認会計士・税理士　　満田将太
　　理　　事　　社会福祉士・介護支援専門員　　大江尚之
　　理　　事　　宅地建物取引士　　松田　朗
　　理　　事　　梅本祥二
　　理　　事　　茂庭康弘
　　理　　事　　石川晃浩
　　理　　事　　鶴野一仁

● 制作
編　　　集：編集工房まる株式会社　西村舞由子
執筆補助：福祉試験対策工房　久保田孝太
デザイン・DTP：有限会社マーリンクレイン
カバーイラスト：丸山　潤
本文イラスト：長縄キヌエ
校　　　閲：鶴野一仁、池田直美（行政書士、福祉住環境コーディネーター）

高齢者住まいアドバイザー検定®公式テキスト【第4版】
老後の資金設計&高齢者住まいの種類と選び方
（初版名「高齢者住まい種類と選び方　高齢者住まいアドバイザー検定公式テキスト」）

2024年7月31日　初版第1刷発行

ISBN:978-4-911008-71-3　©Japan Association of Elderly Housing Advisers 2024, Printed in Japan

　監　修　　内閣府認可　一般財団法人　職業技能振興会
　著　　　　一般社団法人　高齢者住まいアドバイザー協会
　発　行　　学術研究出版
　　　　　　〒670-0933　兵庫県姫路市平野町62
　　　　　　［販売］Tel.079（280）2727　Fax.079（244）1482
　　　　　　［制作］Tel.079（222）5372
　　　　　　https://arpub.jp
　印　刷　　小野高速印刷株式会社

乱丁本・落丁本は送料小社負担でお取り替えいたします。
本書のコピー、スキャン、デジタル化等の無断複製は著作権法上での例外を除き禁じられています。本書を代行業者等の第三者に依頼してスキャン・デジタル化することは、たとえ個人や家庭内の利用でも一切認められておりません。